SCIENCE FICTION

Herausgegeben
von Wolfgang Jeschke

WILLIAM SHATNER / CHRIS KRESKI

STAR TREK
ERINNERUNGEN

Deutsche Erstausgabe

WILHELM HEYNE VERLAG
MÜNCHEN

HEYNE SCIENCE FICTION & FANTASY
Band 06/5188

Titel der Originalausgabe
STAR TREK MEMORIES
Übersetzung aus dem Amerikanischen von
Andreas Brandhorst

Redaktion: Rainer Michael Rahn
Copyright © 1993 by William Shatner and Chris Kreski
Copyright © 1993 by Paramount Pictures
(für alle STAR TREK-Elemente)
Die Originalausgabe erschien ursprünglich
bei Harper Collins Publishers
Copyright © 1994 der deutschen Ausgabe und der Übersetzung
by Wilhelm Heyne Verlag GmbH & Co. KG, München
Printed in Germany 1994
Umschlagbild (Vorderseite): Paramount Pictures
Umschlagfoto (Rückseite): Patrick J. Donahue
(Copyright © by Patrick J. Donahue)
Umschlaggestaltung: Atelier Ingrid Schütz, München
Technische Betreuung: Manfred Spinola
Satz: Schaber Satz- und Datentechnik, Wels
Druck und Bindung: Presse-Druck, Augsburg

ISBN 3-453-07957-4

Dieses Buch ist all jenen gewidmet,
die bei STAR TREK mitgearbeitet haben.
Sie sind die phänomenalen Frauen und Männer,
die ein Phänomen schufen.

W. S.

Für Philip Oliver,
meinen Lehrer,
meinen Kumpel, meinen Pokerpartner,
meinen Großvater.
Ein solcher Mann möchte ich einmal werden.

C. K.

INHALT

DANKSAGUNGEN	9
CAPTAINS LOGBUCH	11
URSPRÜNGE	19
›THE CAGE‹	49
›WHERE NO MAN HAS GONE BEFORE‹	97
DIE TRUPPEN WERDEN ZUSAMMENGEZOGEN	117
DIE DREHARBEITEN: LICHT, KAMERA UND JEDE MENGE ACTION	149
EINIGE CHARAKTERE	175
EINE SCHUFTEREI	197
DER UNBESUNGENE HELD	207
SCHWIERIGKEITEN MIT SPEZIALEFFEKTEN	229
PREMIERE	243
GRÖSSERE DINGE	251
MEINE LIEBLINGSEPISODE	261
FAMILIENPROBLEME	267
BLEIBEN ODER NICHT BLEIBEN	277
EINE PROBLEMATISCHE EPISODE	281
DIE ZWEITE SEASON	291
DIE DRITTE SEASON	331
CAPTAINS EPILOG	387
REGISTER	398

DANKSAGUNGEN

Mit diesem Buch habe ich eine interessante Entdeckungsreise unternommen. Vor fünfundzwanzig Jahren muß ich blind gewesen sein. Es handelte sich um eine besondere Blindheit, die ich persönlichen Problemen, Erschöpfung und den anstrengenden Dreharbeiten in Hinsicht auf die Fernsehserie STAR TREK verdanke. Ich merkte kaum etwas von dem Drama, das sich um mich herum abspielte, und den übrigen Mitgliedern der STAR TREK-Familie schenkte ich nur beiläufige Beachtung. Wie ein Ackergaul war ich, starrte auf die Furche und stapfte weiter, ohne mich von irgend etwas ablenken zu lassen. Deshalb empfand ich es als sehr aufschlußreich, fünfundzwanzig Jahre später über den fast vergessenen Pfad der Erfahrung zurückzukehren. Die Reise brachte viel Freude, aber auch Kummer.

Einige von uns lebten nicht mehr, andere waren von Verbitterung erfüllt. Dennoch: Die erneuerten Erinnerungen erfüllten mein Herz mit Liebe.

Ein mit Scharfblick und großem Verständnis ausgestatteter Mann half mir dabei, meine Gedanken zu ordnen: Chris Kreski ist wie ein Held für mich.

Der weltmännische, kultivierte und kenntnisreiche Craig Nelson verdient es ebenfalls, als neuer Held bezeichnet zu werden.

Carmen LaVia ist weder Held noch Schurke, sondern mein Agent. Liebe verbirgt viele Fehler.

Die Autoren möchten auch folgenden Personen danken, die mit Anregungen, direkter Unterstützung und Toleranz zur Entstehung dieses Buches beitrugen: Kevin McShane von der Fifi Oscard Agency, Mary Jo Fernandez, Dawn Kreski, Amelia Kreski, Judy McGrath, Abby

Terkuhle, Laurie Ulster, Tracy Grandstaff, Lauren Marino, Michael O'Laughlin, John Muccigrosso, Felicia Standel, Larry Standel, Joe Davola, Michael Dugan, Geoff Whelan, Jackie Coon-Fernandez, Joe D'Agosta, Eddie Milkis, Jerry Finnerman, John Meredyth Lucas, Nicholas Meyer, Bob Justman, Bjo Trimble, Fred Freiberger, Ralph Winter, Harve Bennett, Bill Campbell, Matt Jefferies, Richard Arnold (dessen Foto-Arbeiten und beispiellosen historischen Kenntnisse größte Anerkennung verdienen); außerdem natürlich Grace Lee Whitney, Majel Barrett, Walter Koenig, George Takei, Nichelle Nichols, DeForest Kelley und Leonard Nimoy.

Allen diesen Personen ein herzliches Dankeschön für Aufrichtigkeit, Großzügigkeit und Freundschaft.

CAPTAINS LOGBUCH

Gemeinsam bei ›Mann's‹. (© *1993 Paramount Pictures*)

STERNZEIT: 10. AUGUST 1991

Ich schnarche, lächele und genieße die herrliche Behaglichkeit eines unbeschwerten Schlafs, als es plötzlich zu einer Veränderung kommt.

Von einem Augenblick zum anderen ertönt das unheilvolle Kreischen des digitalen Weckers. Ich drehe mich von einer Seite zur anderen, leiste heldenhaften Widerstand und entscheide mich schließlich zu einem verzweifelten Manöver, bekannt als »das Kissen an die Ohren pressen, wenn nichts anderes hilft«. Aber auch diese Taktik bleibt ohne Erfolg, und mir wird klar: Ich befinde mich in einer Situation, die mir keinen Ausweg läßt, die zu einer Niederlage führen muß – eine Art *Kobayashi Maru* am frühen Morgen. Langsam hebe ich die Lider und starre benommen zu den orangefarbenen, kantigen Ziffern, deren stetiges Blinken mich zu verspotten scheint. Sie erinnern mich daran, daß meine Augen nicht mehr das sind, was sie einmal waren. Außerdem teilen sie mir mit, daß es 5.15 Uhr ist. Ich bin spät dran.

Ich füge mich meinem Schicksal und trachte danach, in die Wirklichkeit zurückzukehren. Leises Knarren in diversen Gelenken begleitet meine Bewegungen, als ich tapfer gegen die Müdigkeit ankämpfe und aufstehe. »Linker Fuß nach vorn, rechter Fuß nach vorn, linker Fuß ...« Mein Gehirn übermittelt diese Anweisungen, und die Füße gehorchen widerstrebend. Ich schlafe noch halb, als ich vornübergebeugt durch die Dunkelheit stapfe und mich kratze. Im Grunde genommen bin ich kaum mehr als ein Cro-Magnon, der einen blauen Schlafanzug trägt.

Jetzt gehe ich kühn dorthin, wo ... ich schon des öfteren gewesen bin, und zwar ins Bad. Ich torkele zum Spülbecken und spüre doppelte Kälte: die Fliesen unter den Füßen und das Wasser im Gesicht. Endlich löst sich der Dunst hinter meiner Stirn auf. Ich taste nach der Zahnbürste, schmiere Creme auf die Borsten, beuge mich vor und betrachte mein Spiegelbild, das mir fast einen Schrecken einjagt.

Das erste und unerbittliche Licht eines neuen Tages weist in aller Deutlichkeit auf meine Sterblichkeit hin. Ich sehe müde aus. Müde und alt. Dieser Umstand bringt meinen Denkapparat in Gang, aber seltsamerweise hänge ich keinen schwermütigen Gedanken übers Altern nach. Statt dessen gebe ich mich angenehmen Erinnerungen darüber hin, was mich hierherbrachte. Ich habe mir die Falten verdient: Sie weisen auf eine erfolgreiche berufliche Laufbahn hin, auf ein in jeder Hinsicht erfülltes Leben.

Um ganz ehrlich zu sein: Seit einer Weile bin ich recht nostalgisch – und zwar aus gutem Grund. Das mag die Erklärung dafür sein, warum ich schon früh am Morgen an solche Dinge denke. Heute beenden wir die Dreharbeiten an STAR TREK VI: *Das unentdeckte Land,* und angeblich ist es »die letzte Reise des Raumschiffs *Enterprise*«. Solche Gerüchte kursierten auch bei den fünf anderen Kinofilmen, aber ich glaube, diesmal könnten sie tatsächlich der Wahrheit entsprechen. Aus diesem Grund habe ich jeden langen, hektischen Tag am Drehort genossen, das Geschick meiner Kollegen sowie die Tüchtigkeit unserer Autoren, Produzenten und Techniker bewundert.

Seltsam: Die Vorstellung, daß dies wirklich die ›letzte Reise‹ sein könnte, hat meine Perspektive erweitert, und dadurch bin ich nun imstande, das ganze STAR TREK-Phänomen aus einem neuen Blickwinkel zu sehen. Jetzt, kurz vor dem Abschluß dieses wichtigen Kapitels meines Lebens, wird mir plötzlich die Bedeutung des letzten Vierteljahrhunderts klar. Ich muß zugeben, daß ich nie in dem Sinn ein ›Trekker‹ gewesen bin. Darüber hinaus habe ich bisher nicht in vollem Ausmaß verstanden, warum STAR TREK eine so enorme Begeisterung bei den Fans bewirkte. Für mich war es in erster Linie ein Job, und erst jetzt, kurz vor dem Ende, bin ich in der Lage, über den Horizont der Arbeit und der täglichen Routine hinwegzublicken, um zu erkennen, worauf sich unser Erfolg gründet.

Fünfundvierzig Minuten später bin ich in den Paramount Studios und trage – vielleicht zum letztenmal – die Uniform von Captain James Tiberius Kirk. Eigentlich steht heute nicht viel auf dem Programm; es müssen nur noch einige einfache Szenen gedreht werden. Aber Sentimentalität sorgt dafür, daß wir langsamer sind als sonst: Fast alle – Schauspieler, Assistenten und so weiter – bemühen sich, jede einzelne Sekunde dieses besonderen Tages in vollen Zügen zu genießen.

Am späten Nachmittag ist alles unter Dach und Fach. Sektkorken knallen; alle umarmen sich und lächeln. Doch unter der Freude über die Fertigstellung des Projekts läßt sich zum erstenmal so etwas wie Trauer wahrnehmen. Uns alle belastet die Erkenntnis, daß unser ›Lebewohl‹ diesmal nicht nur ›Auf Wiedersehen‹ bedeuten könnte.

Vier Monate später. Bald ist Weihnachten, und *STAR TREK VI* kommt bei der Kritik gut an. Außerdem klingeln die Kinokassen. Paramount rührt kräftig die Werbetrommel, und man hat die ›Brückencrew‹ der *Enterprise* gebeten, vor Mann's Chinese Theater unsere Hand- und Fußabdrücke in weichem Beton zu verewigen.

Als ich eintreffe, sind Nichelle und Walter bereits zugegen, posieren für die Schaulustigen, lächeln und lassen sich von den zahllosen Touristen fotografieren. Auch George Takei ist da, und offenbar hält er sich für einen Vulkanier. Oder er hat sich an den Händen operieren lassen. Damit meine ich folgendes: Er schreitet hin und her, grinst die ganze Zeit über und hebt immer wieder beide Hände zum vulkanischen Gruß: »Glück und langes

Leben.« Jimmy Doohan zieht wie üblich die Journalisten auf und beantwortet ihre Fragen mit seinem aus vier Worten bestehenden Standardsatz. »Jimmy, glauben Sie, Paramount meint es ernst mit dem Hinweis, daß kein weiterer STAR TREK-Film gedreht wird?« »Es ist ein TRICK!« ruft Doohan. »Jimmy, es heißt, beim nächsten Film geht es um Jean-Luc Picard und seine Crew. Stimmt das?« – »Es ist ein TRICK!« – »He, Jimmy, wie sieht's mit der Wettervorhersage für morgen aus?« – »Es ist ein TRICK!!!« Natürlich gehört auch mein guter Freund Leonard zu den Anwesenden. Er lächelt ebenfalls und gibt sich ganz ruhig, obwohl in ihm sicher ebensoviel Aufregung prickelt wie in mir.

Immerhin stehen wir hier vor Manns' Chinese Theater. Dies ist eine ganz besondere Gelegenheit. Während die Maurer die einzelnen Betonquadrate für uns vorbereiten, lese ich Namen wie Wallace Beery, Norma Shearer und Buster Keaton. He, das sind *Legenden,* denke ich, große Stars aus der Stummfilmzeit. Um so mehr bin ich von mir selbst beeindruckt.

Die Flächen waren folgendermaßen aufgeteilt. Ganz links oben stand mein Name, ganz rechts oben der Leonards. Und in der Mitte beanspruchte ein dritter Name den Platz von fast vier Quadraten. DeForest Kelley. Niemand erhob irgendwelche Einwände; dafür hatten wir viel zu gute Manieren. Aber ich war bestimmt nicht der einzige, der sich verwirrt fragte, warum DeForest Kelley vier Flächen bekam. Nun, der Bordarzt des Raumschiffs *Enterprise* schien vor Stolz auf sich selbst ganz aus dem Häuschen zu geraten. Wenn man genau hinsieht, so stellt man fest, daß er D-E-F-O-R-O... geschrieben hat, und zwar in Beton! Im Ernst: Er verschrieb sich bei seinem eigenen Namen! In der Fernsehserie präsentierte er sich immer wieder als ein Landarzt, der nichts mit komplizierten Dingen zu tun haben wollte. Aber jetzt konnte man ihn fast für einen Analphabeten halten!

Sein Schnitzer ermöglichte es mir, ihn für den Rest des

Nachmittags zu hänseln und immer wieder darauf hinzuweisen, inzwischen sei er fürs Kino zu alt. Es war wundervoll.

Als ich an meine Freunde und die vergangenen fünfundzwanzig Jahre dachte, öffneten sich viele Türen in meinem Gedächtnis, und eine wahre Erinnerungsflut begann. Doch meine Aufmerksamkeit dehnte sich, galt auch jenen Personen, deren Leben von STAR TREK verändert worden war. Damit meine ich nicht nur die Darsteller und jene Leute, die an den Dreharbeiten mitgewirkt hatten, sondern auch die Zuschauer und Fans. Sie sind es, die das alles möglich gemacht haben, die sich für eine weitere Existenz von STAR TREK einsetzten. Ihnen ist es zu verdanken, daß alles so großartig wurde.

Wir hielten Ansprachen, stellten uns für Gruppenfotos auf und hinterließen Hand- und Fußabdrücke im Beton vor Mann's Chinese Theater. Anschließend fand ich Gelegenheit, mit meinen Freunden und Kollegen zu spre-

Hmmm, D-E-F-O-R-O ... Oh-oh. (© *1993 Paramount Pictures*)

chen. Wir lachten und umarmten uns, tauschten Star Trek-Anekdoten aus, von denen nur wir wußten. Wir sprachen von guten und schlechten Zeiten. Mit anderen Worten: Wir erörterten Dinge, die trotz einer guten Dokumentation des Star Trek-Hintergrunds weitgehend unbekannt geblieben waren. Auf der ganzen Welt gibt es keine besseren Fans als die Star Trek-Anhänger, und es erschien mir seltsam, sogar unfair, daß ihnen nie jemand die ganze Geschichte erzählt hatte. Es gibt viele Informationen, die bisher nicht an die Öffentlichkeit gelangten, viele einzelne Begebenheiten, die einer Schilderung harren. Das ging mir durch den Kopf, als ich beschloß, ein eigenes Star Trek-Buch zu verfassen.

Im Stil von Jim Kirk begann ich sofort damit, einen entsprechenden Plan zu entwickeln und ihn in die Tat umzusetzen. Jetzt ist mein Werk vollbracht, und ich hoffe, daß Sie bei der Lektüre zu folgendem Schluß gelangen: Dieses Buch über Star Trek unterscheidet sich von allen anderen. Es präsentiert keine Inhaltsangaben der einzelnen TV-Episoden (die Sie ohnehin schon alle kennen). Es verzichtet auf Blaupausen und Konstruktionspläne hinsichtlich der *Enterprise* und Spekulationen über ›die fortgeschrittenen Lehrsätze der vulkanischen Philosophie‹ oder dergleichen. Auch nach Spekulationen über mögliche weitere Abenteuer werden Sie vergeblich suchen. Derartige Berichte liegen bereits vor, und um ganz offen zu sein: Vermutlich wäre ich gar nicht imstande, so etwas zu schreiben.

Dafür kann ich von meiner fünfundzwanzigjährigen Erfahrung mit der Star Trek-Serie erzählen. Ich kann erzählen, wie sie entstand, wie sie von einem ganzen Heer aus hochbegabten Leuten geschrieben, redigiert, verändert, verbessert und gefilmt wurde. Ich kann erzählen, was vor, neben und hinter den Kulissen von Star Trek geschah. Und was noch viel wichtiger ist: Ich kann und möchte Ihnen von den *Personen* erzählen, die Star Trek in ein Phänomen verwandelten. Sie stehen im Mittelpunkt der Geschichte. Sie sind die wahren Helden und verdienen es daher, daß man ihnen den gebührenden Respekt zollt.

Damit genug der Vorrede. Jetzt geht's los, und zwar mit Warpfaktor zwei... Entschuldigung – manchmal kann ich nicht anders.

URSPRÜNGE

Die *wahre* Geschichte von STAR TREK beginnt nicht bei einem Fernsehsender oder in einem Filmstudio. Sie beginnt nicht einmal in Hollywood, sondern in einem Karton. In einem ganz gewöhnlichen Pappkarton mit den Maßen 24 x 36 x 36 Zoll. Einst enthielt er Seifenpackungen, und nun steht er schief und staubig auf dem Hinterhof eines bescheidenen Hauses in El Paso, Texas. Zeit: Mitte der zwanziger Jahre. Der Karton stammt aus einem ganz gewöhnlichen Lebensmittelgeschäft und stellt überhaupt nichts Besonderes dar. Aber wenn man in ihn hineinblickt... Dort hockt ein kleiner und schwächlich wirkender Junge.

Der Knabe hat viele Probleme. Das Atmen fällt ihm schwer, und manchmal erleidet er unerklärliche Anfälle. Er blinzelt immerzu, weil ihn schon normales Licht blendet. Die Beine sind spindeldürr und scheinen ihn kaum tragen zu können. Aufgrund seiner Erscheinungsbilds ist der Junge gehemmt und in sich gekehrt.

Doch hier, auf dem vertrauten Hinterhof, vergißt er seinen alles andere als perfekten Körper, indem er liest, Bücher geradezu verschlingt und Teil der in ihnen geschilderten Welten wird. Er zieht den Kosmos der Phantasie jener Welt vor, die außerhalb des Palisadenzauns wartet. Er liebt das Universum der Imagination: Er braucht nur zu blättern, um große Taten zu vollbringen und zu einem Helden zu werden.

Mit einem Buch in der Hand kann er sich in einen Zane Grey-Cowboy verwandeln, in Robinson Crusoe, D'Artagnan, Hawkeye, Ishmael, Huck Finn oder andere. Insbesondere ist er von *Astounding Stories* begeistert, einem Science Fiction Magazin aus jener Zeit. Der Knabe sieht darin eine willkommene Ergänzung seiner

Büchersammlung. Es enthält faszinierende und aufregende Geschichten über so phantastische Dinge wie Raumfahrt, Reisen zum Mond und so weiter. Für den Jungen ist das billige Magazin ein kostbarer Schatz.

Kehren wir zum Karton zurück. Es ist nicht *einfach nur* ein Pappkarton, sondern ein Raumschiff – zumindest in der Vorstellung des Knaben. Die dünnen Wände sind eine aus Stahl bestehende Außenhülle, und die Mannschaft des stolzen Kreuzers besteht aus lauter interstellaren Helden. Im Kontrollraum – auf der ›Brücke‹ – erteilt ein furchtloser, starker Captain Anweisungen, fliegt mit seinen Gefährten zu fernen Welten, um neues Leben zu entdecken, neue Zivilisationen. Gelegentlich rettet er die Erde und manchmal auch die ganze Galaxis vor irgendwelchen Bösewichtern. Der schon recht mitgenommen wirkende Karton erfüllt einen sehr wichtigen Zweck: Er erlaubt es dem kranken Kind, die eigene bittere Realität sowie die Zwänge der Umwelt wenigstens vorübergehend zu vergessen. In dem Pappkarton fühlt sich der Junge sicher und geborgen.

Zwanzig Jahre später. Der schwächliche Knabe ist erwachsen und hat seine Krankheit völlig überwunden – er wurde zu einem großen, recht kräftig gebauten Mann. Trotz der bemerkenswerten körperlichen Veränderungen bleibt er scheu, introvertiert und ein Büchernarr. Sein Äußeres täuscht über eine sehr empfindliche und kreative Seele hinweg.

Heute schwitzt jene kreative Seele, denn der Mann ist der sommerlichen Hitze von Kalkutta ausgesetzt. Die Stadt kommt einem Alptraum gleich. Wohin man auch blickt, überall sieht man Armut und Elend. In einer solchen Umgebung sitzt der ›Junge‹, unter dem schmutzigen Sonnenschirm eines Cafés. Mit der einen Hand fächelt er sich Luft zu; mit der anderen versucht er, gleichzeitig Fliegen zu verscheuchen und zu schreiben. Erneut flieht er in eine Traumwelt, doch diesmal ist er selbst der Herr seines literarischen Schicksals: Er liest keine Geschichten, sondern verfaßt sie. Kurze Stories sind es, und gelegentlich geht es in ihnen auch um Science Fiction. Doch eigentlich versucht der Mann nur, sich die Zeit zu vertreiben.

Er arbeitet jetzt als Pilot für Pan Am, nachdem er während des Zweiten Weltkriegs entsprechende Erfahrungen gesammelt hat. In der hierarchischen Struktur von Pan Am steht er ziemlich weit unten, was bedeutet: Man hat ihm eine der Flugrouten zugewiesen, die sonst niemand wollte: New York – Kalkutta. Sein Flugplan sieht in der indischen Großstadt einen vierundzwanzigstündigen Aufenthalt vor – in dem gewaltigen Treibhaus praktisch eine Ewigkeit, wenn man sich nicht irgendwie ablenken kann. Deshalb schreibt er viel, verbessert seinen literarischen Stil und bemüht sich, das Chaos von Kalkutta einfach zu vergessen. Ab und zu verfaßt er Beiträge für ein Luftfahrt-Magazin. Er findet auch Zeit, sich an *Astounding Stories* zu erinnern und mit eigenen Science Fiction-Ideen zu spielen. Er findet großen Gefallen am Fabulieren, insbesondere innerhalb des SF-Genres, und offenbar hat er ein echtes Talent fürs Erzählen sowohl intelligenter als auch fesselnder Geschichten. Er setzt seine berufliche Laufbahn als Pilot fort, aber er beginnt nun auch, ganz bewußt zu träumen. Und er hofft, daß seine Geschichten eines Tages publiziert werden, vielleicht sogar einen Weg ins Fernsehen oder Kino finden.

Inzwischen dürfte Ihnen klar sein, daß der Knabe, der Pilot und der aufstrebende Schriftsteller ›Gene Roddenberry‹ heißen. Auf den nächsten Seiten erfahren Sie, daß Gene einen ›Umweg‹ zum Erfolg nahm, wie er sich selbst ausdrückte. Er mußte einige magere Jahre hinter sich bringen, bevor STAR TREK irgendeine Rolle für sein Leben zu spielen begann.

1949 wagt Gene den ersten Sprung ins Ungewisse, kündigt bei Pan Am und zieht mit Frau und Kindern nach Los Angeles. Dort hofft er, in der gerade erst entstandenen und rasch wachsenden TV-Industrie Arbeit als Autor zu finden. Zweifellos ist er sehr begabt, und bei der Job-Suche stellt er ein hohes Maß an Hartnäckigkeit unter Beweis. Aber ihm ergeht es wie fast allen jungen und unerfahrenen Schriftstellern: Seine Bemühungen bleiben vergeblich.

Die Situation wird immer schwieriger. Gene muß eine Familie ernähren, findet sich mit dem Unvermeidlichen ab und beschließt, feste Arbeit zu finden – *irgendeine* feste Arbeit. Immer wieder liest er die Stellenanzeigen, läuft sich die Hacken ab... Und wird schließlich Polizist beim LAPD (Los Angeles Police Department).

Nach Ausbildung und Vereidigung teilt man Gene für den Motorrad-Dienst ein. Er schafft es bis zum Sergeant und beginnt damit, Reden für William Parker zu schreiben, den Polizeichef von Los Angeles. Das gefällt ihm sehr. Parker scheint echtes Interesse daran zu haben, das Police Department zu verbessern. Doch Gene möchte nicht auf Dauer für andere schreiben, sondern für sich selbst. Allerdings: Zu diesem Zeitpunkt kann er kein einziges Manuskript verkaufen; es gelingt ihm nicht einmal, einen Agenten zu finden, der bereit ist, ihn zu vertreten.

Diesem Punkt kommt besondere Bedeutung zu. Ohne einen Agenten haben Genes Werke praktisch überhaupt keine Chance, von Verlegern oder Produzenten gelesen zu werden. Mit dieser schwierigen Situation werden angehende Autoren auch heute noch konfrontiert. Es läuft auf folgendes hinaus: Wenn jemand noch keine professionellen Erfahrungen in Hinsicht aufs Schreiben erworben hat, so lehnen es die meisten Agenten ab, den Betreffenden zu vertreten – weil sie ihn für einen Amateur halten, der ebenso wahrscheinlich nicht besonders gut ist und sehr wahrscheinlich nur wenige oder gar keine Aufträge bekommt. Mit anderen Worten: Solche Leute verursachen viel Arbeit und bringen nur wenig Geld. Wenn Shakespeare von den Toten auferstünde und sich von einer Concorde nach Los Angeles bringen ließe, um dort mit einem Manuskript in der Hand im Büro eines Agenten zu erscheinen, so müßte er damit rechnen, sofort abgewiesen zu werden. Mit ziemlicher Sicherheit würde er solche Worte hören: »Teuerster, wie soll ich was von Ihnen verkaufen, wenn Sie noch nicht einmal das Skript für einen Werbespot geschrieben haben?« Wenn es darum geht, jemanden zu vertreten, so achten Agenten nicht in erster Linie auf das Schreibgeschick, sondern auf den Lebenslauf des Bittstellers.

Ein weiterer Umstand vergrößert Ärger und Enttäuschung ehrgeiziger junger Autoren: Ohne die Hilfe eines kompetenten und mit allen Wassern gewaschenen Agenten ist es kaum möglich, nennenswerte Profi-Erfahrungen zu sammeln. Ein Teufelskreis. Gene Roddenberry war sich darüber im klaren und wußte, daß er zu einer sehr ausgefallenen Guerillataktik greifen mußte, um sich von jemandem vertreten zu lassen. Er schmiedete Pläne...

Während seines Dienstes als Motorrad-Polizist fand er heraus, daß einige der bekanntesten und angesehensten Agenten der Stadt sich nach der Arbeit häufig in einer Bar namens ›Cock and Bull‹ trafen. Dort verbrachten sie den Abend damit zu plaudern, Neuigkeiten auszutauschen und sich mit Büfett-Leckereien vollzustopfen. Das wichtigste Mitglied dieser Runde hieß Irving ›Swifty‹ Lazar.

Gestatten Sie mir einen Hinweis, bevor wir fortfahren: Erfolgreiche Agenten – erst recht so gewiefte Burschen wie Swifty –, ergreifen sofort die Flucht, wenn sie einen hoffnungsvollen jungen Autor sehen. Mit mangelnder Sensibilität oder Gleichgültigkeit hat das nichts zu tun. Es liegt vielmehr daran, daß sie es tagaus, tagein mit selbsternannten Literaten zu tun bekommen. *Dauernd* werden sie gebeten, irgendwelche Manuskripte zu lesen, die zu neunundneunzig Prozent nichts taugen.

Die meisten Möchtegern-Klienten begreifen viel zu

spät, daß es gar nichts nützt, Agenten ihre Manuskripte aufzudrängen, und zwar aus einem ganz einfachen Grund: Leute wie Swifty haben überhaupt nicht die Zeit, alle Texte zu lesen. Der Faktor Zeit sorgt auch dafür, daß jeder Agent nur einen *winzigen* Teil der begabtesten Autoren von Hollywood repräsentieren kann.

Diese Dinge zieht Gene in Erwägung, als er mit der Ausführung seines Plans beginnt. Phase Eins sieht vor, die Uniform des Motorrad-Polizisten anzuziehen. Phase Zwei: Er steckt die Kopie eines Roddenberry-Manuskripts in einen Umschlag. Er verstaut es in der schwarzen Lederjacke, setzt den Helm auf, läßt die Harley an und fährt los.

Phase Drei: Mit rotem Blinklicht und heulender Sirene hält Gene vor dem ›Cock and Bull‹, parkt die große Maschine fast im Foyer der Bar. Das Blinklicht bleibt eingeschaltet, und die Sirene heult auch weiterhin, als Gene den Laden betritt, die untergehende Sonne genau im Rücken: Wie ein früher Schwarzenegger ragt er in der Tür auf.

Die Hollywood-Agenten starren. Die Präsenz der Polizei weckt ausgeprägtes Unbehagen in ihnen, und sie versuchen nun, so unauffällig wie möglich zu wirken und möglichst unschuldig auszusehen. Roddenberry winkt den Oberkellner beiseite und kommt mit zielstrebigen, selbstbewußten Schritten herein.

Hinter dem Helmvisier zeigt sich nur eine schwarze Sonnenbrille, als er ruft: »Irving Lazar! Wer von Ihnen ist Mr. Irving Lazar?«

»Oh, MIST!« flüsterte der zitternde, völlig eingeschüchterte Lazar. Zögernd steht er auf und nähert sich dem Polizisten, rechnet vermutlich damit, wegen irgendeines Verbrechens ins Gefängnis gesteckt zu werden. Roddenberry klopft ihm mit einer großen Hand auf die schmale Schulter, holt den Umschlag hervor und hält ihn Swifty unter die Nase. »Das ist für Sie. Ich rate Ihnen, es zu lesen.« Anschließend legt er das Manuskript auf die Theke, dreht sich abrupt um und verläßt die Bar.

Das Brummen des sich entfernenden Motorrads ist noch nicht ganz verklungen, als Lazar den Umschlag öffnet und dabei jene Art von Ungeduld zeigt, die man von einem Dreijährigen zu Weihnachten erwartet. Der Inhalt rutscht heraus, und Swifty stellt fest, daß er ein Manuskript erhalten hat. Daraus läßt sich nur ein Schluß ziehen: Der Polizist gehört zu Hollywoods großer Gemeinde angehender Autoren.

Die anderen Agenten erholen sich von ihrer Überraschung, gesellen sich Lazar hinzu und stellen Fragen wie: »Was hat das zu bedeuten?« und »Wer war das?« Swifty antwortet: »Ich weiß es nicht. Aber was für ein Hurensohn das auch gewesen sein mag: Er verdient es, daß man sein Manuskript liest. Ich könnte den verdammten Kerl umbringen, aber gleichzeitig halte ich es für meine Pflicht, seinen Kram zu lesen.«

Zu Hause liest Lazar Roddenberrys Material und ist davon so sehr beeindruckt, daß innerhalb von vierundzwanzig Stunden ein Vertrag unterschrieben wird.

Swifty läßt seine Beziehungen spielen, und dadurch hat Roddenberry bald Erfolge als Autor zu verzeichnen. Die ersten Manuskripte verkauft er unter Pseudonym, da der Polizeidienst nebenberufliche Tätigkeiten ausschließt. In finanzieller Hinsicht bleibt die allgemeine Situation kritisch, und deshalb hat Gene keine andere Wahl, als zunächst Polizist zu bleiben. Doch im Lauf der Zeit finden seine Talente immer mehr Anerkennung. Die Nachfrage wächst, und er schreibt mehr und regelmäßiger. Sein Ruf als Verfasser guter, überzeugender Drehbücher festigt sich, und er erhält immer mehr Aufträge, liefert Beiträge für die beliebtesten Fernsehserien der damaligen Zeit. Nach zwei Jahren verdient der Autor Gene Roddenberry mehr als der Polizist. Schließlich wird die arbeitsmäßige Belastung zu groß, und daraufhin entscheidet er sich, die Uniform an den Nagel zu hängen.

In den nächsten Jahren nimmt Genes Produktion rapide zu. Er schreibt Folgen für einige der besten

(*Naked City, Highway Patrol, Dr. Kildare*) und auch manche der schlechtesten (*The Kaiser Aluminum Hour, Jane Wyman Theater, Boots and Saddles*) Fernsehprogramme. In seiner überaus knappen Freizeit macht er sich ständig Notizen. Sie sind voller kreativer Ideen, beschreiben Szenen und Einfälle, die bei zukünftigen Drehbüchern verwendet werden können. Einige der auf diese Weise festgehaltenen Gedanken betreffen eine Science Fiction-Serie...

Während der nächsten sechs Jahre bleibt Gene sehr fleißig und schreibt hauptsächlich für *Have Gun Will Travel;* dort wird er zum wichtigsten Skriptautor. Nun, Roddenberry kann zwar nicht über Mangel an Arbeit klagen, aber er ist trotzdem unzufrieden – die stereotypen Western- und Polizeiserien, für die er hauptsächlich tätig ist, haben ihn desillusioniert.

Im Verlauf dieser Jahre verdient er ziemlich viel Geld, doch die permanente Ungewißheit des Lebens als Autor setzt ihm immer mehr zu. Als weitere Belastung erweist sich der Umstand, daß die Arbeit fürs Fernsehen seiner Kreativität Fesseln anlegt: Ständig muß er die puritanische Denkweise der damaligen Zensoren berücksichtigen.

Darüber hinaus wächst Genes Unzufriedenheit im privaten Bereich. Während der zweiten Hälfte ihrer fast zwanzig Jahre dauernden Ehe wächst die Distanz zwischen ihm und seiner Frau Ellen. Zu Beginn der sechziger Jahre verbindet sie keine Liebe mehr – sie bleiben nur wegen der Kinder zusammen. Es ist eine schwierige Situation, und sie wird noch problematischer, als Gene eine Beziehung zu einer anderen Frau knüpft, die schließlich zu seiner zweiten Ehepartnerin werden soll. Sie heißt Majel Lee Hudec, doch die STAR TREK-Fans kennen sie vor allem unter ihrem Künstlernamen: Majel Barrett.

Ich hatte absolut keine Ahnung, wie das Barrett-Roddenberry-Verhältnis begann, und bei einer so persönlichen Angelegenheit wollte ich nicht spekulieren. Deshalb lasse ich hier Majel selbst zu Wort kommen:

MAJEL BARRETT:
Wir haben uns nicht sofort geliebt – das kam erst später, als wir Freunde geworden waren. Aber ich kannte Gene schon seit 1961. Damals hatte er zwei Kinder, und natürlich war er verheiratet. Er wies mehrmals darauf hin, unglücklich zu sein, aber ich wußte, daß er seine Familie noch nicht aufgeben wollte. Es gibt da das Klischee vom Ehemann, der zu seiner Freundin sagt: »Ach, meine Frau behandelt mich schrecklich und versucht nicht einmal, mir mit Verständnis zu begegnen. Laß uns jetzt ins Bett gehen.« Nun, Gene verhielt sich anders. Ihm ging es nicht um Sex, und zu Anfang sprach er nie von einer möglichen Scheidung.

Zu Hause war er alles andere als glücklich, doch er fühlte sich verpflichtet – und sein Charakter verlangte von ihm, Verpflichtungen sehr ernst zu nehmen. Wenn er etwas versprach, so hielt er sich daran. Ich empfand die Situation manchmal als recht frustrierend, weil ich nicht damit rechnen durfte, irgendwann einmal mit ihm zusammenzuleben. Ich befürchtete, für immer von ihm getrennt zu bleiben, obwohl wir uns liebten.

Die familiären Verpflichtungen und seine zunehmende Unzufriedenheit in Hinsicht auf die Arbeit als Autor veranlassen Gene 1962 dazu, nach mehr beruflicher Sicherheit Ausschau zu halten. Er beginnt damit, Pilotfilme zu schreiben und sie produzieren zu lassen, in der Hoffnung, im Anschluß daran eine ganze Serie zu verkaufen. Eins der ersten Werke heißt *333 Montgomery,* und die Hauptrolle spielt ein Mann, dessen Karriere als Schauspieler während der nächsten dreißig Jahre untrennbar mit Genes beruflicher Laufbahn als Autor und Produzent verbunden sein soll.

Gemeint ist DeForest Kelley.

Er spielte Jake Ehrlich, San Franciscos berühmtesten Strafverteidiger. Ich bat De, über sein erstes Treffen mit Roddenberry zu berichten und zu erzählen, wie er die Rolle bekam.

DeForest Kelley:
Es stand eine Probe für die Rolle des Jake an, doch zuerst mußte ich mit dem Produzenten reden – Gene Roddenberry höchstpersönlich. Damals hatte Gene ein geradezu winziges Büro in Westwood; es bot ungefähr soviel Platz wie ein mittelgroßer Wandschrank. Nun, ich ging die Treppe hoch, betrat die kleine Kammer und sah dort einen ziemlich großen Mann an einem zerbrechlich wirkenden Schreibtisch – Roddenberry.

Gene war mit einigen Rollen vertraut, die De gespielt hatte, und als sie das Projekt besprachen, schienen sie gut miteinander zurechtzukommen. Gene fragte Kelley, ob er zu Probeaufnahmen bereit sei, und De erklärte sich einverstanden. Daraufhin erklärte ihm Roddenberry folgendes: Der *echte* Jake Ehrlich hatte sich das Recht vorbehalten, den Schauspieler zu bestimmen, der ihn darstellte. In dieser Hinsicht waren Gene die Hände gebunden; die endgültige Entscheidung lag bei Ehrlich.

DeForest Kelley:
Und dann beugte sich Gene über den kleinen Schreibtisch und sagte: »Damit Sie Bescheid wissen: Jake Ehrlich ist ein schwieriger Bursche und kaum zufriedenzustellen.«
Schließlich wird's Zeit für die Probeaufnahmen. Es gibt vier oder fünf Kandidaten für die Rolle, und wir alle spielen die gleiche Szene: Ehrlich verhört einen widerspenstigen Häftling, von dem er wichtige Informationen erwartet. Nach einer Weile komme ich an die Reihe und erinnere mich an Genes Hinweis darauf,

der echte Jake sei kaum zufriedenzustellen. Deshalb nehme ich den ›Häftling‹ hart ran. Ich schüttele den armen Burschen, und als er mitten in der Szene den Blick von mir abwendet, versetze ich ihm sogar eine Ohrfeige. »Du wirst gefälligst aufpassen, wenn ich mit dir rede, klar?« knurre ich dabei.

Damit muß ich Ehrlich beeindruckt haben, denn als er sich die Aufnahmen ansah, geriet er ganz aus dem Häuschen und rief: »Das ist er! Genau der richtige Mann für die Rolle!« Einige Wochen später drehten wir den Streifen in San Francisco und hatten eine Menge Spaß dabei. Die Zusammenarbeit mit Gene lief problemlos.

Doch kurz darauf geschah etwas, das sich in Roddenberrys Leben mehrmals wiederholen sollte. Als sich die Network-Verantwortlichen den Pilotfilm ansahen, fanden sie ihn großartig. Sie waren davon begeistert – und lehnten es ab, eine Serie daraus zu machen. Kelley erklärt:

DEFOREST KELLEY:
Das Problem lag bei der Story des Pilotfilms. Ehrlich verteidigt darin jemanden, der des Mordes angeklagt und ganz offensichtlich schuldig ist. Es gelingt ihm, einen Freispruch durchzusetzen. Am Ende geht der Typ zu Jake, um ihm die Hand zu schütteln, und ich sage: »Wagen Sie es bloß nicht, mich anzurühren. Ich bin fertig mit Ihnen.« Diese beiden Sätze erschreckten die kritischen Bosse, was zu ihrer Weigerung führte, eine TV-Serie in Erwägung zu ziehen. Aber eins steht fest: Für die damalige Zeit war es ein ausgezeichneter Pilotfilm.

Roddenberry schrieb noch zwei weitere Pilotfilme: *Defiance Country* – eigentlich eine modifizierte, in ein anderes dramaturgisches Gewand gekleidete Version von *333 Montgomery* – und APO-923: ein Legt-sie-alle-um-

Abenteuer, das im Zweiten Weltkrieg spielte. Auch in diesen beiden Fällen entstanden keine Fernsehserien, aber es handelte sich um wichtige Erfahrungen für Roddenberry. Der Umstand, daß er die Drehbücher der drei genannten Pilotfilme schrieb, jedoch keinen Einfluß auf die Produktion hatte, veranlaßte ihn, bei der eigenen Arbeit hohe Qualitätsmaßstäbe anzulegen. Die drei Pilotfilme stellten ihn nicht zufrieden, denn in keinem Fall sah er das ursprüngliche Konzept verwirklicht. Genes Kreativität und Einfallsreichtum verloren sich in den starren Produktionsnormen, die in den frühen sechziger Jahren fürs Fernsehen galten.

Allmählich reifte folgende Überzeugung in Roddenberry heran: Um seine Ideen in angemessener Form auf den Bildschirm zu bringen, mußte er selbst produzieren, um die notwendige Kontrolle auszuüben. Allein als Autor war er machtlos in Hinsicht auf die Verfilmung seiner Skripte. Nur als Autor *und* Produzent konnte er den eigenen Ansprüchen gerecht werden. Nur dann hatte er die Möglichkeit, eine Idee mit Hilfe der Schreibmaschine auszuarbeiten, die einzelnen Szenen zu drehen und im ganzen Land ausstrahlen zu lassen – ohne gezwungen zu sein, irgendwo Kompromisse zu schließen.

Gene wollte sich um alles selbst kümmern und jede einzelne Phase der Produktion überwachen. Besetzung, Beleuchtung, Einstellungen, Kulissen, Kostüme – diese wichtigen Variablen kann ein Autor nicht beeinflussen. Wohl aber der Produzent. Ein weiterer wichtiger Aspekt kam hinzu: Wenn einer von Genes Filmen zu einem großen Erfolg wurde, so bekam er als Produzent den Löwenanteil der Einnahmen. Als Autor stand er ganz hinten in der langen Reihe von Leuten, die alle ihre Hand aufhielten.

Innerhalb eines Jahres geht Genes Wunsch in Erfüllung, und er beginnt mit der Produktion einer Serie namens *The Lieutenant*. Gary Lockwood spielt den Lieutenant William Rice, einen jungen, idealistischen

Marineoffizier, der in dramatische, moralisch schwierige Situationen gerät. Angesiedelt ist die ganze Sache in der Welt des Militärs. Die Serie wird nur neunundzwanzig Folgen lang, aber sie ermöglicht es Roddenberry, gute berufliche Kontakte zu einigen Personen herzustellen, mit denen er später häufig zusammenarbeiten würde. Während der Dreharbeiten in bezug auf *The Lieutenant* gehören Schauspieler wie Leonard Nimoy, Nichelle Nichols, Walter Koenig, Majel Barrett und Gary Lockwood zum erstenmal zu Genes Team, ebenso die beiden zukünftigen STAR TREK-Direktoren Marc Daniels und Robert Butler. Nicht unerwähnt bleiben soll eine spezielle Mitarbeiterin. Eines Morgens klagt Roddenberrys Sekretärin kurz nach Arbeitsbeginn über starke Unterleibsschmerzen – es liegt am Blinddarm, wie sich kurz darauf herausstellt. Eine junge Aushilfskraft vertritt sie – und erweist sich als aufstrebende Autorin, noch dazu als sehr *gute*. Sie heißt Dorothy (D. C.) Fontana, und aufgrund jenes Blinddarms kommt es zu einer langen, erfolgreichen Kooperation zwischen ihr und Gene. Mit seiner Hilfe schafft sie es, ihren Traum zu verwirklichen und Schriftstellerin zu werden. Aus ihrer Feder stammen einige der besten STAR TREK-Folgen. Nach einer Weile bringt ihr Roddenberry so großes Vertrauen entgegen, daß er sie damit beauftragt, eingehende Manuskripte zu beurteilen. Doch eins nach dem anderen: Zunächst ist sie seine Sekretärin, und *The Lieutenant* wird gedreht.

Noch vor der Ausstrahlung der ersten Folgen ärgert sich Roddenberry immer mehr über die hartnäckige Weigerung des Networks, der Serie inhaltliche Substanz zuzugestehen. Die Spannungen wachsen und erreichen einen Höhepunkt, als es NBC ablehnt, eine Episode zu senden, in der es um Rassismus beim Militär geht. Damit noch nicht genug: NBC rückt auch kein Geld dafür heraus. Metro-Goldwyn-Mayer, Produzent von *The Lieutenant,* muß die Produktionskosten also allein tragen; sie belaufen sich auf insgesamt 117 000 Dollar.

Gene ist entrüstet und beschließt, sich an *Gullivers Reisen* ein Beispiel zu nehmen. Er glaubt: Um Qualität auf die Mattscheibe zu bringen, muß er gewissermaßen in die Fußstapfen von Jonathan Swift treten. Innerhalb eines als akzeptabel geltenden Rahmens – zum Beispiel Fantasy oder Science Fiction – bietet sich ihm die Möglichkeit, verschleierte Botschaften zu formulieren und sie an den Zensoren vorbei dem Zuschauer zu vermitteln. Swift hat aus der phantastischen Liliput-Welt eine Bühne gebaut, um die bissige Satire auf Mißstände seiner Zeit in Szene zu setzen. Roddenberry kann seine verkümmerten satirischen Muskeln in fernen Regionen des Alls spielen lassen.

Wie dem auch sei: *The Lieutenant* hat für Gene Priorität. Die Fernsehserie bekommt überdurchschnittlich gute Kritiken und hat unterdurchschnittliche Einschaltquoten. Mit anderen Worten: Sie hat jenen Weg eingeschlagen, der früher oder später zur Streichung aus dem Programm führt. Während sich der Schnitter den Kasernen von *The Lieutenant* nähert, tritt MGM an Gene heran und fragt, ob er Ideen für eine neue Serie hat – falls die derzeit produzierte tatsächlich eingestellt werden sollte.

Roddenberrys Antwort lautet natürlich: »Oh, sicher, selbstverständlich!« Jeder Produzent hätte auf diese Weise geantwortet. Es spielt überhaupt keine Rolle, ob er irgendeine Idee in petto hat. Wenn Produzenten mit einer solchen Gelegenheit konfrontiert werden, lächeln sie von einem Ohr bis zum anderen und sagen: »*Natürlich* habe ich eine Idee.« Anschließend eilen sie nach Hause und versuchen verzweifelt, sich etwas einfallen zu lassen, das sie dem Studio verkaufen können.

Nun, Gene hatte *tatsächlich* eine Idee. Das Ende von *The Lieutenant* gab ihm eine gute Gelegenheit, auf sein altes Faible für die Science Fiction zurückzukommen. Er kramte in seinen Notizen – die meisten Zettel waren inzwischen vergilbt – und suchte nach etwas, das sich für eine SF-Serie verwenden ließ.

Das neue Projekt bot ihm gleich zwei Anlässe, sich zu freuen. Erstens: Endlich konnte er sich wieder mit SF befassen. Und zweitens: Die phantastischen Elemente des Genres gaben ihm die Möglichkeit, das Banale in den ›normalen‹ Fernsehprogrammen zu meiden, wichtige soziale und politische Aussagen zu treffen.

Roddenberry war so begeistert, daß er mit einer fast manischen Intensität arbeitete. Dorothy Fontana erlebte alles aus nächster Nähe und sagt dazu:

DOROTHY FONTANA:
Ich weiß nicht, wie lange die Idee in Genes Hinterkopf ruhte, aber ich erinnere mich: Am Ende des ersten Jahrs von *The Lieutenant*, als die Hoffnungen auf eine zweite Season immer mehr schwanden, arbeitete er von morgens bis abends daran.

Ich machte mir Sorgen um meinen Job und dachte: »Du solltest dich nach einer anderen Beschäftigung umsehen. Gene hat das sinkende Schiff bereits verlassen.« Er wußte inzwischen, daß ich schrieb und ein besonderes Gefühl für Manuskripte hatte, und deshalb bat er mich, etwas zu lesen, das von ihm selbst stammte: Auf insgesamt zehn Seiten präsentierte er eine neue Serie, die er STAR TREK nannte. Zu jenem Zeitpunkt ging es mit *The Lieutenant* zu Ende.

Nun, Gene reicht mir die Unterlagen und meint: »Bitte sagen Sie mir, was Sie davon halten. Welches Gefühl gibt es Ihnen?« Natürlich fehlten Einzelheiten. Es ging im großen und ganzen um ein Raumschiff namens U.S.S. *Yorktown*, das viele interstellare Reisen unternimmt und dabei die unglaublichsten Orte besucht, wodurch die Crew ein aufregendes Abenteuer nach dem anderen erlebt. Der Captain hieß Robert April, und es gab auch einen Mr. Spock. Allerdings war er ein halber Marsianer, recht satanisch und somit eine düstere Gestalt. Captain Aprils Wesen fehlte es an klar ausgeprägten Konturen, und er ähnelte dem frühen Captain Kirk – bei späteren Präsentationen erfolgten kaum Veränderungen. Er war sehr intelligent, stark, mutig und abenteuerlustig. Die typischen Eigenschaften eines Helden; damit beginnt alles.

Gene skizzierte verschiedene Abenteuer und Stories, ging auch auf die *Yorktown* ein. Er hatte noch keine klare Vorstellung von dem Raumschiff, stellte es sich jedoch ziemlich groß vor: Die Besatzung sollte aus mindestens zweihundert Personen bestehen. Ich fand die Vorschläge gar nicht schlecht. Ja, sie gefielen mir. Und natürlich gab's im damaligen Fernsehen nichts Vergleichbares. Die Serie zeichnete sich durch ein großes Entwicklungspotential aus. Man brauchte nur daran zu denken, und sofort fielen einem Geschichten ein.

Als eine Woche nach der anderen verging und *The Lieutenant* einen langsamen Tod starb, arbeitete Gene fast rund um die Uhr. Bis spät in die Nacht saß er an der Schreibmaschine, gab seinen Ideen Form und verwandelte die zehn Seiten in einen ausführlichen Vorschlag für eine Fernsehserie. Schon während dieser frühen Entwicklungsphase wußte Roddenberry, daß sich *seine* SF-Serie von den üblichen Standards und abgedroschenen Klischees des Genres unterscheiden sollte. Damit meinte er: aufgeblasene Ich-bin-der-Gute-Astronauten, wahnsinnige Wissenschaftler, geniale Kinder, Ungeheuer, Raketen und Roboter.

Gene war immer der Ansicht, daß sich *gute* Science Fiction auf *Personen* konzentriert, nicht auf technische Tricks, Explosionen oder die rein wissenschaftlichen Aspekte bei der Erforschung des Alls. Deshalb wurzelten die Ideen für seine Serie in der Realität, in der Menschlichkeit, den Interaktionen und Abenteuern der *Yorktown*-Crew. Er hielt sich fern von Dingen, die in überhaupt keiner Verbindung mit dem Vertrauten und den bekannten Naturgesetzen standen. Außerdem verzichtete er auf Protagonisten mit übernatürlichen Kräften, da sich das Publikum kaum mit ihnen identifizieren konnte.

Sofort wird deutlich: Gene wollte unter allen Umständen vermeiden, seine SF-Serie in eine der damals üblichen Science Fiction-Schablonen pressen zu lassen. Ihm ging es darum, glaubhafte Geschichten zu erzählen, die menschliche Konflikte betrafen und die sich um klar identifizierbare ›menschliche‹ Charaktere drehten. Seiner Ansicht nach spielte es für einen Autor keine Rolle, in welchem Genre eine Story angesiedelt war, solange sie den grundlegenden Gesetzen des Dramas gehorchte. Science Fiction bildete für ihn keine Ausnahme. Wenn die Protagonisten glaubhaft dargestellt wurden, wenn es genug *Action* gab, die einem Höhepunkt entgegenstrebte, wenn der Handlungsfaden gerade genug verlief... Dann fiel es dem Publikum sicher nicht schwer, sich mit den dargestellten Personen zu identifizieren, auch wenn sie viele Lichtjahre entfernt im All weilten.

Gene erweiterte dieses Prinzip, als er wechselseitige Beziehungen zwischen den Hauptpersonen der Serie plante. Die Crew des Raumschiffs sollte wie eine große Familie sein; er hoffte, daß die Zuschauer *Anteil nahmen,* wenn ein Besatzungsmitglied krank wurde, eine(n) Geliebte(n) verlor oder an irgend etwas litt. Allein dies stellte bereits einen großen Sprung nach vorn dar, wenn man dabei an die bisherigen Schwarzweiß-Charaktere im Fernsehen dachte.

STAR TREK brachte dem Publikum viel Neues, aber am wichtigsten Schauplatz sollte es sich wie zu Hause fühlen: an Bord der *Yorktown*. Aus diesem Grund machte Roddenberry einen weiten Umweg um das Raketen-Image und schuf *sein* Raumschiff auf eine Weise, die gewährleisten sollte, daß es den Zuschauern eine Art Heim bot. Von Anfang an stellte er sich das Innere der *Yorktown* geräumig und komfortabel vor, nicht unbedingt mit High-Tech vollgestopft. Statt dessen sollte es einen ebenso einladenden, gemütlichen Eindruck vermitteln wie die Küche der Kramdens, Andy Taylors Wohnzimmer und die Ponderosa der Cartwrights. In diesem Zusammenhang konzipierte Gene eine Brücke mit den Funktionen eines Salons.

Wochenlang drangen dichte Zigarettenrauchwolken aus Roddenberrys Büro, und ständig klapperte die Schreibmaschine. Auf dem Boden vermehrten sich hoffnungsvoll zu Papier gebrachte und dann enttäuscht zerknüllte Ideen mit der gleichen Geschwindigkeit wie Tribbles. In aller Deutlichkeit wiesen sie auf Genes Hang zum Perfektionismus hin. Schließlich lichtete sich der Nikotinnebel. Roddenberry griff nach dem endlich fertiggestellten Entwurf, wünschte sich selbst Glück und unterbreitete seinen Vorschlag MGM.

Am 11. März 1964 kam Gene Roddenberrys ›SF-Baby‹ ganz offiziell zur Welt. In dem Entwurf wurde die wahre Bedeutung der neuen Serie heruntergespielt, indem von einer Art *Wagon Train* zu den Sternen die Rede war – wie allen Trekkern, die ihre spitzen Plastikohren wert sind, bekannt sein dürfte. Nun, dieser besondere Wagon Train war keineswegs zum Aufbruch bereit, aber Gene konnte alle seine Vorzüge schildern, erst recht jene, die einen Verkauf förderten. So fand sich schon in den ersten Zeilen seines Vorschlags folgender Hinweis: »So etwas wie STAR TREK wird es zum erstenmal im Fernsehen geben!« Eine SF-Serie mit *Fortsetzungscharakter*.

Gene war klug genug, ganz offen an den Geiz der meisten Network-Manager zu appellieren. So beschreibt er STAR TREK als ein Programm, das »eine Vielfalt von Action-Abenteuern mit kostengünstiger Produktion vereint«. Er fügt den Hinweis hinzu, daß die meisten Szenen »in einer bekannten Umgebung gedreht werden, mit Kulissen, deren Konstruktion nur einmal zu Buche schlägt«. Notwendige Spezialeffekte können beliebig oft wiederverwendet werden, wodurch sich eine ausgezeichnete Rentabilität ergibt. Des weiteren »beschränkt die

Yorktown ihre Landungen auf Planeten der Klasse M, auf denen Umweltbedingungen herrschen, wie wir sie von der Erde und vom Mars her kennen«.

Die Theorie von den Planeten der Klasse M ist ein genialer Einfall, speziell in Hinsicht auf Genes Verkaufstaktik. Die entsprechende Stelle im Entwurf lautet:

> DAS KONZEPT DER ÄHNLICHEN WELTEN. Angesichts der überall gültigen Gesetze von Materie und Energie ist es sehr wahrscheinlich, daß woanders im Weltraum erdähnliche Planeten entstanden sind. Gewisse chemische und biologische Gesetze legen die Vermutung nahe, daß sich auf solchen Welten Geschöpfe entwickelt haben, die uns ähneln und deren Zivilisationen uns vertraute Strukturen aufweisen.
>
> Dadurch bekommen wir einen außerordentlich breiten Spielraum in Hinsicht auf die Schauplätze: Denkbar sind Welten, die wie unsere Vergangenheit und Gegenwart beschaffen sind – oder die uns eine ferne, atemberaubende Zukunft zeigen.

In diesen wenigen Zeilen spricht Gene etwas an, das später zum wichtigsten Verkaufsargument für die Serie wird. Die hinter STAR TREK steckenden Ideen sind hervorragend und brillant, doch in diesem Fall erweist sich Roddenberrys Geschäftssinn als ebenso beeindruckend wie seine schöpferische Kraft.

Um es noch einmal zu betonen: Mit dem Konzept der ähnlichen Welten hat Gene einen großen Teil der Kosten gespart, die bei der Produktion vieler anderer SF-Filme angefallen sind und anfallen. Die *Yorktown* besucht nur ›ähnliche Welten‹, und deshalb brauchen ihre Besatzungsmitglieder keine Raumanzüge. Es ist nicht erforderlich, sie mit komplizierten Lebenserhaltungsgeräten auszurüsten oder im All schweben zu lassen – wobei die im Studio herrschende Gravitation erhebliche Kosten verursacht.

Darüber hinaus wird es durch Genes Vorschlag möglich, auf den Bau kostspieliger Szenenaufbauten zu verzichten – ganz einfach deshalb, weil Planeten der Klasse M durch erd- oder marsähnliche Umweltbedingungen charakterisiert sind. Im Entwurf heißt es dazu: »Das erlaubt gewöhnliche Außenaufnahmen sowie die Verwendung ganz normaler Kulissen und bereits existierender Kostüme, sowohl historischer als auch zeitgenössischer Art.«

In Roddenberrys Vorschlag ist sogar die Rede von kostengünstigen fremden Lebensformen. Gene schreibt: »In dieser Hinsicht wird mit folgenden Mitteln für Vielfalt gesorgt: Perücken, verschiedene Hautfarben, anders geformte Nasen, Hände, Ohren, gelegentlich vielleicht auch ein langer Schwanz.«

Ich kann mir die Reaktion vorstellen. »Donnerwetter!« staunen die leitenden Angestellten, die Genes Unterlagen lesen. »Perücken, Schminke, Gumminasen und dergleichen – das kostet nicht viel. So etwas können wir uns leisten. Ein ausgezeichnetes Konzept!«

Die ersten Absätze von Genes Vorschlag – insbesondere seine Erklärungen in bezug auf geringe Kosten – sind schlicht, einfach und genau das, was die Bewilligungstypen der Networks hören wollen. Nach dieser guten Einleitung, mit denen er bei den Pfennigfuchsern des Networks Pluspunkte sammelt, wendet sich Roddenberry ersten Details zu. Er erwähnt, daß die große (und billig zu bauende) U.S.S. *Yorktown* (die bald U.S.S. *Enterprise* heißen wird) 203 Besatzungsmitglieder an Bord hat, während sie einmal pro Woche in unbekannte Regionen der Galaxis vorstößt, um die Crew haarsträubende (und preiswerte) Abenteuer erleben zu lassen.

Das Kommando über die *Yorktown* führte der ›ungewöhnlich starke, faszinierende‹, sehr intelligente, attraktive, kompetente und charismatische Captain Robert M. April. (Wenn ich diese Beschreibung lese, vermute ich fast, daß Gene von Anfang an *mich* für die Rolle wollte.)

April zur Seite stand ein Erster Offizier, den Roddenberry ›Nummer Eins‹ nannte und als ›kühl‹ bezeichnete. Er erwähnte auch ein ›ausdrucksloses Gesicht‹.

Nummer Eins war zuverlässig, tüchtig, ›eisig‹ und... schön. Eigentlich unglaublich: 1964 stellte das Fernsehen Lucy Ricardo und Laura Petrie als typische moderne Frauen dar, und Gene Roddenberry machte eine Dame zur stellvertretenden Kommandantin der *Yorktown,* gab ihr damit enorme Autorität. Noch heute reagieren die Network-Manager mit Unbehagen, wenn jemand eine so wichtige und dominierende Rolle wie die von Nummer Eins mit einer Frau besetzen will.

Gene hatte der Brückencrew nur deshalb eine ›Nummer Eins‹ hinzugefügt, um sie von Majel Barrett spielen zu lassen. Majel kam also vor Jeff Hunter oder Leonard Nimoy. Natürlich ergab sich daraus ein Interessenkonflikt, doch das war keineswegs ungewöhnlich: Praktisch alle Hollywood-Produzenten ließen ihre Freundinnen und Geliebten bei Fernsehserien mitwirken. Genes Motive mochten nicht unbedingt edel gewesen sein, aber er hätte eine schlechtere Wahl treffen können. An Majels schauspielerischen Fähigkeiten gibt es nichts auszusetzen, und ihre Leistungen als Nummer Eins im Pilotfilm sind durchaus lobenswert.

Aber zurück zu Roddenberrys Vorschlag. Wenn man in der *Yorktown*-Hierarchie eine Stufe nach unten geht, so findet man den fünfundzwanzig Jahre alten Navigator José Luis Ortegas, der mit den Kontrollen des Schiffes weitaus besser zurechtkommt als mit seinem eigenen Leben.

In der Krankenstation regiert Dr. Philip Boyce, der gewisse Ähnlichkeiten mit seinem Nachfolger ›Pille‹ McCoy aufweist, obgleich er älter ist und »auf die Sechzig zugeht«. Der zynische Boyce erweckt den Eindruck, »sich ständig über etwas zu ärgern«, und außerdem liefert er sich »häufige Wortgefechte mit José, bei denen es um Ideen und Ideale geht« – damit wird die spätere Beziehung zwischen Spock und McCoy angedeutet. Er ist der einzige wahre Freund von Captain April.

Ein ganzes Stück weiter unten auf der langen Personenliste finden wir Mr. Spock. Er hat lange, spitz zulaufende Ohren, und zu seinen Eigenschaften gehört unstillbare Neugier – zumindest in dieser Hinsicht existieren Parallelen zu dem Spock, den die Zuschauer schließlich kennenlernen. Doch es heißt auch, er sei ein ›halber Marsianer‹, ausgestattet mit ›rötlicher Haut‹ und vielleicht auch einem ›Schwanz‹. Er ist die ›rechte Hand‹ des Captains, aber im Vergleich zu den anderen Protagonisten bleibt die Charakterisierung erstaunlich vage. Vermutlich wußte Roddenberry zu jenem Zeitpunkt noch nicht genau, was er mit Spock anstellen sollte.

In dem ursprünglichen Vorschlag taucht unter den Besatzungsmitgliedern eine weitere Frau auf, deren Funktion sofort ersichtlich wird. Sie ist der Adjutant des Captains und heißt J. M. Colt: eine temperamentvolle Blondine mit großem Busen und noch größerem Sex-Appeal. Ihre wichtigste Aktivität an Bord der *Yorktown* besteht darin, Captain April nachzujagen. Ich weiß nicht, ob Gene plante, sie in allen Folgen auftreten zu lassen. Vielleicht ging es ihm nur darum, die Zigarren rauchenden, schon etwas älteren Network-Manager zu beeindrucken. Wie dem auch sei: Im Lauf der Zeit wurde aus der geballten Ladung Sex (man denke nur an den Namen: *Colt*) die mit weniger Oberweite gesegnete und weitaus normalere Adjutantin Rand.

Gene verband große Zuversicht mit seinem Vorschlag. Er wußte, daß er etwas Besonderes geschaffen hatte, und er hoffte, daß es die zuständigen Leute des Networks ebenso sahen. Doch das war nicht der Fall. MGM teilte Roddenberry mit, man sei sehr angetan von der Idee. Allerdings: Die zuständigen Herren wollten nicht sofort eine Entscheidung treffen, sondern zuerst gründlicher über die ganze Sache nachdenken. »Anschließend hören Sie von uns«, hieß es. Gene begriff es zwar nicht, aber man hatte ihm eine Abfuhr erteilt, ihn mit einer ›Sie brauchen uns nicht anzurufen; wir rufen Sie an‹-Version abgespeist.

Für Roddenberry vergingen die Tage wie in Zeitlupe. Er klammerte sich an der Hoffnung fest, daß sich MGM irgendwann meldete, um Interesse an STAR TREK zu bekunden. Wochen verstrichen, dann Monate, und schließlich mußte sich Gene der Erkenntnis stellen, daß er keinen Anruf von MGM erwarten durfte. Er entschied, den Vorschlag zu überarbeiten, nahm dabei einige Veränderungen vor und gab dem Raumschiff einen anderen Namen: Aus der *Yorktown* wurde die *Enterprise*. Als er schließlich glaubte, seine Ideen auf Hochglanz poliert zu haben, schickte er Kopien der Präsentation an alle Filmstudios in Hollywood.

Die Reaktion bestand aus Schweigen.

Niemand erhob Einwände gegen das Konzept an sich, aber offenbar war man sich auch in einem anderen Punkt einig: Man hielt die Produktion einer SF-Serie mit wöchentlicher Ausstrahlung für so teuer, daß sie selbst dann ein Verlustgeschäft blieb, wenn sie hohe Einschaltquoten erzielte. Auch die Hinweise auf eine kostengünstige Produktion nützten nichts. Dieser Punkt ist sehr wichtig, und deshalb möchte ich ihn noch einmal betonen: Das amerikanische Fernsehen ist in erster Linie ein Geschäft und wird auch so betrieben; gute Ideen mögen zwar Begeisterung auslösen, aber sie öffnen keine Portemonnaies.

STAR TREK schien zum Untergang verurteilt zu sein. Doch dann geschah ein Wunder, wie es nur in Hollywood möglich ist: Als Gene enttäuscht den Kopf hängen ließ und die Hoffnung schon aufgeben wollte, erwachte STAR TREK plötzlich zu neuem Leben und bekam wieder Aufschwung – durch den drohenden finanziellen Kollaps der sogenannten Desilu Studios.

Desilu war eins von vielen Studios in der Stadt. Lucille Ball und Desi Arnaz hatten es gegründet, und über Jahre hinweg produzierte es so bekannte TV-Hits wie *I Love Lucy, Our Miss Brooks* und *Make Room For Daddy*. Eine Zeitlang galt es als erfolgreichstes Fernsehstudio in ganz Los Angeles. Die Situation änderte sich 1964 durch die Scheidung von Lucy und Desi; dadurch kam es zu einer Beeinträchtigung des guten Rufs.

Andere und noch wichtigere Probleme gesellten sich hinzu: Das Studio hatte einige Pilotfilme finanziert und produziert, ohne Interessenten für entsprechende Fernsehserien zu finden. Nach einer Weile führte diese Kette von Mißerfolgen zu finanziellen Schwierigkeiten. Desilu war bald nicht mehr imstande, erstklassige Fachleute und moderne Studiotechnik zu bezahlen, verlor dadurch immer mehr an Bedeutung.

Rettung war nur mit einer neuen, eindrucksvollen Serie möglich, die sich an ein Network verkaufen ließ. Dadurch bekam das Studio nicht nur dringend benötigtes Geld, sondern konnte auch beweisen, daß es noch immer fähig war, hervorragende Arbeit zu leisten. Ohne ein schnelles Erreichen dieser beiden Ziele war Desilus Schicksal besiegelt.

Genau zu diesem Zeitpunkt – richtiges Timing spielt in Hollywood die wichtigste Rolle – bekam ein gewisser Oscar Katz Roddenberrys überarbeiteten Vorschlag in die Hand. Wie es der Zufall wollte, war Katz bei Desilu für Fernsehproduktionen zuständig. Wenn Sie daran denken, daß Gene in seinem Konzept Rentabilität und Einzigartigkeit der Serie hervorhob, dann verstehen Sie sicher, warum Katz sofort von dem Projekt begeistert war. Wenn STAR TREK einen Erfolg erzielte, so konnte Desilu alle Finanz- und Image-Probleme auf einen Schlag lösen. Das Studio wiederum stellte Roddenberry in Aussicht, seinem Weltraumabenteuer endlich Form und Gestalt zu geben. Gene unterzeichnete einen dreijährigen Entwicklungsvertrag, und Katz begann sofort damit, bei den Networks für STAR TREK Interesse zu wecken. Innerhalb von wenigen Tagen arrangierte er eine

Besprechung bei CBS – ein Treffen, das Roddenberry weder vergessen noch verzeihen würde.

Eigentlich sollte es eine ganz normale Konferenz sein, wie sie in den Fernsehanstalten fast täglich stattfinden. Für gewöhnlich nehmen daran zwei oder drei gelangweilte leitende Angestellte teil, die einem Produzenten etwa zwanzig Minuten Zeit geben, seine Serienidee zu erläutern. Manchmal gelingt es jemandem, die desinteressierten Zuhörer lange genug aus ihrer Apathie zu reißen, damit sie einen Scheck unterschreiben. Aber in den meisten Fällen kehren die Produzenten mit leeren Taschen und einer Enttäuschung mehr heim. Meistens sind derartige Besprechungen so organisiert, daß den ganzen Tag über alle zwanzig Minuten ein anderer Produzent vorspricht.

Gene wußte davon und war deshalb ziemlich überrascht, als er im CBS-Gebäude eintraf. Zunächst saß er im deprimierend wirkenden, überfüllten Wartezimmer, doch als man ihn in den Konferenzraum führte... Dort begegnete er nicht weniger als fünfzehn CBS-Topmanagern, unter ihnen der Aufsichtsratsvorsitzende James Aubrey. Wie hingerissen hörten sie sich Roddenberrys Ausführungen an und schienen alles andere als gelangweilt zu sein. Sie beugten sich in ihren Sesseln vor. Sie lächelten. Sie lobten Genes Ideen. Und *dann* stellten sie einige ganz *spezielle* Fragen. »Wie wollen Sie eine solche Serie produzieren, wenn Ihnen nur das für TV-Programme übliche Budget zur Verfügung steht?« – »Wie wollen Sie Kulissen schaffen, die fremde Welten realistisch genug simulieren und gleichzeitig kostengünstig sind?« – »Woher wollen Sie wissen, daß diese Art von Science Fiction bei einem *großen* Publikum ankommt?« – »Wie wollen Sie glaubwürdige und *billige* optische Spezialeffekte bewerkstelligen?«

Auf diese Weise ging es stundenlang weiter. Die Besprechung dauerte wesentlich länger, als Gene erwartet hatte. Das offensichtliche Interesse des Networks an seinem Projekt freute ihn, aber er spürte auch, daß irgend etwas nicht mit rechten Dingen zuging.

Nach drei Stunden wurden Genes Ahnungen bestätigt. Jim Aubrey unterbrach das ›Verhör‹ plötzlich: Er dankte für die detaillierten Auskünfte und meinte, leider könne CBS STAR TREK nicht kaufen, da eine eigene Science Fiction-Serie geplant sei. Daraufhin war klar, warum CBS Genes Vorschlag gelesen und das Treffen anberaumt hatte – um Informationen zu bekommen, die dazu beitragen möchten, das eigene SF-Projekt kostengünstiger und besser zu gestalten. Eine schäbige Taktik, deren Resultat im September unter der Bezeichnung *Lost in Space* über die Mattscheiben flimmerte.

Gene blieb nichts anderes übrig, als voller Abscheu den Kopf zu schütteln.

Noch Jahre später klagte er darüber, daß CBS seine innovativen Ideen gestohlen hatte, ohne einen Cent dafür zu bezahlen. Er verglich sein Erlebnis im Konferenzraum mit einer Krankheit. Der Patient – in diesem Fall Gene – wartete, bis er sich hundeelend fühlte, kroch dann mühsam aus dem Bett und begab sich zum nächsten Arzt. Dort ließ er sich zwei Stunden lang gründlich untersuchen und sein Leiden erklären, um schließlich zu sagen: »Herzlichen Dank für Ihre Bemühungen. Erwarten Sie kein Geld von mir. Ich habe beschlossen, mich selbst zu behandeln.«

Roddenberry leckte sich die von CBS verursachten Wunden, während Oscar Katz in einem anderen Bereich der Stadt versuchte, Erfolge zu erzielen. Katz hatte einen Burschen namens Mort Werner gebeten (besser gesagt: ihn angefleht), Genes Vorschlag zu lesen. Werner befaßte sich tatsächlich damit und fand Gefallen an dem Konzept. Aber noch während sein Blick über die Zeilen huschte, drehten sich hinter seiner Stirn die Zahnräder einer mentalen Rechenmaschine – er versuchte sich vorzustellen, was eine derartige Serie kostete. Roddenberrys Beteuerungen in Hinsicht auf eine kostengünstige Produktion überzeugten ihn nicht und ließen genug Platz für Zweifel. Katz pries die neuen Ideen und behauptete, »überall in der Stadt« liebäugelten Fernsehstudios mit STAR TREK, doch Gene und er zögen die Zusammenarbeit mit NBC vor.

Werner war natürlich nicht von gestern und durchschaute Katz, aber er unterbreitete trotzdem ein Angebot. Die Serie gefiele ihm wirklich, meinte er, doch nach seinen – recht vorsichtigen – Berechnungen würde ein Pilotfilm mindestens fünfhunderttausend Dollar kosten. *Niemand* konnte Mort Werner dazu bewegen, sich blindlings auf ein Wagnis einzulassen, das eine halbe Million kostete. Er wollte sich ganz langsam vortasten, Schritt für Schritt.

Anstatt fünfhundert Riesen zu investieren, bot Werner zunächst zwanzigtausend Dollar ›Storygeld‹ an. NBC forderte Gene auf, drei Ideen zu liefern, in Form von ausgearbeiteten Geschichten, die jeweils etwa zehn Seiten lang sein und den allgemeinen Informationen des STAR TREK-Vorschlags Details hinzufügen sollten. Werner stellte Roddenberry folgende Vereinbarung in Aussicht: Sobald die drei Stories vorlagen, konnte NBC die beste wählen und sie von Gene in ein Drehbuch verwandeln lassen – oder die ganze Serie ablehnen. Wenn alles gutging, sollte das Drehbuch dazu dienen, einen Pilotfilm zu produzieren.

Entweder ein bißchen oder gar nichts – darauf lief es hinaus. Wenn NBC eine der drei Geschichten und anschließend auch das Drehbuch akzeptierte... Erst dann ging's los. Das Network ließ sich eine Hintertür offen: Wenn das Material seiner Ansicht nach nichts taugte, konnte es einen Rückzieher machen und verlor nur zwanzigtausend Dollar Story-Honorar. Werner ging auf Nummer Sicher, und nun war wieder Gene am Zug: Er mußte Ideen für Geschichten auftreiben, die bei NBC einen so guten Eindruck hinterließen, daß die Verantwortlichen fünfhunderttausend Dollar für einen STAR TREK-Pilotfilm bereitstellten.

Innerhalb einer Woche wurden die Verträge vorbereitet, und Gene Roddenberry unterzeichnete sie. Zu jenem Zeitpunkt wußte er es noch nicht: Mit seiner Unterschrift hatte er sich auf eine Achterbahn begeben, die ihm für den Rest seines Lebens jede Menge Aufregung und gelegentlich auch Übelkeit bescheren würde.

›THE CAGE‹

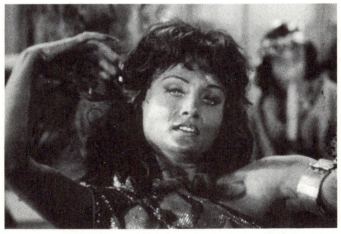

Susan Oliver als grüne Vina. (© *1993 Paramount Pictures*)

Mit den zwanzig Riesen von NBC in der Tasche machte sich Roddenberry an die Arbeit. Er erweiterte den ursprünglichen STAR TREK-Vorschlag und eliminierte einige Ungereimtheiten, die sich noch immer darin verbargen. Er belegte auch sofort Matt Jefferies mit Beschlag, einen der jüngsten und begabtesten Art-directors von Desilu. Jefferies erhielt den Auftrag, ganztags an Entwürfen für das Erscheinungsbild der *Enterprise* zu arbeiten. Ich habe Matt gebeten, uns zu erzählen, wie er zu STAR TREK kam und worin seine Arbeit ganz zu Anfang bestand.

MATT JEFFERIES:
Bei *Ben Casey* habe ich als eine Art stellvertretender Art-director für Desilu gearbeitet. Während jenes Programm lief, nahm ich mir vier Wochen Urlaub, um die Weltausstellung in New York und Verwandte in Virginia zu besuchen. Als ich nach den Ferien in mein kleines Arbeitszimmer zurückkehrte, fand ich es leer vor. Das Reißbrett, die Stifte, meine übrigen Werkzeuge – alles fehlte. Daraufhin ging ich zu meinem Chef und fragte: »Wer hat meine Sachen weggebracht? Und wo zum Teufel ist das nächste *Casey*-Skript?« Die Antwort lautete: »Vergessen Sie's. Jemand anders arbeitet jetzt daran.«

Ich dachte mir: He, geschieht dir ganz recht. Warum bist du auch so blöd gewesen, dir einen Monat Urlaub zu nehmen? Doch dann stellte sich heraus, daß mein Chef gar nicht beabsichtigte, mich zu feuern. Er sagte: »Gleich kommt 'n Typ namens Roddenberry oder so. Sie arbeiten mit ihm zusammen. Er hat eine Idee, bei der's um Raumschiffe und den Weltraum geht. Ihre Sachen befinden sich jetzt im großen Zimmer.«

Das ›große Zimmer‹ ist ein drei mal sechs Meter großer Lagerraum, der nicht mehr benutzt wird. Dorthin begibt sich Jefferies, packt seine Sachen aus und wartet. Um zehn trifft Roddenberry ein. Die beiden Männer sprechen miteinander, lernen sich kennen und legen dabei das Fundament für eine gute Zusammenarbeit. Sie stellen fest, daß sie beide die Luftfahrt mögen und insbesondere für die aus dem Zweiten Weltkrieg stammende B-17 schwärmen. Nach dem Gespräch ist Jefferies von der Aussicht auf eine längere Kooperation mit Gene regelrecht begeistert. »Ich habe ihn zum Lachen gebracht«, erinnert sich Matt. »Und wir bildeten eine perfekte Kombination: er ein Träumer, der hoch über den Wolken schwebte, und ich ein Realist, der mit beiden Beinen fest auf der Erde stand.«

Gene schilderte Jefferies die grundlegenden Prinzipien von STAR TREK, erwähnte die fünfjährige Forschungsmission der *Enterprise* und Reisen durch ferne Regionen der Galaxis. Er erläuterte den Komfort an Bord eines Raumschiffs, dessen Besatzung aus zwei- bis vierhundert Männern und Frauen bestand, wies auf eine quasimilitärische Rangordnung hin und betonte die Notwendigkeit, immer glaubwürdig zu bleiben. Nach den Erörterungen der Grundlagen wenden sich die beiden Männer der *Enterprise* zu. Gene hatte zwar keine klare Vorstellung davon, wie das Schiff aussehen sollte, aber er wußte ganz genau, wie es *nicht* aussehen durfte.

MATT JEFFERIES:
»Ich will keine Raketen sehen«, sagte mir Roddenberry. »Ich will keine fliegenden Untertassen. Ich will keine flugzeugartigen Gebilde. Ich will keine Düsen und dergleichen. Und ich will erst recht keine Tragflächen oder etwas in der Art.« Er ballte die großen Hände zu Fäusten und fügte hinzu: »Sorgen Sie dafür, daß die *Enterprise* majestätisch und stark aussieht.« Damit ging er. Nun, damals war ich jung und vergleichsweise

unerfahren, und als Gene mich allein in meinem Arbeitszimmer zurückließ ... Ich hatte überhaupt keine Ahnung, was er von mir erwartete. Trotzdem machte ich mich sofort ans Werk.

Jefferies begann, indem er mit Desilus Geld praktisch alles kaufte, das sich in Hinsicht auf Flash Gordon und Buck Rogers auftreiben ließ. Außerdem erwarb er Bilder, die Raketen zeigten, hängte den Kram an die Wände und sagte: »Das alles kommt *nicht* in Frage.«

MATT JEFFERIES:
Dann fing ich damit an, erste Skizzen zu zeichnen. Fast sofort war mir klar, daß die Form der *Enterprise* einzigartig und aus jedem Blickwinkel leicht zu erkennen sein mußte. Darüber hinaus sollte das Schiff eine relativ einfach strukturierte Außenhülle haben, so daß sich mit den Farben keine Schwierigkeiten ergaben. Ich dachte dabei an Farben, die mit der jeweiligen Geschichte in Verbindung standen und von bestimmten Situationen im All – zum Beispiel den Atmosphären fremder Welten – verlangt wurden. Schon nach kurzer Zeit entschied ich mich für ein neutrales Grau.

Was die allgemeine Form der *Enterprise* betraf, spielte ich mit Kohle-, Blei- und Buntstiften, erhoffte mir dabei irgendeine Inspiration. Ich versuchte es mit zigarren- und ballonförmigen Raumschiffen, achtete vor allem darauf, mich von der stereotypen und allseits bekannten Projektilform fernzuhalten. Zwei Wochen lang arbeitete ich auf diese Weise, und als Gene zurückkehrte, hatte ich Dutzende von Skizzen angefertigt: *Enterprise*-Kandidaten bedeckten alle vier Wände meines Zimmers.

Gene kam mit zwei NBC-Repräsentanten, wanderte mit ihnen durchs Zimmer und sah sich die Skizzen an. Manchmal murmelte Roddenberry positive Kommentare in Hinsicht auf bestimmte Aspekte einer Zeichnung. Jene Bilder, denen er nur beiläufige Beachtung schenkte, riß Jefferies später von den Wänden und zerknüllte sie.

MATT JEFFERIES:
Anschließend betrachtete ich die kommentierten Skizzen und versuchte, alle Elemente zu kombinieren, die einen positiven Eindruck auf Gene hinterlassen hatten. Etwa zehn Tage später waren die Wände erneut mit Zeichnungen bedeckt, und der ganze Vorgang wiederholte sich. Gene und die NBC-Typen kehrten erneut zurück und sahen sich alles an. Sie mochten ein Stück von diesem Raumschiff und eins von dem; ihnen gefiel dieses Triebwerk und die Form dort. Die Sache erwies sich als ziemlich frustrierend, nicht aufgrund der vielen Arbeit, sondern weil die Zeit in Hinsicht auf den Produktionsplan knapp wurde. Mit anderen Worten: Ich mußte mich beeilen, wenn der Szenenaufbau für den Pilotfilm rechtzeitig fertig werden sollte.

Nun, ich ging alle meine Entwürfe durch, nahm jene Dinge, die mir am meisten gefielen, und vereinte sie in einem Schiff. Ich stellte mir ein vom Rest des Raumers getrenntes Triebwerk vor, und an der Diskusstruktur gab es meiner Meinung nach nichts auszusetzen. Auf dieser Grundlage begann ich mit Experimenten. Ich ›montierte‹ das Triebwerk unten, dann oben und so weiter. Als ich dadurch schließlich zu einer Form fand, die mir zusagte, fertigte ich ein detailliertes, farbiges Bild an – und ahnte, damit einen Volltreffer erzielt zu haben. Die Wände waren noch immer voll von Entwürfen, aber zwischen ihnen befand sich nun eine *Enterprise,* die viel attraktiver wirkte als ihre Schwester. Gene kam zum dritten Mal und war so begeistert, daß ich ihm das Bild überließ – nun stand dem Flug des Raumschiffs *Enterprise* nichts mehr entgegen. Ich nahm nur noch wenige Änderungen vor, und als die

Howard Anderson Company den Auftrag erhielt, die Spezialeffekte des Pilotfilms zu realisieren, schufen wir gemeinsam das erste kleine Modell. Es war gut zehn Zentimeter lang, bestand aus Balsaholz und Pappe. Als wir von Gene grünes Licht bekamen, konstruierten wir ein größeres, fast einen Meter langes Modell – wir stellten es fertig, als die Dreharbeiten begannen. Gene war sehr zufrieden damit, was wir zum Anlaß nahmen, die ›große Miniaturausgabe‹ zu bauen: Sie maß mehr als drei Meter in der Länge!

Während Jefferies ein Raumschiff baute, galten Roddenberrys Bemühungen den drei STAR TREK-Stories, auf deren Grundlage NBC über das Schicksal der Serie befinden wollte. Wenn wenigstens eine davon beim Network ankam, konnte Gene ein Drehbuch verfassen. Wenn nicht... Dann durfte er seine Sachen packen und nach Hause gehen. Dann gab es keine STAR TREK-Serie.

Da so enorm viel von den Entwürfen abhing, arbeitete Roddenberry mit noch größerer Besessenheit als sonst. Immer saß er bis weit nach Mitternacht an der Schreibmaschine und feilte an jedem Satz. Einen Monat lang

Bei den Dreharbeiten von ›The Cage‹: Roddenberry sieht sich das von Jefferies hergestellte, knapp einen Meter lange Modell der *Enterprise* an. (© *1993 Paramount Pictures*)

54

Links: Susan Oliver als Vina, Hüterin des Stanniolpapier-Tunnels.
(© *1993 Paramount Pictures*)
Rechts: Jeff Hunter lacht mit Susan Oliver und zwei Talosianern, während sie die überraschende Entführung proben.
(© *1993 Paramount Pictures*)

schrieb er, und das Redigieren nahm noch einmal mehrere Wochen in Anspruch. Dann reichte Gene seine Geschichten bei NBC ein.

Einige Tage später bekam er Antwort. Die Stories gefielen NBC, und eine von ihnen sollte als Grundlage für einen Pilotfilm dienen: ›The Cage‹.

Darin empfängt die *Enterprise* ein schwaches Notsignal von Talos IV. Captain April, Spock und Navigator Tyler beamen sich auf den Planeten und finden dort ein Lager, das offenbar aus den Resten eines abgestürzten Raumschiffs errichtet wurde. Einige geschwächt wirkende Überlebende begrüßen die Neuankömmlinge und stellen sich als Wissenschaftler vor, die seit einer Bruchlandung vor zwanzig Jahren auf dieser Welt festsitzen. Schon zwei Jahrzehnte lang senden sie einen Notruf und hoffen auf Hilfe. Seltsamerweise deutet die von Spock vorgenommene Biosondierung darauf hin, daß die so gebrechlich aussehenden Wissenschaftler bei bester Gesundheit sind.

Eine junge und sehr attraktive Frau namens Vina erzählt, sie sei ein kleines Kind gewesen, als es die Wissenschaftler nach Talos IV verschlug. Sie bietet sich an, dem Captain ein Geheimnis zu zeigen – die Erklärung dafür, warum es den alten Leuten noch immer so gut geht. Sie führt April in eine abgelegene Felslandschaft, wo der Captain von fremden Wesen mit großen Köpfen und vergleichsweise zarter Statur entführt wird. Sie verschwinden mit ihm in einer Höhle.

Im Innern der Kaverne findet April die (scheinbare) Wahrheit heraus. Die angeblichen Wissenschaftler waren ein Trugbild, das dazu diente, einen geeigneten Partner für Vina zu finden, die einzige Überlebende der Bruchlandung. Die Talosianer haben sich die ganze Zeit über um sie gekümmert, und sie scheint in erster Linie am Captain interessiert zu sein.

Das Verhalten der Talosianer ärgert April, aber er ist machtlos und kann ihnen nicht entkommen. Sie präsentieren ihm weitere Trugbilder, in denen er und Vina in angenehmer Umgebung zusammen sind. Die junge Frau erscheint ihm als mittelalterliche Adlige, als temperamentvolle, grünhäutige Orionerin, und schließlich als typisch amerikanische Blondine bei einem Picknick.

Nummer Eins und Adjutantin Colt treffen ein, um April zu retten. Nach einigen Niederlagen gelingt es ihnen schließlich, die Talosianer zu überlisten und sie zu veranlassen, die volle Wahrheit preiszugeben. Wie sich herausstellt, hat Vina tatsächlich den Absturz eines Raumschiffs überlebt, aber sie ist nicht etwa jung und schön, sondern schon recht alt und auf entsetzliche Weise entstellt. Die Talosianer gaben ihr die Illusion von Schönheit, um ihr ein glücklicheres Leben zu ermöglichen.

Darüber hinaus weisen die Talosianer darauf hin, daß die Oberfläche ihrer Welt vor Jahrhunderten durch einen

Roddenberry, Oliver und Regisseur Robert Butler bereiten die Picknickszene vor.
(© 1993 Paramount Pictures)

Atomkrieg verheert wurde. Dieser Umstand zwang sie, fortan in unterirdischen Höhlensystemen zu leben. Die radioaktive Strahlung führte zu genetischen Veränderungen und verlieh den Talosianern besondere mentale Macht. Allerdings verloren sie dadurch die Fähigkeit der Fortpflanzung. *Das* ist der Grund, warum sie sich um Vina gekümmert haben. Sie soll einen Partner finden, um Kinder zur Welt zu bringen – Söhne und Töchter, die imstande sind, die ehrenvollen Traditionen der untergegangenen talosianischen Gesellschaft fortzusetzen.

April erlaubt den Talosianern schließlich, Vina davon zu überzeugen, daß er sich tatsächlich in sie verliebt und beschlossen hat, bei ihr zu bleiben. Dafür darf er zur

Susan Oliver prüft das Make-up der ›wahren‹ Vina.
(© 1993 Paramount Pictures)

Enterprise zurückkehren, die ihn prompt fortträgt zu den Sternen – und hoffentlich zu einer Serie aus wöchentlich wiederkehrenden Abenteuern.

Die Verantwortlichen von NBC mochten das Konzept, aber sie hatten auch Vorbehalte. Sie bezweifelten, daß sich Roddenberrys Projekt in allen Einzelheiten verwirklichen ließ, noch dazu in dem nicht mehr als modern geltenden Desilu Studio. In seiner bisherigen Form stellte STAR TREK ein ebenso großes wie anspruchsvolles Unternehmen dar, das komplexe Kulissen, Kostüme, Masken und völlig neue Spezialeffekte erforderte. Die Verbindung zwischen dem aufstrebenden jungen Produzenten Roddenberry einerseits und einem in Verruf geratenen Studio wie Desilu andererseits bereitete den NBC-Managern profundes Unbehagen.

Die größte Sorge des Networks betraf einen anderen Punkt: Wenn STAR TREK tatsächlich zu einer Serie wurde, so mußten regelmäßig Folgen gesendet werden, eine Episode pro Woche. Das bedeutete einen enormen Produktionsaufwand, der vielleicht über die Kapazitäten von Desilu hinausging. NBC bestand darauf, die Produktion des Pilotfilms genau im Auge zu behalten, um zu gewährleisten, daß er a) nicht zuviel kostete und b) pünktlich fertiggestellt wurde.

Nun, für Roddenberry kam es nur darauf an, daß es endlich losgehen konnte. Er hatte den Keim von STAR TREK gehegt und gepflegt, ihn vom Stadium eines Vorschlags zu ersten Geschichten reifen lassen. Nun wollte er erleben, wie aus dem Keim – um im Bild zu bleiben – ein blühendes Gewächs wurde. Noch war STAR TREK weit von den Mattscheiben entfernt, aber Gene hatte einen ersten Sieg errungen.

Nur einige Stunden nach der Entscheidung von NBC begann Roddenberry mit der Arbeit am Drehbuch für den Pilotfilm. Einmal mehr mobilisierte er seine ganz schöpferische Kraft. Von morgens bis in die Nacht saß er in seinem Büro, hämmerte auf die Tasten der Schreibmaschine, plante, verwarf, schrieb um. Rauch wogte durch die geöffnete Tür, als ginge es drinnen darum, einen Papst zu wählen. Für Gene existierte nur noch das Manuskript des Drehbuchs, und er unternahm eine waghalsige Gratwanderung zwischen Kreativität und Glaubwürdigkeit.

In diesem Zusammenhang korrespondierte er mit einigen wissenschaftlichen Profis, unter ihnen Flugzeugingenieure, Techniker, Forscher und Physiker. Er stellte den entsprechenden Personen frühe Entwürfe von ›The Cage‹ zur Verfügung und fragte, wie sich eine wissenschaftlich präzise, durch und durch glaubwürdige Darstellung der Zukunft und interstellarer Raumfahrt bewerkstelligen ließ.

Einer dieser Berater war Harvey P. Lynn, ein bescheidener Physiker von den Rand Laboratories. Er schrieb Roddenberry lange Briefe und erläuterte detailliert die wissenschaftlichen Fehler in Genes Skript. Nach der Lektüre einer frühen Version von ›The Cage‹ unterbreitete Lynn konkrete Vorschläge in bezug darauf, wie die Shuttles der *Enterprise* starten und zu ihr zurückkehren sollten. Er kommentierte auch die spezielle Terminologie und riet Gene, einen Dialog zu ändern, in dem April von einem ›Raum*quadranten*‹ spricht. Lynn meinte, die Bezeichnung ›Quadrant‹ müßte auf etwas basieren, das zur vierten Potenz erhoben wird; da das Universum jedoch keine klar definierten Grenzen hat, bliebe ein solches Wort ohne Bedeutungsinhalt. Der Physiker schlug vor, es durch den Begriff ›Region‹ zu ersetzen. Ähnliche Kritik übte er an einem anderen Dialog, in dem der Kommunikationsoffizier ›Statik‹ erwähnte – solche Interferenzen seien im Weltraum überhaupt nicht möglich. Er ärgerte sich regelrecht über die im Entwurf erwähnten Himmelskörper: Sie standen in keinem direkten Bezug zueinander, waren ganz offensichtlich nur deshalb ausgewählt worden, weil sie einen ›vertrauten Klang‹ hatten. Wenn sich jemand hinsetzte und den Kurs der *Enterprise* berechnete, meinte Lynn, so bestünde das Ergebnis aus einer wirren Zickzack-Linie.

Außerdem nahm der Physiker Anstoß daran, daß in ›The Cage‹ die Schwerkraft von Talos IV mit 1,3 G angegeben wurde – die Gravitation des Planeten war also um dreißig Prozent höher als die der Erde. Unter solchen Umständen seien die großen Köpfe der Talosianer eine anatomische Unmöglichkeit: Unter den Bedingungen einer höheren Schwerkraft hätte die Evolution kleinere und flachere Köpfe geschaffen, und deshalb sei die Geschichte unglaubwürdig – zumindest für jemanden, der sich in diesen Dingen so gut auskannte wie Harvey Lynn. Er fügte hinzu, dieses Problem ließe sich leicht lösen, indem man die Schwerkraft von Talos IV verringerte.

Lynns Kritik beschränkte sich nicht nur auf den kosmischen Hintergrund, sondern galt auch dem inneren Universum der *Enterprise*. Zum Beispiel nahm er Anstoß daran, daß ›Laser‹ zur Bewaffnung der Crew gehörten. Er schlug vor, daß Roddenberry einen anderen Namen wählte. Immerhin seien ›Laser‹ kaum imstande, Felsen auseinanderplatzen zu lassen oder Bäume aus dem Boden zu reißen. Kurze Zeit später verwandelten sich STAR TREKS ›Laser‹ in ›Phaser‹.

Roddenberrys Brain Trust half ihm dabei, bei seinen Darstellungen glaubwürdig zu sein und die elementaren wissenschaftlichen Prinzipien zu achten. Doch trotz dieser Hilfe kam er mit dem Drehbuch kaum voran. Immer wieder schrieb er Szenen um und nahm Änderungen vor. Das Manuskript war keineswegs schlecht, ganz im Gegenteil, aber Gene hatte dauernd das Gefühl, ›The Cage‹ noch besser machen zu können. Die eigenen Qualitätsmaßstäbe hielten ihn am Schreibtisch gefangen.

Natürlich handelte es sich um das wichtigste Manuskript in Roddenberrys Karriere. Es hing viel davon ab, und deshalb konnte er es sich nicht leisten, *keine* perfekte Arbeit zu leisten. Auch die Namen der Protagonisten blieben von den häufigen Modifizierungen nicht verschont. Aus Captain April wurde Captain Winter und dann Captain Christopher Pike. Als der Termin für die ersten Aufnahmen immer näher rückte, erreichte das Drehbuch von ›The Cage‹ schließlich eine für Gene akzeptable Form.

Während der schwierigen Arbeit am Manuskript knüpfte Roddenberry Kontakte mit jenen kreativen Leuten und Technikern, die seinen Traum schließlich auf so zufriedenstellende Weise in Realität verwandelten. Unter ihnen befand sich auch Franz Bachelin, einer der erfahrensten Art-directors von Desilu. Bachelin übernahm die Verantwortung fürs allgemeine Erscheinungsbild des STAR TREK-Pilotfilms und fungierte auch als Matt Jefferies Chef. Allerdings wurde schon nach kurzer Zeit klar: Jefferies galt zwar offiziell als stellvertretender Art-director, doch er leistete die wichtigsten Beiträge für den Film.

Bachelin verwendete überwiegend Wasserfarben. Seine Bilder waren alle recht hübsch, aber als Grundlage für konkrete Szenenaufbauten taugten sie nur bedingt. Nachdem die ersten Muster vom Innern der *Enterprise* Roddenberrys Zustimmung fanden, mußte Jefferies die Ideen mit den Möglichkeiten konkretisieren, die ihm ein sehr knappes Budget sowie ein heruntergewirtschaftetes Studio boten. Er sagt dazu:

MATT JEFFERIES:
Von mir erwartete man Konstruktionszeichnungen, nach denen die Kulissen gebaut werden sollten. Eins meiner Probleme bestand darin, daß es nie sehr einfach war herauszufinden, was Bachelin gemalt hatte. Ich meine, seine Bilder mochten recht hübsch sein, aber ihnen fehlte jeder *praktische* Wert. Mit solchen Unterlagen konnten die Bautrupps überhaupt nichts anfangen.

Nun, wie ich schon sagte: Ich bin Realist. Ich nahm Bachelins Aquarelle und verwendete sie als Basis für spezifische Konstruktionszeichnungen. Es ging dabei vor allem um die Struktur der Brücke, um die einzelnen Stationen der *Enterprise*-Offiziere, die Instrumente und so. Das alles erforderte ziemlich viel Arbeit.

Jefferies kümmerte sich nicht nur um die Außenansichten der *Enterprise*, sondern auch um die internen Szenenaufbauten sowie die einzelnen Bauelemente. Bei seinen Skizzen mußte er stilistische Faktoren ebenso berücksichtigen wie das Budget und konstruktionstechnische Beschränkungen. Roddenberry und Desilu ließen keinen Zweifel daran, daß nur solche Kulissen bewilligt wurden, die funktionell, stabil, realistisch und kostengünstig waren. Nun, Jefferies arbeitete nicht zum erstenmal unter solchen Bedingungen. Doch in diesem besonderen Fall mußten seine kreativen Ideen nicht nur Genes Zustimmung finden (als Produzent traf Roddenberry in dieser Hinsicht die endgültigen Entscheidungen), sondern auch die der vielen technisch-wissenschaftlichen Berater. Jeder von ihnen kommentierte Jefferies' Skizzen unter den Gesichtspunkten von Glaubwürdigkeit und der mutmaßlichen Authentizität zukünftiger interstellarer Raumfahrt.

Roddenberry achtete darauf, daß Jefferies Gestaltungsvorschläge einen konkreten Zweck erfüllten. Um ein Beispiel zu nennen: Wenn Matt kleine Leuchtplatten im Kontrollraum der *Enterprise* installieren wollte, so mußten sie eine bestimmte Funktion erfüllen – in dieser Hinsicht verlangte Gene eine genaue Erklärung. Jefferies schuf also nicht nur eine Art Bühnenbild, sondern entwarf ein funktionstüchtiges interstellares Raumschiff.

Im Lauf der Zeit wuchs die Bedeutung von Jefferies Beiträgen und ging bald weit über die von Bachelins Aquarellen hinaus. Matt wurde zu unserem Art-director und blieb es für die drei STAR TREK-Seasons. Er übte einen großen (vielleicht den wichtigsten) Einfluß auf das Erscheinungsbild von STAR TREK, der *Enterprise* und der Welten unter ihr aus. Das gilt übrigens auch für die

Raumschiffe, Unterkünfte und die Heimaten fremder Lebensformen. Offiziell hat Jefferies nie die verdiente Anerkennung bekommen, aber trotzdem ist er im (gar nicht so fiktiven) Leib der Enterprise verewigt.

Wahrscheinlich wissen Sie bereits, worauf ich hinauswill. Ich meine die lange, zylindrische Röhre, die besonders delikate Technik enthält und in der Scotty so häufig kritische Reparaturen vornimmt: Sie heißt ›Jefferies-Röhre‹. Als es darum ging, dieser speziellen Sektion der *Enterprise* einen Namen zu geben, nannte sie Roddenberry einfach nach ihrem Schöpfer.

Eine Woche nach der anderen verstrich, und die Aktivitäten in bezug auf ›The Cage‹ nahmen immer mehr zu. Gegen Mitte des Sommers wimmelte es bei Desilu von Künstlern, Handwerkern und Technikern, die gemeinsam die Basis für STAR TREK schufen. Fast alle von ihnen sahen in ›The Cage‹ das komplizierteste Filmprojekt, an dem sie jemals gearbeitet hatten. So etwas war noch nie fürs Fernsehen versucht worden, und dieser Umstand sorgte überall für Aufregung.

Scotty arbeitet in der nach Matt Jefferies benannten Röhre.
(© *1993 Paramount Pictures*)

Jeden Tag ergaben sich neue Probleme. Jeden Tag schrieb Gene Teile des Drehbuchs um, und wenn Schwierigkeiten entstanden, so fanden er und seine Leute irgendwie eine Möglichkeit, sie aus dem Weg zu räumen. Bei *diesen* Dreharbeiten mußte man ständig mit dem Unerwarteten rechnen, und die einzige Regel bestand darin, daß es keine Regeln gab. Wir wollten etwas auf die Mattscheibe bringen, das dort nie zuvor zu sehen gewesen war. Wir benutzten völlig neuartige Kulissen; das Manuskript verlangte unter anderem Aliens mit großen Köpfen und ein tanzendes Mädchen mit grüner Haut – unter diesen Umständen blieb der Produktionscrew gar nichts anderes übrig, als oft zu improvisieren.

Gelegentliche Besucher vom Network mochten den Eindruck gewinnen, daß es im Studio zuging wie in einem Irrenhaus, doch das vermeintliche Chaos gründete sich auf eine gute Organisation. Während hier Kulissenbau und Szenenvorbereitungen stattfanden, erfolgte dort die Auswahl der Schauspieler. Inzwischen kannte Roddenberry seine Protagonisten so gut, daß er klare Vorstellungen davon hatte, wer sie spielen sollte.

Majel Barrett war bereits für Nummer Eins vorgesehen, und die Rolle des Captain Pike bot Gene Lloyd Bridges an. Der lehnte jedoch ab und nahm in der Begründung kein Blatt vor den Mund: Seiner Meinung nach verdarb sich ein Schauspieler den guten Ruf, wenn er bei Science Fiction mitwirkte; wer sich die Reputation bewahren wollte, durfte nicht den festen Boden unter den Füßen verlieren. Seltsamerweise wurde Bridges seinen eigenen Prinzipien untreu: Er verließ den ›festen Boden‹, um eine wichtige Rolle bei *Sea Hunt* zu spielen.

Während der nächsten Wochen suchte Roddenberry nach Ersatz für Bridges und engagierte schließlich Jeffrey Hunter, einen erfahrenen Schauspieler, der erst vor kurzer Zeit Jesus in *King of Kings* dargestellt hatte. Hunter akzeptierte die Rolle mit dem humorvollen Hinweis: Ein Schauspieler, der imstande war, über die ganze

Christenheit zu herrschen, sollte sicher auch als Kommandant eines Raumschiffs zurechtkommen.

Daraufhin war Captain Pike nicht mehr nur ein Name auf dem Papier. Er bekam Gestalt und Leben.

John Hoyt schlüpfte in die Rolle des Dr. Boyce, und anschließend dauerte es nicht lange, bis die Besetzung komplett war. Genau an dieser Stelle erschien mein geschätzter Kollege und lieber, lieber Freund Leonard Nimoy.

Als ich mit der Arbeit an diesem Buch begann, fiel mir plötzlich ein: Ich wußte überhaupt nicht, was Leonard zu STAR TREK geführt hatte. Es gab zwei Möglichkeiten für mich. Entweder erfand ich irgendeine komische Geschichte – oder ich besuchte ihn in seinem Büro und ließ mir von ihm die Wahrheit erzählen. Da Leonard größer und mir mit seiner vulkanischen Kraft überlegen ist, entschied ich mich für die zweite Option und rief ihn an.

Ich sollte an dieser Stelle eine Erklärung hinzufügen, auch auf die Gefahr hin, dadurch eine lange Geschichte noch länger zu machen: Wenn man Leonard besucht, so sitzt man nicht nur in seinem Büro, sondern in seinem *Bürogebäude* – ihm gehört der ganze Laden! Er ist ein Magnat! Er ist reich! Und er hat Einfluß! Im Verlauf der Jahre hat er sich Hollywood einfach gepackt und in die Tasche gesteckt. Er gehört zu den wichtigsten Leuten unserer Branche, hat sich als erfolgreicher Produzent, Direktor, Autor und Schauspieler einen Platz an der Spitze gesichert.

Ich rufe ihn an, und seine Sekretärin verbindet mich mit seinem Assistenten, der wiederum andere Typen benachrichtigt und eine regelrechte Konferenz mit ihnen zu veranstalten scheint. Siebzehn lange Minuten warte ich am Apparat, bis ich schließlich die Stimme von Seiner Majestät höre. Ich frage Leonard, ob ich zu ihm kommen kann, um ihm einige Fragen in Hinsicht auf seine Anfangszeit bei STAR TREK zu stellen. »Na klar«, antwortet er. Ich fahre sofort zu ihm und versuche, meinem Freund mit einem nagelneuen Minikassettenrecorder zu imponieren, der sich auch akustisch bedienen läßt. Lässig ziehe ich das Ding aus der Tasche und lege es auf den Schreibtisch.

»Ein kleines High-Tech-Spielzeug«, erkläre ich. »Supermodern.«

Leonard gähnt nur. Und lacht, als es mir nicht gelingt, das kleine Gerät einzuschalten. Nun, es beschämt mich zuzugeben: Bisher bin ich mit Technik – ob kompliziert oder nicht – nie besonders gut klargekommen. Da sitzt er also, der Captain des Raumschiffs *Enterprise,* und sagt zaghaft: »Test, äh... eins, zwei... Test, eins, zwei...« Und Leonard grinst vom einen Ohr bis zum anderen. Da er so klug ist und die Logik für sich gepachtet hat, schiebe ich den Recorder auf die andere Seite des großen Schreibtischs – soll Mister Spock herausfinden, wie das widerspenstige Ding funktioniert.

Nimoy drückt einige Tasten, dreht hier und dort einen winzigen Regler und starrt verwirrt auf das Rätsel japanischer Audio-Technik hinab. Wie sich herausstellt, ist er noch unfähiger als ich! Wir haben zahllose Planeten besucht und die Galaxis mindestens hundertmal vor dem Untergang bewahrt, aber nun sitzen wir in einem Büro in Burbank, tragen Bifokalbrillen und betrachten ein Gerät, dessen Funktionsweise uns völlig schleierhaft ist. Nach einer guten halben Stunde merke ich: Das Band bewegt sich überhaupt nicht – kein Wunder, daß unsere Aufzeichnungsversuche scheiterten.

Verlegen drücke ich die RECORD-Taste und frage Leonard, wie er zu STAR TREK gekommen ist.

LEONARD NIMOY:
Ich hatte einen talentierten, intelligenten und recht aggressiven Agenten – eine Art Terrier. Wenn er eine Idee für einen seiner Klienten verwirklichen wollte, so ließ er nicht mehr locker und kaute darauf herum, bis ihm jemand Beachtung schenkte. Ich war damals dafür bekannt, dunkle Typen zu spielen, die meistens

aus irgendwelchen ›exotischen‹ ethnischen Gruppen stammten, zum Beispiel Mexikaner oder Italiener.

Nun, ein Mann namens Marc Daniels sollte eine Episode von *The Lieutenant* drehen und brauchte jemanden, der einen extravaganten Kinotypen spielte. Der Bursche wollte angeblich einen Film über *The Lieutenant* drehen, mit den Einrichtungen und dem Personal des Marine Corps. Marc hatte erhebliche Bedenken, als mein Name erwähnt wurde – weil er mich sofort mit den ›ethnischen‹ Rollen assoziierte.

Für die Rolle stellte er sich einen schnell sprechenden Aufschneider vor, einen aalglatten Burschen mit viel Charisma und Charme. Er glaubte, ich käme dafür nicht in Frage. Doch mein Terrier von einem Agenten blieb hartnäckig, knurrte und kaute – bis Marc schließlich nachgab und sich bereit erklärte, mich vorlesen zu lassen. Ich ging zu ihm, gab mich als schnell sprechender, aalglatter Bursche mit Charisma und Charme. Woraufhin mich Marc ansah und sagte: »Ja, ich schätze, Sie eignen sich tatsächlich für die Rolle.« Und so bekam ich den Job.

Nun, Roddenberry produzierte damals *The Lieutenant,* und in jener Folge spielte auch Majel Barrett mit, als meine Sekretärin. Wir drehten die Episode, und ich hatte viel Spaß dabei. Einige Wochen später rief mein Agent an und meinte: »Deine Leistungen in *The Lieutenant* haben Gene Roddenberry gefallen, und er möchte, daß du bei einem Pilotfilm für eine SF-Serie mitwirkst.« So kam alles ins Rollen.

Wie ich später erfuhr, verdanke ich es auch und vor allem Majel, daß man mich für STAR TREK engagierte.

An dieser Stelle möchte ich auf folgendes hinweisen: Nach dem Gespräch mit Leonard fuhr ich zu Majel Barrett Roddenberry und unterhielt mich mit ihr. Dabei versäumte ich es nicht, sie zu bitten, Leonards Ausführungen zu bestätigen. Ihre Antwort lautete:

MAJEL BARRETT:
Ja, das stimmt. Gene kam zu mir und sagte: »An Bord der *Enterprise* gibt es einen Alien, und er soll satanisch aussehen.« So lauteten seine Worte, und sofort fiel mir etwas ein. Ich dachte an Leonards kantiges Gesicht, an seinen ausgezeichneten Beitrag für *The Lieutenant,* und deshalb erwiderte ich: »He, Gene erinnerst du dich an den Mann, dessen Sekretärin ich in *The Lieutenant* spielte? Vielleicht kommt er für die Rolle in Frage.« Daraufhin wölbte Gene die Brauen – so wie später Spock – und lächelte. Auf diese Weise wurde Leonard Nimoy zum vulkanischen Ersten Offizier.

Zwei Minuten später lächelt Gene noch immer und greift zum Telefon. Es klingelt bei Leonards Terrier. Die beiden Männer tauschen Höflichkeitsfloskeln aus, plaudern über andere Dinge und vereinbaren schließlich, daß sich Roddenberry mit Nimoy trifft. Leonard erinnert sich daran:

LEONARD NIMOY:
Mein erstes Treffen mit Gene beschränkte sich im großen und ganzen darauf, daß er mir folgende Frage stellte: »Interessiert Sie die Rolle?« Spocks Innenleben und der Umstand, daß er nur zur Hälfte Mensch war, faszinierten mich, obgleich ich noch nicht alles verstand. Ich dachte: »Es gibt einen internen Konflikt, aus dem etwas wachsen könnte, erst recht dann, wenn in der allgemeinen Dramaturgie darauf eingegangen wird. Ja, die Sache ist entwicklungsfähig.« Nun, ich behielt recht: Später ergaben sich derartige Möglichkeiten, und daraufhin bekam Spock echtes Leben.

Bei jener Gelegenheit wies Gene nicht darauf hin, welchen Platz er Spock in den Drehbüchern einräumen wollte. Trotzdem spürte ich das große Potential dieser speziellen Figur, und ich freute mich bereits darauf, es zu erkunden.

Während der Recherchen in Hinsicht auf dieses Buch hat sich noch eine andere interessante Information ergeben. Während ich mit DeForest Kelley sprach, erwähnte er, daß *er* zunächst für die Rolle des Spock vorgesehen war.

DeForest Kelley:
Eines Tages traf ich Gene beim Mittagessen (sie hatten gerade den Pilotfilm ihrer Fernsehserie fertiggestellt), und er sagte zu mir: »Ich arbeite an zwei neuen Projekten, De. Das eine basiert auf *High Noon,* und das andere ist Science Fiction. Darin gibt's einen Außerirdischen mit langen, spitz zulaufenden Ohren und grüner Haut.« Ich antwortete: »Lieber Himmel, soll das ein Witz sein? Kommt überhaupt nicht in Frage! Rufen Sie mich an, wenn die Sache mit *High Noon* beginnt.« Er meinte natürlich Spock... Nun, ich bin sicher, der richtige Schauspieler hat die Rolle bekommen: Leonard war eine ausgezeichnete Wahl dafür.

Als die Besetzung für den Pilotfilm komplett war, als Szenenaufbau und allgemeines Design ebenso gute Fortschritte erzielten wie Genes Drehbuch, gesellten sich die kreativen Aspekte von Star Trek ›The Cage‹ hinzu. Allerdings: Bei dieser besonderen Geburt schien nichts einfach zu sein. Offenbar war das Schicksal die ganze Zeit über bestrebt, Erfolge mit Rückschlägen auszugleichen.

Um nur ein Beispiel zu nennen: In einer Szene von ›The Cage‹ beginnt die junge Frau auf Talos IV damit, sich Captain Pike in einer anderen Art und Weise zu präsentieren. Mehrmals verändert sie ihr Erscheinungsbild, in der Hoffnung, attraktiv zu wirken. Unter anderem präsentiert sie sich auch als hemmungsloses grünhäutiges Sklavenmädchen vom Planeten Orion. Noch nie zuvor war eine Frau mit grüner Haut auf dem Bildschirm erschienen, und deshalb wußte niemand, worauf es dabei ankam. Das galt selbst für unseren außerordentlich guten Maskenbildner namens Freddie Phillips. Es mangelte ihm nicht an Talent, und während der dreijährigen Produktionszeit von STAR TREK sorgte er für ein Wunder nach dem anderen. Doch in diesem frühen Stadium hatte selbst er Schwierigkeiten.

Gene und Freddie müssen also eine grünhäutige Orionerin schaffen, und beide haben keine Ahnung, wie sie dabei vorgehen sollen. Man kann nicht einfach in irgendeinem Handbuch nachschlagen, um eine Lösung für dieses Problem zu finden: »Wie man der Haut von Schauspielerinnen eine beeindruckend grüne Tönung verleiht.« Nun, die beiden so überaus begabten Herren steckten ihre Köpfe zusammen und versuchten, sich etwas einfallen zu lassen.

Sie begannen damit, die nichtsahnende Majel Barrett zu bitten, sich ›einigen einfachen maskenbildnerischen Tests‹ zu unterziehen. Dabei holte Freddie selbstgemachtes, gräßlich wirkendes grünes Make-up hervor und schmierte es der entsetzten Majel ins Gesicht. Um STAR TREK willen erklärte sich Majel zu einigen Probeaufnahmen in ihrer neuen Aufmachung bereit. Alles klappte, und einmal mehr lobte man Freddies Genialität. Überall herrschte Zufriedenheit – bis die Bilder der Probeaufnahmen aus dem Entwicklungslabor zurückkehrten.

Seltsamerweise zeigten sie Freddies menschliches Versuchskaninchen mit einer völlig normalen Hautfarbe. »Das ist doch unmöglich!« entfuhr es dem Maskenbildner, der einen so eklatanten Mißerfolg zum erstenmal erlebte. Ähnlich überrascht war sicher auch Roddenberry, der sofort neue Probeaufnahmen anordnete, wobei ein verbessertes grünes Make-up Verwendung finden sollte, um das gewünschte Ergebnis – eine grünhäutige Frau – zu erzielen.

Ärger brodelte in Freddie, als er das Vorführzimmer verließ, um eine Brühe herzustellen, deren Grün selbst die berühmten Wiesen von Irland in den Schatten stellte. Eine andere und ebenfalls nichtsahnende Schauspielerin wurde in die Kammer des Maskenbildners gelockt und

Ein Standfoto von den Probeaufnahmen, die Majel mit grüner Haut zeigen sollten. (© *1993 Paramount Pictures*)

mußte dort die Behandlung mit einer Creme über sich ergehen lassen, die nicht nur schrecklich aussah, sondern auch schrecklich *roch*. Einmal mehr fanden Probeaufnahmen statt, und als ihr Ergebnis aus dem Labor kam... Die Bilder zeigten erneut eine junge Dame mit rosafarbener Haut.

Damals war ich nicht zugegen, aber es ist sicher mehr als nur eine Spekulation, wenn ich behaupte: Inzwischen quoll Rauch aus Roddenberrys Ohren, und in Freddies Schläfen pulsierten die Zornesadern. Unser Maskenbildner gab natürlich nicht auf: Mit unerschütterlicher Entschlossenheit setzte er den kosmetischen Kampf fort. Er und seine Assistenten arbeiteten an einem mit grüner, klebriger Masse gefülltem Bottich; ihr Murmeln und Brummen klang nach Zauberformeln. Um einen Eindruck von der Szene zu gewinnen... Man denke an die drei Hexen aus Macbeth. Sie fügten dem Etwas einige noch ungewöhnlichere Ingredienzen hinzu (Das Auge

71

eines Molchs? Drachenblut? Wer weiß?), und das Resultat bestand aus einer neuen Paste, die im Gesicht einer weiteren entsetzten Schauspielerin landete. Wieder schlossen sich Probeaufnahmen an, und die Bilder... Ja, Sie haben es erraten. Sie präsentierten eine junge Frau mit völlig normal wirkender Haut.

Man stelle sich zwei Männer vor, die beide zum Perfektionismus neigen und nun zum wiederholten Male erleben müssen, daß trotz aller Bemühungen die angestrebten Resultate ausbleiben. Der Schweiß bricht ihnen aus; in den Augen blitzt es; es erklingen so laute Schreie, daß die Stimmbänder zu reißen drohen... So in etwa muß es im Vorführzimmer zugegangen sein. Schließlich wendet sich Roddenberry deprimiert ans Entwicklungslabor und fragt, ob es mit Hilfe spezieller Filter möglich ist, die Haut einer Schauspielerin grün zu verfärben.

»Was?« bringt der Labortechniker verdutzt hervor. »Seit drei Tagen mache ich Überstunden, um die gräßlichen grünen Hautfarben Ihrer Darstellerinnen aus den Bildern zu filtern. Ich wußte nicht, daß sie grün sein *sollten,* glaubte vielmehr, es mit der Arbeit eines schlechten Kameramanns zu tun zu haben.«

Man könnte glauben, das sei das Ende dieser Geschichte, aber es gibt eine kurze Fortsetzung. Bei den Dreharbeiten von ›The Cage‹ trat die junge Susan Oliver als Orionerin auf und hatte dabei das zweifelhafte Vergnügen, die grüne Creme am ganzen Leib zu tragen. Woraus auch immer die Paste bestand: Irgendeine ihrer Komponenten bewirkte Müdigkeit und Erschöpfung. Als sich Susan kaum mehr auf den Beinen halten konnte, rief man einen Arzt – ohne darauf hinzuweisen, was ihn erwartete. Er wußte nur, daß es einer Frau schlecht ging. Nun, er machte sich sofort auf den Weg, traf wenige Minuten später am Drehort ein und fragte nach Susan

---

Das Gorn-Wesen – nicht ganz so gut ausgearbeitet wie Spocks Ohren.
(© *1993 Paramount Pictures*)

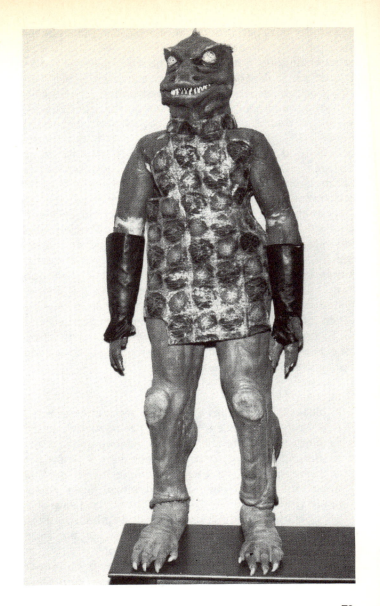

Oliver. Jemand gab ihm Auskunft, und daraufhin eilte er zu ihrem Wohnwagen, öffnete die Tür – und sah eine sehr erschöpfte, fast nackte und *grünhäutige* junge Dame. Angeblich hat er einen gedämpften Schrei von sich gegeben, einen Gruß gestottert und dann versucht, Zeit zu gewinnen, um sich zu fassen und herauszufinden, wieso die Haut einer ansonsten ganz normal wirkenden Frau *grün* sein konnte. Man erklärte ihm die Hintergründe, und eine Spritze mit Vitamin B ermöglichte es Susan, die Dreharbeiten zu überstehen. Dem Arzt soll es übrigens schwergefallen sein, für die Injektion eine *nicht* geschminkte Stelle des Körpers zu finden...

Während des Fiaskos mit der grünen Frau existierte für Freddie Phillips auch noch ein anderes Problem, das ihn veranlaßte, bis spät in die Nacht zu arbeiten. Es betraf Mr. Spock. Gene hatte Freddie eine grobe Vorstellung vom Aussehen des Vulkaniers vermittelt, doch nun kam es darauf an, dieses allgemeine Bild mit Einzelheiten zu erweitern. Erstaunlicherweise ergaben sich dadurch erhebliche Schwierigkeiten für Freddie, Leonard und Gene. Ich halte es für angebracht, daß der Betroffene alles selbst schildert, und deshalb: Lassen wir Mr. Spock von Spocks Ohren berichten.

LEONARD NIMOY:
In dieser Hinsicht kam es zu einer recht interessanten Kette von Ereignissen, und gleichzeitig berichtet die Geschichte von Freddie Phillips' Heldenhaftigkeit. Als es um Spock ging, gab uns Gene eine knappe Beschreibung des Charakters und fügte ihr einige Hinweise auf das Erscheinungsbild hinzu. Spitz zulaufende Ohren sollte der Vulkanier haben, und eine seltsam gefärbte Haut. Mit diesen beiden Anhaltspunkten mußten wir uns begnügen. In bezug auf die Haut schlug Roddenberry leuchtendes Rot vor.

Nun, Mitte der sechziger Jahre gab es noch immer viele Schwarzweißfernseher – der Wechsel zum Farbfernsehen hatte gerade erst begonnen –, und auf solchen Mattscheiben wirkte rote Haut wie schwarze. Das lag sicher nicht in Genes Absicht. Er wollte Spock als Alien darstellen, nicht als Farbigen. Damit kam Rot nicht in Frage – was mich mit Erleichterung erfüllte. Freddie und ich nahmen immer wieder vor dem Spiegel Platz, und jede dieser etwa ein Dutzend Sitzungen dauerte drei bis vier Stunden. Die ganze Zeit über experimentierten wir mit Ohren, Augenbrauen und Haarschnitten.

Ich erinnere mich an eine kleine, auf Spezialeffekte spezialisierte Firma. Sie bestand aus zwei jungen Burschen, die in einer Art Schuppen am Hollywood Boulevard arbeiteten und den Auftrag erhielten, alle grotesken STAR TREK-Dinge zu schaffen: Köpfe, Hände und Füße von Außerirdischen und dergleichen, zum Beispiel das Gorn-Wesen aus *Ganz neue Dimensionen*. Man schickte mich zu den ›Trickspezialisten‹, und dort wurde ein Gipsabdruck meiner Ohren angefertigt. Im Anschluß daran entstand eine Skulptur, die das Aussehen von Spocks Ohren verdeutlichen sollte. Es dauerte nicht lange, bis das Studio ein erstes Modell erhielt, und Freddies Reaktion bestand aus Besorgnis. Er legte großen Wert auf Gründlichkeit und künstlerische Kompetenz, und sein Kommentar lautete: »Wir haben hier ein großes Problem, denn die Jungs verwenden nicht jene Art von Gummi, die für gute Arbeit notwendig ist.« Er befürchtete, daß die spitzen Ohren bei Nahaufnahmen sofort als Attrappen erkennbar waren, weil sie sich zu deutlich von Tönung und Struktur meiner Haut unterschieden.

Desilus Produktionschefs hatten eine billige Firma für Spezialeffekte beauftragt, ohne vorher die Qualität ihrer Arbeit zu prüfen. Es ging ihnen einzig und allein darum, Geld zu sparen – und daher hatten sie keine Ahnung, daß jene ›Trickspezialisten‹ gar nicht imstande waren,

Spock zu glaubwürdigen spitzen Ohren zu verhelfen. Hinter dieser Sache steckte eine Art Paketgeschäft: »Desilu zahlt euch fünftausend Dollar, und dafür gebt ihr uns drei Marsianer, einen Vampir und zwei Ohren.«

Die Firma lieferte Ohren, mit denen wir nichts anfangen konnten. Wir lehnten sie ab, und daraufhin wurden neue geliefert – auf diese Weise ging es eine Zeitlang weiter. Leonard und Freddie trafen sich immer wieder in der Garderobe, und dort gab sich der Maskenbildner alle Mühe, Nimoy in einen Vulkanier zu verwandeln. Schon nach kurzer Zeit begann Freddie, zu brummen und zu murren, hier zu kleben und dort noch etwas mehr Schminke aufzutragen. Doch schließlich wurde klar, daß es sich um eine aussichtslose Situation handelte. Daraufhin eilte Freddie zu Desilus Geizkrägen und teilte ihnen mit: »Die Ohren taugen nichts! Ich muß mich an ein anderes tricktechnisches Studio wenden, wenn die Dinger unseren Ansprüchen gerecht werden sollen.«

Die Produktionschefs und Buchhalter sahen von ihren

Leonard zeigt Roddenberry seine neuen, verbesserten Ohren.
(© *1993 Paramount Pictures*)

Hauptbüchern auf, hoben die Brauen und schnappten erschrocken nach Luft. »Aber das kostet zusätzliches Geld.« Und Freddie antwortete: »Allerdings. Für ein ordentliches erstes Paar müssen wir mit sechshundert Dollar rechnen, und jedes weitere kostet uns zwischen hundert und hundertfünfzig. Wenn wir dabei auch noch die Vorbereitungen berücksichtigen, zum Beispiel Gipsabdruck, Formen und so weiter ... Ich schätze, insgesamt sind etwa sechs Riesen fällig.«

Geldbörsen und Scheckbücher blieben natürlich geschlossen, und die Antwort lautete: »Wir haben bereits Trickspezialisten beauftragt und bezahlt. Sagen Sie den Leuten, worauf es ankommt.« Diese und ähnliche Szenen wiederholten sich mehrmals – bis drei Tage vor Drehbeginn. Da wurde es Freddie zuviel. Leonard schildert uns, was geschah:

LEONARD NIMOY:
Wir hatten gerade ein neues Paar Ohren bekommen, und ich begab mich in die Garderobe, nahm dort einmal mehr vor dem Spiegel Platz. Freddie begann mit der Arbeit und fluchte schon nach wenigen Sekunden, denn die neuen Ohren wirkten nicht etwa zart und elegant, sondern geradezu klobig. Es waren keine intellektuellen Ohren, sondern die eines ›Wesens‹.

Freddie grummelte eine Zeitlang, und schließlich explodierte er, riß mir die Ohren ab, warf sie in den nächsten Papierkorb und rief: »Jetzt reicht's! Jetzt ist SCHLUSS!« Dann griff er nach dem Telefon, rief einen Bekannten bei MGM ein, einen gewissen Charlie Schram, und ließ seine Beziehungen spielen.

Charlie arbeitete als Maskenbildner bei MGM und galt als wahrer Künstler, wenn es darum ging, das Aussehen von Schauspielern zu verändern. Freddie redete mit ihm und meinte: »Ich habe hier jemanden, der neue Ohren braucht – eine Mischung aus Peter Pan und Mephisto. Ich benötige sie bis Freitag.« Und

Charlie erwiderte: »Kein Problem. Das mit dem Abdruck können wir sofort erledigen, wenn du willst.« Kurz darauf saß ich in Freddies Wagen, und wir fuhren zu den MGM-Studios.

Charlies Arbeitsräume kamen einem Laboratorium gleich, und dort erlebte ich einen Unterschied wie Tag und Nacht. Innerhalb von nur fünfundvierzig Minuten brachten wir alles hinter uns. Drei Tage später begannen die Dreharbeiten, und ich trug dabei ein Paar ebenso eindrucksvolle wie bequeme Ohren. Freddie hatte sich doch noch bei Desilus Produktionschefs durchgesetzt und alles zu seiner Zufriedenheit erledigen lassen.

An dieser Stelle sollte ich vielleicht darauf hinweisen, daß mich Spocks Ohren während der ganzen Serie faszinierten. Ich bewundere sie selbst heute noch. Von Anfang an bin ich von ihren künstlerischen Aspekten beeindruckt gewesen, aber das ist noch nicht alles. Wenn ich mich in Leonards Lage versetze und mir vorstelle, daß Roddenberry eines Tages zu mir kam und sagte: »Sie bekommen die Rolle. Übrigens: Sie müssen dafür lange, spitz zulaufende Ohren tragen.« Nun, in einem solchen Fall hätte ich vermutlich geantwortet: »Wollen Sie mich zum Hampelmann machen? Suchen Sie sich einen anderen Dummen.«

Der Grund: Man kann Dinge wie die spitzen Ohren als Mittel benutzen, um einen bestimmten Charakter besser darzustellen – aber man läuft auch Gefahr, dadurch lächerlich zu wirken. Leonard wußte, daß er bei der Serie sofort durch ein ungewöhnliches Erscheinungsbild auffallen würde, doch er mußte auch mit der Möglichkeit rechnen, daß ihm Nachteile daraus erwuchsen. Es bestand die Gefahr, daß man über ihn lachte. Ich habe diese Angelegenheit mit Leonard besprochen und ihn gefragt, ob ihm damals ähnliche Gedanken durch den Kopf gingen. Seine Antwort überraschte mich nicht.

LEONARD NIMOY:
Als wir dauernd neue Ohren erhielten, das eine Paar schlechter als das andere, begann ich damit, mir um mein Image Sorgen zu machen. Ich dachte: »Hältst du es wirklich für klug, dich auf so etwas einzulassen?« Ich besuchte Vic Morrow, einen Freund von mir, der zu jenem Zeitpunkt bei *Combat* mitwirkte. Bei unserem Gespräch erwähnte ich die Ohren, die Probleme mit ihnen und meine Besorgnis. »Was passiert, wenn ich die Rolle spiele?« fragte ich. »Was passiert, wenn die Sache ein Reinfall wird? Was wird dann aus meiner Zukunft?« Vic hatte eine Idee. Er meinte: »Wie wär's, wenn du die Maske erweitern läßt, so daß dich niemand erkennt? Auf diese Weise kannst du dir nach der Serie neue Jobs suchen, ohne daß man dich mit jenem Charakter in Verbindung bringt.« Der Vorschlag hatte durchaus etwas für sich, aber genau an dieser Stelle meldete sich mein schauspielerischer Ehrgeiz. »Und wenn sowohl die Serie als auch die von mir dargestellte Figur erfolgreich sind? In dem Fall *möchte* ich erkannt und mit Spock identifiziert werden.«

An dieser Stelle hätte Leonard Freddie bitten können, Spocks Gesicht zu verändern, Nase und Wangen etwas hinzuzufügen, ihn in eine Art vulkanischen Ferengi zu verwandeln – dann wäre der Schauspieler namens Leonard Nimoy praktisch anonym geblieben. Statt dessen beschloß er, mit Gene darüber zu reden.

LEONARD NIMOY:
Ich ging zu Gene und sagte: »Ich befürchte, daß wir eine Person schaffen, die unabsichtlich komisch oder grotesk ist.« Gene erwiderte schlicht: »Arbeiten Sie weiter daran.« Das klingt wie eine Abfuhr, aber in Wirklichkeit brachten diese Worte ein Konzept zum Ausdruck, das ich sehr respektierte.
Roddenberry vertrat folgenden Standpunkt: Wenn

man mit einer Vision begann, die voller guter Ideen steckte, so durfte man keine Abstriche machen, nur weil jemand Einwände erhob wie: »Das klappt nicht«, oder: »Ich glaube, das ist nicht richtig.« Wenn man auf so etwas hörte, so gab man schließlich die guten Ideen auf, und das letztendliche Resultat hieß Durchschnittlichkeit.

Aus diesem Grund bestand Gene auf seiner Vorstellung von Spock und STAR TREK.

Gene fand großen Gefallen daran, *seine* Version dieser Geschichte zu erzählen und in allen Einzelheiten davon zu berichten, wie der besorgte Leonard zu ihm kam. Während der Zeit, als immer wieder unbrauchbare Ohren eintrafen, begann man in der Produktionscrew offenbar damit, Witze über Nimoy zu reißen. Das war auch gar nicht anders zu erwarten: Wer sich jeden Morgen mit neuen und immer sehr seltsam aussehenden Ohren zeigte, der muß damit rechnen, zur Zielscheibe von gutmütigem Spott zu werden. Solche Reaktionen sind einfach Teil von Hollywood.

Die Crew von ›The Cage‹ bildete da keine Ausnahme. Innerhalb kurzer Zeit bekam Leonard Spitznamen wie ›Dumbo‹, ›Elf‹ und ›Kaninchen‹. Außerdem hörte er immer wieder Bemerkungen wie: »He, tolle Ohren.« So etwas führte natürlich nicht dazu, daß der zukünftige Vulkanier sein Unbehagen verlor. Ganz im Gegenteil: Seine innere Unruhe nahm immer mehr zu und veranlaßte ihn schließlich, an Roddenberrys Tür zu klopfen.

In Genes Geschichte sprach Leonard folgende Worte: »Ich habe sehr hart daran gearbeitet, ein seriöser Schauspieler zu werden, und in diesem Zusammenhang bin ich nunmehr zu einer Entscheidung gelangt: entweder die Ohren oder ich. Wenn Spock mit solchen Löffeln ausgestattet sein muß, so soll ihn jemand anders spielen.«

Es blieb nur noch eine Woche bis Drehbeginn, und Roddenberry konnte es sich auf keinen Fall leisten, ein

Der vom Network retuschierte, mit normalen Ohren ausgestattete Spock.
(© *1993 Paramount Pictures*)

wichtiges Mitglied der Besetzung zu verlieren. Deshalb gab er sich alle Mühe, Leonard zu beruhigen. Eine halbe Stunde lang sprachen die beiden Männer über die komplizierten Tiefen von Spocks Wesen. Gene betonte mehrmals, ein solcher Charakter sei eine Herausforderung für jeden anspruchsvollen Schauspieler. Nimoy schwankte bereits im rhetorischen Ring, als Roddenberry zum K.-o.-Schwinger ausholte. »Übernehmen Sie die Rolle, Leonard«, sagte er. »Wenn Sie nach dreizehn Folgen noch immer nicht mit Spocks Ohren zufrieden sind... Ich schwöre bei Gott: Dann schreibe ich Ihnen eine Episode, in der wir dem Vulkanier ganz normale Ohren verpassen.«

Daraufhin lachte Leonard, und Gene stimmte mit ein. Im weiteren Verlauf des Tages geschah es immer wieder, daß Nimoy oder Roddenberry plötzlich laut und schallend lachten.

Leonard hatte tatsächlich Bedenken in Hinsicht auf das Erscheinungsbild von Spock, aber Roddenberry bestand weiterhin darauf, daß der vulkanische Erste Offizier auf den ersten Blick als Alien zu erkennen sein sollte. Er hatte einen guten Grund für seine Kompromißlosigkeit: Gene brauchte jemanden, der das Publikum in jeder Episode daran erinnerte, daß die Handlung im dreiundzwanzigsten Jahrhundert spielte, daß die Crew der *Enterprise* nicht nur international war, sondern auch inter*planetar*. Diese Funktion kam Spock zu.

Nun, es gab einige Leute, die Nimoys Sorgen bezüglich der Ohren teilten. Ich meine die Programmdirektoren bei NBC. Man bedenke: In den sechziger Jahren waren im Fernsehen praktisch nur weiße Angehörige des kleinbürgerlichen Mittelstands zu sehen. Etwas anderes existierte im TV-Äther überhaupt nicht. Die Welt der Fernsehserien Ende der fünfziger und Anfang der sechziger Jahre war so künstlich, daß sie zum Beispiel ›typische‹ Väter zeigte, die am Samstagmorgen mit Anzug und Krawatte am Frühstückstisch Platz nahmen. Die Mütter trugen weite Röcke, Schuhe mit hohen Absätzen und Perlenketten, während sie bügelten. Damals wimmelte es auf den Mattscheiben von solchen spießigen Gestalten; sie hießen Ozzie, Princess, Wally and ›The Beaver‹. Daran waren die Networks gewöhnt; dabei fühlten sie sich wohl.

Jetzt erschien plötzlich ein gewisser Roddenberry und präsentierte einen Pilotfilm mit (ächz!) Farbigen und (ächz!) selbstbewußten Frauen, die einen hohen Rang bekleideten und Männern Befehle erteilten. Hinzu kam auch noch ein Alien mit grünem Blut, spitzen Ohren und einem seltsamen Haarschnitt. »Was mögen die Leute in den Südstaaten davon halten?« fragte man sich in der Marketing-Abteilung von NBC. »Was sagen unsere Sponsoren dazu?« Solche Einstellungen herrschten damals; gegen einen derartigen Widerstand mußte Roddenberry ankämpfen.

Fast vom ersten Tag an erforderte es ständige Aufmerksamkeit, um zu verhindern, daß Spocks TV-Existenz in zu große Gefahr geriet. Zu einer besonders harten Auseinandersetzung kam es zwischen dem Network einerseits sowie Nimoy und Roddenberry andererseits – aus zwei Arbeitskollegen wurden dadurch Verbündete, die sich mit einem gemeinsamen Gegner konfrontiert sahen. Leonard schildert es folgendermaßen:

LEONARD NIMOY:
Ich erinnere mich daran, daß man zu Anfang recht viele Fotos von Spock anfertigte, was auch auf Genes Initiative zurückzugehen schien. NBC gab eine Broschüre über die Produktion heraus, mit Informationen über die Serie. Sie sollte Werbeagenturen zugeschickt werden, in der Hoffnung, daß sich dadurch der eine oder andere Sponsor fand. Mit anderen Worten: Das Ding kam einem Werbeprospekt gleich und beschrieb die Fernsehserie in groben Zügen.

Darin wurden auch die wichtigsten Rollen vorgestellt, und mehrere Bilder lockerten die ganze Sache etwas auf. Einige davon zeigten Spock, doch irgend etwas an ihm erschien sonderbar. Wenn man genauer hinsah, so fiel einem plötzlich auf, daß ... die spitzen Ohren fehlten.

Die entsprechenden Fotos waren ganz offensichtlich retuschiert worden, um den Ohren des Vulkaniers eine normale Form zu geben, was übrigens auch für die Augenbrauen galt. Einziger ›fremdartiger‹ Aspekt blieb der Haarschnitt. Als ich jene Bilder betrachtete, spürte ich eine Mischung aus Erstaunen und jäher Besorgnis – der neue Spock wirkte *falsch*. Und ich fühlte mich dadurch bedroht. Immerhin: NBC mußte eine ganz bewußte Entscheidung getroffen haben, als man beschloß, die Fotos zu ›korrigieren‹. Ich rief Gene an und fragte ihn nach dem Grund für die Retusche. Er antwortete, die Verkaufsabteilung von NBC befürchtete, daß ein Außerirdischer in einer wichtigen Rolle potentielle Sponsoren verunsicherte, wenn der Alien zu teuflisch anmutete.

Damals ging man bei der Planung neuer Fernsehserien von folgendem Konzept aus: Jede Hauptperson mußte eine ganz spezielle Funktion erfüllen und gewährleisten, daß sich bestimmte Teile des Publikums mit ihm identifizierten. Die Mütter sollten sich zur zentralen Frauengestalt hingezogen fühlen, die Väter zum Anführer, zum dominierenden Mann – wenn sie seine Freundschaft für erstrebenswert hielten, so offenbarten sie damit genau das bezweckte Reaktionsmuster. Für gewöhnlich trat auch ein Kind auf – für die Söhne und Töchter daheim –, und hinzu kamen Hunde oder Katzen für die Tierfreunde.

Unter diesen Voraussetzungen fragten sich die Marketing-Typen: »Wer soll sich mit dem Burschen identifizieren, der so komisch aussieht?« Sie hielten Spock für einen ›gefährlichen‹ Charakter, und deshalb benutzten sie einige Retuschiertricks, um die Ohren zu stutzen. Damit noch nicht genug: Sie brachten ihn auch um die geschwungenen Brauen!

Ich fragte Gene: »Was wird dadurch aus meiner Rolle? Was sollen wir machen, wenn es tatsächlich eine Serie gibt und sie jemand auf dieser Grundlage kauft?« Gene meinte, ich brauchte mir keine Sorgen zu machen. »An Spock ändert sich nichts«, betonte er.

Der Drehbeginn von ›The Cage‹ rückte immer näher, und die Vorbereitungen kamen gut voran. Gene fuhr damit fort, am Skript zu feilen, während Franz Bachelin und Matt Jefferies ein Kunststück nach dem anderen vollbrachten. Sie beaufsichtigten nun die Konstruktion ganzer Kulissensysteme, die schon bald jeden Quadratzentimeter in den alten und alles andere als modernen Desilu Studios beanspruchten. Freddie Philipps schuf auch weiterhin ein Universum aus wissenschaftlichen Wundern, und täglich kamen neue Besatzungsmitglieder an Bord.

Zu ihnen gehörte auch Bob Justman. Man hatte ihn von *The Outer Limits* gestohlen und als Assistant Director eingestellt; innerhalb kurzer Zeit sollte er zu einem unserer wichtigsten Mitarbeiter werden. Er war und ist ein sehr talentierter und sympathischer Profi, der alle Probleme des Network-Fernsehens kennenlernte und dem es trotzdem gelang, sich einen ausgeprägten Sinn für Humor zu bewahren. Außer ihm gab es niemandem im Showgeschäft (abgesehen vielleicht von James Brown), der *so* hart arbeitete. Monatelang schuftete er achtzehn Stunden am Tag und sieben Tage in der Woche, um alle Schwierigkeiten in Hinsicht auf die Produktion aus dem Weg zu räumen.

Bobs unglaublichen Talente und seine ansteckend wirkende Fröhlichkeit erlaubten es ihm, schnell zum Associate Producer und in der dritten Season zum Co-Producer zu werden. Er wird auch in den übrigen Teilen des Buches immer wieder Erwähnung finden, und deshalb möchte ich Ihnen folgenden Eindruck von ihm vermit-

Gene und drei in lange Gewänder gekleidete Talosianer.
(© 1993 Paramount Pictures)

teln: Er ist wie ein zotteliger, gutmütiger, mit einem Schnurrbart ausgestatteter Hirtenhund, der sich als wertvolle Erweiterung unseres Teams erwies.

Zu jenem Zeitpunkt gesellte sich uns auch Bill Theiss hinzu, der praktisch alle STAR TREK-Kostüme entwarf. Er begann sofort damit, die Besatzungsmitglieder der *Enterprise* mit Uniformen auszustatten und die Starfleet-Insignien zu schaffen: Ich meine das Abzeichen auf der Brust, das im Verlauf der nächsten fünfundzwanzig Jahre weltweit bekannt und zum Eckpfeiler eines Milliarden-Dollar-Geschäfts werden sollte.

In Hinsicht auf die STAR TREK-Kostüme blieb Bill vor allem an finanzielle Richtlinien gebunden. In den meisten Fällen konnte er sich die Arbeit nicht erleichtern, indem er einfach bereits vorhandene Kostüme aus Desilus Garderobe auslieh. Er und seine Leute mußten fast alles neu schaffen, und damit waren natürlich hohe Kosten ver-

Oben: Joe Lombardi, unmittelbar hinter dem ursprünglichen Szenenaufbau der *Enterprise*-Brücke. Er kümmert sich um die elektrischen Leitungen des Raumschiffs – und *Sie* dachten, es befänden sich Dilithiumkristalle an Bord. (© *1993 Paramount Pictures*)

Rechts: Gene überprüft die Fähigkeit eines Talosianers, die Adern pulsieren zu lassen. Man beachte die primitiven Gummischläuche, die das ermöglichen. (© *1993 Paramount Pictures*)

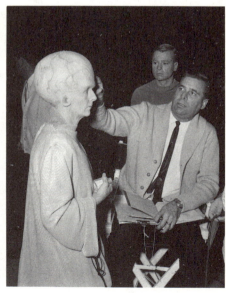

bunden. Deshalb bemühte er sich, an allen Ecken und Enden zu sparen. Woraus folgte: Velours – ein billiger und leicht zu verarbeitender Stoff – sowie weibliche Haut, die keine zusätzlichen Kosten verursachte und einen angenehmen Anblick bot, wurden zu seinen wichtigsten Materialien.

Joe D'Agosta, der schon bei *The Lieutenant* mit Gene zusammengearbeitet hatte, half bei der Besetzung des

Drei verschiedene Ansichten von ›The Cage‹:

Links: Am Drehort.

Rechts: Am Telefon – Roddenberry und Hunter sprechen gleichzeitig mit ihren Agenten.

Unten: Auf der Brücke.
(© *1993 Paramount Pictures*)

Pilotfilms. Nachdem die Produktion von *The Lieutenant* eingestellt wurde, war D'Agosta für Fox tätig, doch als Roddenberry anrief und um Hilfe bat, ließ er sich gern am STAR TREK-Projekt beteiligen.

JOE D'AGOSTA:
Da ich meinen Job bei Fox nicht einfach so aufgeben konnte, kümmerte ich mich per Telefon um die Rollenverteilung. Ich sprach mit Leonard und Jeffrey Hunter. Eine unserer besten Ideen bestand darin, die ›zarten, gebrechlich wirkenden Talosianer‹ von Frauen darstellen zu lassen. Wir besorgten uns drei Schauspielerinnen in mittleren Jahren, und Gene wies Bill Theiss an, ihre Brüste unter Bandagen verschwinden zu lassen. Anschließend kleidete er sie in lange, weite Gewänder, was den Eindruck der Gebrechlichkeit verstärkte. Freddie Phillips stattete sie anschließend mit großen, kahlen Köpfen aus, in denen dicke Adern pulsierten. Damit war alles perfekt. Man mußte sehr genau hinsehen, um festzustellen, daß es sich bei den talosianischen Männern in Wirklichkeit um Frauen handelte.

 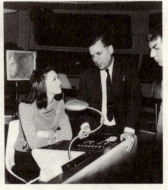

Links: Roddenberry und seine Darsteller. Drehbuchlektüre mit John (Dr. Boyce) Hoyt. *Rechts:* Gene erklärt Majel und Leonard die Funktionen einer Instrumententafel. (© *1993 Paramount Pictures*)

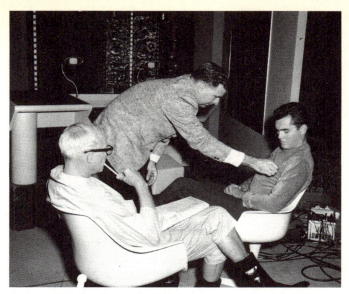

Gene kneift Jeffrey Hunter in die linke Brustwarze. Nun, eigentlich erklärt er die Bedeutung von Captain Pikes Starfleet-Abzeichen. (© *1993 Paramount Pictures*)

Die Kamera bediente Jerry Finnerman, und diese Aufgabe erfüllte er während unserer ersten beiden Seasons. Für die Spezialeffekte waren Joe Lombardi und Jack Briggs verantwortlich. Briggs kümmerte sich in erster Linie um die Requisiten – er konstruierte den ersten Phaser –, und Lombardi verbrachte einen großen Teil seiner Zeit damit, die elektrischen Systeme der Brücke vorzubereiten. Darüber hinaus sorgte er mit Hilfe von Luftpumpen dafür, daß die Adern in den Köpfen der Talosianer pulsierten.

Als Besetzung und Kulissen bereit waren, als NBC die -zigste Version des Drehbuchs akzeptierte... Daraufhin konnte es endlich losgehen. Am 12. Dezember 1964 gingen in den Desilu Studios die Lichter an, und im Verlauf der nächsten zwölf Tage fand Fernsehgeschichte statt.

Während der Produktion von ›The Cage‹ hatten alle Beteiligten das Gefühl, daß dieses Projekt etwas Besonderes darstellte. Deshalb verschwendete kaum jemand einen Gedanken daran, daß der Film immer mehr Kosten verursachte und schon bald den Rahmen des vorgesehenen Etats sprengte. Als schließlich alles im Kasten war, geriet Genes Budget völlig aus den Fugen. Der Grund: Einige Katastrophen nach der Produktion.

Etwas wie STAR TREK wurde zum erstenmal gedreht, und deshalb mußte ziemlich viel Zeit in die optischen Spezialeffekte investiert werden. Die *Enterprise* sollte glatt und elegant durchs All fliegen. Beim Einsatz des Transporters sollte die Transferenergie funkeln und schimmern. Die Strahlen der Phaser – in diesem Fall der Phaser*kanonen* – mußten echt wirken.

Mit diesen Problemen verhielt es sich ebenso wie mit den anderen: Sie ließen sich nicht leicht lösen. Nach dem Abschluß der Dreharbeiten sorgten Verzögerungen und notwendig werdende Nachbesserungen dafür, daß die Kosten für den Pilotfilm auf 686 000 Dollar stiegen. Das ist eine Menge Geld, selbst nach heutigen Maßstäben. Verständlicherweise kam es in der Buchhaltung von Desilu zu erheblicher Unruhe.

Wie dem auch sei: Im großen und ganzen war ›The Cage‹ ein guter Film. Er präsentierte für die damalige Zeit verblüffende Tricks, und er zeichnete sich durch eine Menge Intelligenz aus. Man schickte eine Kopie nach New York, und kurze Zeit später fand eine erste Aufführung statt, in einem protzigen Vorführzimmer des Rockefeller Center. Dort versammelten sich die NBC-Größen, um einen ersten Eindruck von STAR TREK zu gewinnen. Das Licht wurde gelöscht, und nach wenigen Sekunden fanden sich die Topmanager im Weltraum wieder.

Die Blicke der hohen Tiere von NBC klebten praktisch an der Leinwand fest, und hingerissen beobachteten sie

Los geht's! Gene beaufsichtigt die Dreharbeiten zusammen mit Regisseur Robert Butler und dem für die Kamera zuständigen William E. Snyder. (© *1993 Paramount Pictures*)

das Geschehen im dreiundzwanzigsten Jahrhundert. Nach dem Film applaudierte die Gruppe und kam in zwei Dingen überein. Erstens: ›The Cage‹ war eine ausgezeichnete Arbeit fürs Fernsehen. Und zweitens: Als Pilotfilm für eine Serie taugte das erste STAR TREK-Abenteuer nichts. Das Network beschloß, ihn gewissermaßen zu den Akten zu legen.

NBC vertrat die Ansicht, daß es ›The Cage‹ an Action mangelte, und außerdem sei der Film zu anspruchsvoll für den durchschnittlichen amerikanischen Fernsehzuschauer. Die Programmdirektoren waren zwar beeindruckt von den kreativen und technischen Aspekten des Pilotfilms, aber sie glaubten, keinem ›normalen‹ TV-Konsumenten sei daran gelegen, auf die Mattscheibe zu starren und gleichzeitig zu denken. NBC bezeichnete ›The Cage‹ als ›zu intellektuell‹ und ließ durchblicken, daß man gern einen dümmeren Streifen akzeptiert hätte, der größere Ähnlichkeiten mit den bisher üblichen Fernsehserien aufwies. Mit anderen Worten: Das Network wünschte sich Verfolgungsjagden mit Autos, Schießereien, Schlägereien und Sex. Darin sahen die Manager ein sicheres Erfolgsrezept. In ›The Cage‹ fehlten solche Dinge. Statt dessen gab es darin eine gut durchdachte Handlung mit einem gut durchdachten Hintergrund – typische Voraussetzungen für einen Flop.

Der kreative Inhalt von ›The Cage‹ wurde als Hauptgrund für die Ablehnung genannt, aber die Kritik von NBC beschränkte sich nicht nur darauf. Auch einige der Hauptdarsteller kamen schlecht an. Wer auf dieser Liste einen der ersten Plätze belegte? Nummer Eins, der tüchtige, intelligente, selbstbewußte und zu allem Überfluß auch noch weibliche Erste Offizier. Offenbar veranstaltete NBC einige Probevorführungen, und dabei stellte sich heraus: Fast alle Männer verabscheuten die stellvertretende Kommandantin der *Enterprise*. Nun, das war kaum anders zu erwarten. Als echte Überraschung hingegen erwies sich der Umstand, daß auch die *Frauen*

Nummer Eins haßten. Sie bezeichneten sie als ›arrogant‹ und ›lästig‹, schienen zu glauben, daß ein weiblicher Offizier nur dazu neigte, Unruhe zu stiften und alles durcheinanderzubringen. Außerdem wiesen die Testzuschauerinnen darauf hin, daß Nummer Eins nicht zu sehr versuchen sollte, sich dem männlichen Gebaren anzupassen. Vielleicht erinnerte der Erste Offizier des Raumschiffs *Enterprise* die Frauen daheim zu deutlich an ihre eigene untergeordnete Rolle...

Doch es gab eine andere Figur, von der NBC noch weniger hielt als von Nummer Eins: Spock. Für das Network war Spock nichts weiter als ein kindischer, spitzohriger Marsianer, durch den alles albern und lächerlich wirkte.

Etwas anderes kam hinzu: Man hatte NBC eine Art ›*Wagon Train*‹ zu den Sternen versprochen. Statt dessen bestand das Ergebnis aus einer klugen, komplexen Geschichte, die das menschliche Wesen in den Vordergrund rückte und auf vielfältige Weise zum Nachdenken anregte. Um es ganz klar zu sagen: Die fürs Programm zuständigen Typen bei NBC räumten ein, daß ›The Cage‹ Anerkennung verdiente; doch ihrer Meinung nach war das amerikanische Fernsehpublikum schlicht und einfach zu dämlich, um an solchen Stories Gefallen zu finden, insbesondere bei einer wöchentlichen Ausstrahlung.

Diese Einschätzung bedeutete jedoch nicht das Aus für die Serie. NBC traf eine sehr ungewöhnliche Entscheidung und beauftragte Gene, einen zweiten Pilotfilm zu drehen und dabei die ›Erfordernisse des Marktes‹ zu berücksichtigen. Zwei Jahre lang hatte sich Roddenberry bemüht, seinen Traum zu verwirklichen, und als es ihm schließlich gelang, teilte man ihm mit: »Fangen Sie noch einmal von vorn an – und machen Sie's diesmal richtig.«

Gene war natürlich enttäuscht und hatte das sehr unangenehme Gefühl, daß die Arbeit der vergangenen beiden Jahre ohne Früchte blieb. Trotzdem verlor er keine Zeit damit, Trübsal zu blasen. Er begann sofort mit ersten Vorbereitungen für STAR TREKs zweite Chance. Wieder hämmerte er auf die Tasten der Schreibmaschine und setzte alles in Gang. Sisyphus Roddenberry schickte sich an, den großen Felsen einmal mehr über den steilen Hang des Berges nach oben zu rollen.

Wenn es nur so einfach gewesen wäre ...

›WHERE NO MAN HAS GONE BEFORE‹

›Kirk‹ und Kellerman (© *1993 Paramount Pictures*)

> *Das Network forderte mich auf, Nummer Eins rauszuschmeißen und insbesondere den ›Marsianer‹ loszuwerden – womit natürlich Spock gemeint war. Ich wußte, daß ich nicht beide Figuren behalten konnte. Deshalb stattete ich Spock mit dem Stoizismus des weiblichen Ersten Offiziers aus und heiratete die Schauspielerin, die Nummer Eins spielte. Glücklicherweise verhielt es sich nicht anders herum. Ich meine, Leonard ist sehr nett, aber ...*
>
> GENE RODDENBERRY

Der erste Pilotfilm war von NBC abgelehnt worden, aber Roddenberry und Desilu konnten sich trotzdem über einen Sieg freuen. Sie hatten sich als fähig erwiesen, mit einem so großen Projekt wie STAR TREK fertig zu werden. Wenn man außerdem die offensichtlichen Qualitäten von ›The Cage‹ bedenkt ... dann wird klar, warum sich NBC zu einem zweiten Versuch bereit zeigte. Angesichts der hohen Kosten von 686 000 Dollar für den ersten Film wurde jedoch in aller Deutlichkeit darauf hingewiesen, daß der nächste Streifen nicht so teuer sein durfte. Es sollten jene Kulissen benutzt werden, die schon bei ›The Cage‹ Verwendung fanden, und was die Kosten betraf: Dreihunderttausend Dollar stellten die absolute Obergrenze dar. Des weiteren verlangte NBC von Gene, fast allen bisherigen Darstellern den Laufpaß zu geben und die Rollen mit neuen Leuten zu besetzen. Schließlich bestand das Network auch noch darauf, daß einige Protagonisten ganz verschwanden, unter ihnen Nummer Eins und Spock.

Gene wußte, daß er mit einem Etat von maximal 300 000 Dollar zurechtkommen konnte. Er war auch dazu bereit, die bisherigen Schauspieler durch andere zu ersetzen und auf einige Rollen ganz zu verzichten. Aber den Vulkanier wollte er unbedingt behalten. In dieser Hinsicht lehnte er jeden Kompromiß ab und ließ sich sogar auf eine Auseinandersetzung mit den Topmanagern von NBC ein.

Ich habe bereits darauf hingewiesen, daß Spock im Kontrollraum der *Enterprise* eine ganz bestimmte Funktion hatte: Er sollte die Zuschauer allein mit seiner Präsenz daran erinnern, daß die Fernsehserie im All spielte. Aber für Genes Beharrlichkeit, an dieser ganz speziellen Figur festzuhalten und eine Konfrontation mit dem Network zu riskieren, gab es noch einen anderen Grund. Er hielt Spock für einen sehr komplexen und vielschichtigen Charakter, dessen Fremdartigkeit und inneren Konflikte der Serie bedeutende dramatische Aspekte hinzufügen konnte. Roddenberry glaubte ganz fest daran, und er neigte unter *keinen* Umständen dazu, seine Visionen zu schmälern.

Als die unwiderstehliche Kraft namens Gene Roddenberry und der unbewegliche Koloß NBC aufeinanderprallten, kam es zu einigen recht heiklen Treffen und Besprechungen. Sie fanden im Verlauf mehrerer Tage statt, und man konnte dabei gezwungenes Lächeln und zusammengebissene Zähne beobachten. Vermutlich litten die meisten Teilnehmer an gefährlich hohem Blutdruck, und sie alle zeichneten sich durch die Entschlossenheit aus, auf keinen Fall nachzugeben. Als Länge und Intensität des Streits beide Seiten zu ermüden begann, kamen sich Gene und NBC auf halbem Wege entgegen. Spock durfte bei STAR TREK bleiben, aber Roddenberry sollte ihn auf keinen Fall ins Zentrum der Aufmerksamkeit rücken. Wenn es nach dem Willen des Networks ging, beschränkte sich Spocks Bedeutung fortan auf die von lebendem Inventar. An dieser Stelle erinnerte sich Gene an einen uralten Produzententrick, lächelte (wenn auch mit zusammengebissenen Zähnen) und murmelte etwas Unverständliches – was die NBC-Typen für Zustimmung hielten. In Wirklichkeit hatte Roddenberry natürlich nicht die geringste Absicht, sich solchen Bedingungen zu beugen.

Doch für einige Schauspieler sah's finster aus, und zu ihnen gehörte ausgerechnet Genes Freundin – er mußte Majel entlassen. Ich habe sie gefragt, wie sie auf die Mitteilung reagierte und damit fertig wurde.

MAJEL BARRETT:
Gene war sehr ernst, als er sich zu mir setzte und meinte, er hätte eine schlechte Nachricht für mich: NBC verlangte von ihm, Nummer Eins und Spock aus der *Enterprise*-Brückencrew zu streichen. Er fügte hinzu, es gelänge ihm vielleicht, einen Protagonisten zu retten, aber nicht beide. Einmal mehr betonte er, wieviel ihm Spock bedeutete, wie wichtig er später in der Serie werden konnte. Er versuchte, mich zu trösten, indem er sagte: »Wir versuchen, dir eine andere Rolle zu geben. Irgendwie gelingt es uns bestimmt, dir doch noch einen Platz in STAR TREK zu sichern.«

Ich war mehr als nur enttäuscht. Ich hatte mich sehr darauf gefreut, den Ersten Offizier der *Enterprise* zu spielen. Ich meine, es gab kaum etwas, das ich mir mehr wünschte. Himmel, Gene hatte den Part extra für mich geschrieben. Jetzt darauf verzichten zu müssen... Es kam einer Katastrophe für mich gleich.

»Leider bleibt mir keine andere Wahl«, sagte Gene. Bestimmt habe ich geweint – obwohl ich meine Gefühle nicht so deutlich zeigen wollte. Er fuhr fort: »Ich bin davon überzeugt, daß ich die Fernsehserie verkaufen kann, aber dazu muß ich hier und dort ein wenig nachgeben.« Und er wiederholte noch einmal: »Wir finden eine andere Möglichkeit, dich daran zu beteiligen.«

»Welche Rolle auch immer ich bekomme – sie kann nicht annähernd so gut sein wie die der Nummer

Eins!« erwiderte ich. Nun, letztendlich setzte sich die Liebe durch. Ich war noch immer enttäuscht, regelrecht am Boden zerstört, aber ich fand die Kraft, damit fertig zu werden. Ich begriff, daß Gene überhaupt keine Schuld traf, daß er ebenso litt wie ich selbst.

Einer der wenigen Darsteller, die vom Zorn des Networks verschont blieben, war Jeffrey Hunter, doch er schaffte es trotzdem nicht, sich seine Rolle für den zweiten Pilotfilm zu bewahren. Jahrelang hieß es in der ›offiziellen‹ Erklärung, Hunter hätte es aufgrund eines besseren Film-Angebots abgelehnt, Captain Pike zu spielen. Die Wahrheit sieht ein wenig anders aus. Hunter lehnte nicht ab – er *wurde* abgelehnt.

Es gab Probleme mit Jeffrey. Nicht während der Dreharbeiten oder so, sondern nachher. Die Schwierigkeiten begannen, als NBC grünes Licht für den zweiten Versuch gab und Hunters Frau – ein Exmodell – immer häufiger Gene in seinem Büro besuchte, um zu fordern: »Von jetzt an dürfen die Aufnahmen meinen Jeff nur aus einem bestimmten Blickwinkel zeigen.« Es lief auf ein »Jeff will dies« und »Jeff will das« hinaus. Gene sagte mir später, daß er viel lieber mit Jeff und seinem Agenten oder mit Jeff und einem Gorilla zusammengearbeitet hätte – aber nicht mit Jeff und seiner Frau. Schließlich stapelten sich so viele Bedingungen und Ultimaten auf Roddenberrys Schreibtisch, daß er dachte: »Himmel auf diese Weise kann's nicht weitergehen. Sonst schnappe ich über.«

Gene stand nun im wahrsten Sinne des Wortes mit leeren Händen dar: ohne Drehbuch, ohne Darsteller, ohne einen Captain, ohne den eigentlich notwendigen Luxus von genügend Vorbereitungszeit. Jemand anders an seiner Stelle hätte vielleicht das Handtuch geworfen, aber Roddenberry war schon fast daran gewöhnt, Unmögliches zu schaffen.

Er konnte dabei auf die Hilfe einiger guter Assistenten und Techniker zurückgreifen. Viele der Produktionszauberer, die auch beim ersten STAR TREK-Pilotfilm Wunder vollbracht hatten, stellten ihre besondere Magie nun in die Dienste des zweiten Projekts. Der inzwischen zum Associate Producer aufgestiegene Bob Justman plante bereits Budgets, fertigte Konstruktionsskizzen an und überlegte, auf welche Weise sich die bisherigen Kulissen, Requisiten und so weiter verwenden ließen. Gleichzeitig nahm er auch noch ein halbes Dutzend andere Aufgaben wahr. Bill Theiss und seine Leute verhielten sich einmal mehr wie Heinzelmännchen, die heimlich des Nachts arbeiteten: Morgens legten sie unglaubliche Kostüme vor, die wie aus dem Nichts erschienen. Natürlich wußten wir alle, daß sie das Ergebnis stundenlanger anstrengender Arbeit darstellten. Matt Jefferies trug jetzt die Verantwortung für alles, das mit Design und dergleichen zu tun hatte. Er und seine Assistenten überraschten die Kollegen immer wieder mit Szenerien, die noch eindrucksvoller wirkten, obgleich sie weniger Geld kosteten. Gene wußte: Er hatte den besten Mitarbeiterstab, den man sich nur wünschen konnte.

Während die Produktionsvorbereitungen auf Hochtouren liefen, trachtete Roddenberry danach, einen neuen Captain zu finden. Der erste Schauspieler, den er anrief, hieß... Jack Lord. Ja, ich meine *den* Jack Lord – den Burschen aus *Hawaii 5-0*. Zum Glück (für mich) wollte Jack fünfzig Prozent Gewinnbeteiligung, und da lehnten sowohl Gene als auch Desilu strikt ab. Als es nicht zu einer Übereinkunft kam, mußte die Suche fortgesetzt werden, und schließlich klingelte mein Telefon.

Zu jener Zeit befand ich mich in New York und arbeitete dort mehr oder weniger regelmäßig. Während der letzten Jahre hatte ich das Glück, einige gute Rollen am Broadway zu bekommen, in Filmen und im Fernsehen des sogenannten ›Goldenen Zeitalters‹. Ich bekam Gelegenheit, zweimal bei *Twilight Zone* und auch bei *Outer Limits* mitzuwirken – die entsprechenden Episoden erhielten gute Kritiken. Zwanzig Jahre lang mußte ich mich irgendwie durchwursteln und lebte von einem

Scheck zum nächsten. Doch jetzt schaffte ich allmählich den Durchbruch: Die Angebote bestanden nun aus besseren und vor allem besser bezahlten Rollen.

Nun, Gene rief mich an, und ich muß zugeben: Zu jenem Zeitpunkt hatte ich nicht die geringste Ahnung, wer er war. Er schilderte mir das Projekt und bat mich, nach Los Angeles zu kommen und mir dort den ersten Pilotfilm anzusehen. Ich weiß noch, daß mich mehrere Dinge an dem Streifen beeindruckten: die grünhäutige Frau, Leonard (der gleich *zwei*mal lächelt) und Majel Barrett als Nummer Eins. Ich hielt alles für innovativ und ausgesprochen kreativ. Anschließend erzählte mir Gene, daß NBC den Film abgelehnt hatte und in dieser Hinsicht einen zweiten Anlauf unternehmen wollte: mit neuen Darstellern und einem neuen Drehbuch, das mehr Action und weniger zum Nachdenken anregende Dinge vorsah. Offenbar glaubte das Network an ein gewisses Potential, denn sonst wäre es sicher nicht bereit gewesen, Roddenberry eine neue Chance zu geben. Wir sprachen lange über die Entwicklungsmöglichkeiten der Fernsehserie, und als wir uns verabschiedeten, sagte Gene: »Sie sind der neue Captain.« Da ich nicht den Eindruck erwecken möchte, mir selbst auf die Schulter zu klopfen, überlasse ich das Joe D'Agosta, bei STAR TREK für die Besetzung zuständig.

JOE D'AGOSTA:
Als Schauspieler zeichnete sich Bill durch ein ganz anderes Niveau aus. Er kam von *Judgment at Nuremberg* am Broadway und der Fernsehserie *For the People*. Ob er auf der Bühne stand oder für Leinwand beziehungsweise Mattscheibe arbeitete: Seine Rollen hatten immer einen hohen Prestigewert. Ich konnte es kaum fassen, daß wir ihn für STAR TREK bekamen.

Bescheidenheit hindert mich daran, diese Bemerkungen zu kommentieren. Ich möchte nur darauf hinweisen, daß

Joe einer der intelligentesten, tüchtigsten und glaubwürdigsten Männer ist, mit denen ich je zusammengearbeitet habe. Allerdings sollte ich hier betonen, daß sich nicht *alle* meine früheren Rollen durch einen hohen Prestigewert auszeichneten. Kurz vor Beginn der Dreharbeiten zum zweiten STAR TREK-Pilotfilm habe ich mehrere Wochen lang an einem anderen Pilotfilm gearbeitet: *Alexander the Great*. Ich spielte dabei den Alexander, und es war zweifellos eine der dümmsten Rollen meiner ganzen beruflichen Laufbahn. Bei der ganzen Sache handelte es sich um eine Art *Combat* in Kostüm.

Stellen Sie sich einen erwachsenen Mann vor, der einen Baumwollumhang samt Sandalen trägt, über ein angebliches Schlachtfeld läuft und so intelligente Aufforderungen ruft wie: »Kommt, Männer! Laßt uns Ruhm erringen und den Hügel dort drüben stürmen! LOOOOOOS!« Zum Glück starb jener Alexander einen noch früheren Tod als der echte, was mich in die Lage versetzte, meine ganze Aufmerksamkeit auf STAR TREK zu richten. Im Kontrollraum der *Enterprise* konnte ich wenigstens eine Hose tragen, auch wenn sie zu einer seltsamen Uniform gehörte.

Unterdessen blieben im Rockefeller Center die Programmdirektoren von NBC nicht untätig. Angesichts der Enttäuschung von ›The Cage‹ beschlossen sie, in Hinsicht auf die Story des zweiten STAR TREK-Pilotfilms kein Risiko einzugehen. Sie baten Gene nicht um drei jeweils zehn Seiten lange Geschichten, sondern um komplette Episoden-Drehbücher. Noch einmal wiesen sie darauf hin, daß sie übersichtliche, einfach zu verstehende Action erwarteten. Roddenberry machte sich sofort an die Arbeit und schrieb eine Story mit dem Titel ›The Omega Glory‹. Ab und zu legte er eine Pause ein, um zu telefonieren – und um zwei Autoren zu engagieren, die im Lauf der Zeit einige der besten Folgen für STAR TREK schrieben. In diesem Zusammenhang ist folgendes interessant: Alle drei Drehbücher für den zweiten Pilotfilm

Der neue Captain, dessen bisherige Rollen sich durch
einen ›hohen Prestigewert‹ auszeichneten. Ein toller Typ, nicht wahr?
(© *1993 Paramount Pictures*)

dienten schließlich als Grundlage für Episoden. Stephen Kandel schrieb ›Mudd's Women‹ (eine Folge, die heute als Klassiker gilt), und Sam Peeples verewigte sich mit ›Where No Man Has Gone Before‹.

Gene erklärte Kandel und Peeples die grundlegenden dramaturgischen Prinzipien von STAR TREK sowie den persönlichen Hintergrund der Protagonisten. Gleichzeitig nahm er in dieser Hinsicht praktisch täglich wichtige Veränderungen vor. Zum Beispiel beschloß er, NBCs Rücken-Sie-Spock-in-den-Hintergrund-Direktive zu mißachten und dem Vulkanier zu erlauben, als Erster Offizier an Bord der *Enterprise* zu kommen und anstelle von Nummer Eins zum stellvertretenden Kommandanten zu werden. Damit verlor er nicht etwa an Bedeutung, sondern gewann welche hinzu. Das mochte den Wünschen der Network-Manager kraß widersprechen, aber in Hinsicht auf Dramaturgie und Struktur der Serie ergab es durchaus einen Sinn.

Die Modifizierungen beschränkten sich nicht nur darauf, sondern galten auch dem Namen des Captains. Gene zerbrach sich so sehr den Kopf, als ginge es dabei um Leben und Tod. Er erwog heroisch klingende Namen wie Hannibal, Hamilton, Timber, Boone, Flagg, Drake und sogar Raintree, aber schließlich setzte sich Kirk durch. Darüber hinaus wurden der *Enterprise*-Crew neue Mitglieder hinzugefügt. Das erste von ihnen war Mr. Sulu, der als Biophysiker tätig werden sollte – als Steuermann und Waffenoffizier fungierte er erst später, in der Serie. George Takei erinnert sich an die Ereignisse, denen er seine Rolle verdankt.

GEORGE TAKEI:
Ich lebte in New York und kam dort gut zurecht, weil ich das Glück hatte, bei einem Theaterstück mitzuwirken. Es handelte sich um ein Musical namens *Fly Blackbird,* und es lief fast sechs Monate lang. Als keine weiteren Vorstellungen folgten, geriet ich in Schwierigkeiten. Und wenn man in Schwierigkeiten ist, kann man es sich nicht leisten, wählerisch zu sein. Nun, mein Zimmergenosse hatte eine Tante, die sich bei den vornehmen Partys in Sutton Place um die Speisen und Getränke kümmerte. Für einen arbeitslosen Schauspieler war so etwas geradezu ideal. Man arbeitete einen Abend oder eine Nacht, servierte, räumte anschließend auf und ging wieder heim. An der Bezahlung gab es nichts auszusetzen, und außerdem nahm ich die Reste als eine Art Bonus mit.

Für asiatische Schauspieler gab es noch ein anderes Problem: Meistens mußten sie sich mit den Rollen von Bediensteten begnügen, und ich hatte mir geschworen, mich auf keinen Fall auf diese Weise erniedrigen zu lassen. Ich fühlte mich dazu verpflichtet, gegen jenes Klischee anzukämpfen. Und tatsächlich: Trotz meiner schwierigen Lage lehnte ich eine Broadway-Rolle ab, weil ich dabei einen orientalischen Diener hätte darstellen sollen.

Doch im Sutton Place war ich genau das: ein Bediensteter. Dort stand ich, mit schwarzer Fliege und weißer Jacke, nahm einen Pelzmantel nach dem anderen entgegen und verstaute sie in der Garderobe. Meine Situation kam einem Paradoxon gleich, und ich dachte immer wieder: »Dies ist nicht die Realität. In *Wirklichkeit* bin ich ein Schauspieler.« Ich versuchte mir einzureden, daß ich nur *vorgab,* ein Bediensteter zu sein. Obgleich ich es unter normalen Umständen als demütigend empfand, solche Rollen zu spielen...

Nach einer Weile erhielt ich die Chance, fürs Fernsehen zu arbeiten, aber Anfang der sechziger Jahre ging es der TV-Industrie in New York immer schlechter. Als ich bei einer Folge von *Perry Mason* mitspielte, die in Los Angeles gedreht wurde, nutzte ich die gute Gelegenheit für einen Umzug. Kurze Zeit später kam es zu ersten Kontakten in bezug auf STAR TREK.

Zu jenem Zeitpunkt vertrat mich Freddie Shiamoto, der einzige japanisch-amerikanische Agent, den es damals gab. Er rief mich an, erzählte von dem Job und meinte, es ginge dabei um einen Science Fiction-Pilotfilm. Er fügte hinzu, daß die ganze Sache vielleicht zu einer Fernsehserie führte – und somit zu Arbeit für einen längeren Zeitraum. Das interessierte mich. Mehr noch: Ich geriet in Aufregung. Und wenn ich in Hinsicht auf eine Rolle in Aufregung gerate, so fahre ich zum Griffith Park und laufe. Das hilft mir dabei, alles aus der richtigen Perspektive zu sehen. Nun, ich besuchte Gene, um vorzusprechen, und alles schien zu klappen. Dadurch wuchs meine Aufregung. Ich lief und lief, hoffte die ganze Zeit über, daß man mich engagierte. Zwei Tage später, als ich gerade vom Laufen zurückgekehrt und noch immer schweißgebadet war, klingelte das Telefon. Freddie meldete sich und sagte: »Wir haben die Rolle.« Ich freute mich sehr. Am nächsten Tag begab ich mich ins Studio, damit Bill Theiss meine Maße nehmen konnte. Während ich mich dort aufhielt, sah ich Bruce Lee außerhalb des Sets von *Green Hornet*. Er übte dort und zeigte einige sehr beeindruckende Kung-Fu-Bewegungsmuster. Als ich ihn beobachtete, regte sich neuerliche Aufregung in mir: Als asiatisch-amerikanischer Schauspieler schickte ich mich an, eine alles andere als stereotype Rolle zu spielen, und daraus mochten sich Inspirationen für meinesgleichen ergeben.

Die nächste Erweiterung des Teams hieß Jimmy Doohan – er wurde vom Regisseur James Goldstone höchstpersönlich rekrutiert. Goldstone hatte schon mehrfach mit Doohan zusammengearbeitet und wußte daher, daß er viele verschiedene Akzente beherrsche. Als Roddenberry Interesse an einem Besatzungsmitglied der *Enterprise* zeigte, dessen Sprechweise auf den internationalen Charakter der Crew hinwies, schlug Goldstone sofort Doohan vor. Man vereinbarte ein Treffen, und Doohan präsentierte ein halbes Dutzend unterschiedliche Akzente. Roddenberry entschied sich für den schottischen und bot Jimmy die Rolle an. Ein Schauspieler namens Paul Fix erhielt den Auftrag, Dr. Mark Piper zu spielen, einen meistens schlechtgelaunten und knurrigen Vorgänger von Dr. Leonard ›Pille‹ McCoy.

Als der Sommer näher rückte, nahm Gene die letzten Veränderungen an seinem Drehbuch vor und schrieb die Manuskripte von Stephen und Sam um. Nach einigen Wochen und mehreren Skriptversionen entsprach schließlich alles Roddenberrys Vorstellungen. Er ließ die Unterlagen kopieren, um sie dann NBC zu schicken, wo alle drei Drehbücher von Mort Werner und Grant Tinker gelesen wurden. Auf ihren Schreibtischen landeten mit Action vollgepackte Weltraumabenteuer, die nicht annähernd so intellektuell oder philosophisch angelegt waren wie ›The Cage‹. Genes neue Skriptstrategie zahlte sich aus: NBC war nicht nur mit einem der drei Drehbücher zufrieden, sondern mit allen. Man erörterte die Angelegenheit und traf schließlich folgende Entscheidung: Peeples' ›Where No Man Has Gone Before‹ sollte zum zweiten Pilotfilm werden.

Sie kennen die Geschichte: Gary Lockwood tritt als Gaststar auf und spielt Lieutenant Commander Gary Mitchell, einen guten alten Freund von Captain Kirk. Eine unbekannte Strahlungsart verleiht ihm telekinetische Kräfte, und er verliert den Verstand. Die Situation spitzt sich immer mehr zu, bis Spock sagt: »Sie müssen ihn töten, Captain. Es gibt keine Alternative.« Und Kirk erwidert: »Unmöglich. Er ist mein Freund. Ich bin verpflichtet, ihn zu retten und das Schiff zu schützen. Ich muß einen Weg finden, um beides zu bewerkstelligen.« Jim Kirk sitzt in der Falle. Die Umstände haben ihn in eine Situation manövriert, die Verantwortungsbewußtsein Freundschaftspflichten gegenüberstellt.

Es war eine einfache Geschichte, und das Dilemma des Captains lag auf der Hand. Wie würde er sich verhalten? Der Story mangelte es nicht an menschlichem Drama.

Außerdem hatten Gene und Sam Peeples dafür gesorgt, daß sich NBC diesmal nicht über ›fehlende Action‹ beklagen konnte. In ›Where No Man Has Gone Before‹ ging's drunter und drüber: Halbgötter setzten alle Mittel ein, um ihre Feinde zu vernichten. Lawinen donnerten. Explosionen krachten. Phaserstrahlen zuckten hin und her. Schlägereien fanden statt. Auch Sally Kellerman erschien als Gaststar und lieferte eine *Menge* Sex-Appeal. Diese Elemente gingen ausnahmslos auf bewußte Bestrebungen zurück und dienten vor allem dazu, die Programmdirektoren zu beeindrucken. Allerdings kamen sie auch uns zugute: Als wir am 21. Juli 1965 mit den Dreharbeiten begannen, hatten wir viel Spaß.

Zum Beispiel: Gegen Ende des Films gibt es eine recht lange Szene, in der Gary Lockwood und ich gegeneinander kämpfen. Nun, wir ringen miteinander, schwingen die Fäuste, wanken an den Kulissen vorbei, während die ganze Zeit über Sally Kellerman am Rand der Szene steht und versucht, möglichst besorgt zu wirken. Nun, Gary und ich rollen auf dem Boden hin und her. Schließlich kommt das Finale: Ich soll meine ganze Kraft zusammennehmen und Lockwood fortstoßen. Alles klappte wie vorgesehen, und Gary landete vor Sallys Füßen – aber genau in diesem Augenblick riß seine Hose und wies alle Anwesenden darauf hin, daß er keine Unterwäsche trug. Nun, da baumelt also Garys gutes Stück, und er sieht zur verdutzten Sally auf. »Lächeln Sie«, sagt er ihr. »Sie sind gerade fotografiert worden.«

Sally Kellerman läßt sich nicht in Verlegenheit bringen. Ganz im Gegenteil. Sie begegnet Garys Blöße mit der gleichen Gelassenheit wie seiner Bemerkung, blickt auf Lockwood hinab und betrachtet... seine Situation. »Was, von dem kleinen Ding?« erwidert sie dann. Gary läuft puterrot an, und ich rolle erneut über den Boden, diesmal allein, lache dabei aus vollem Hals.

Wenig später kam es zu einem Zwischenfall wesentlich üblerer Art. Nach Lockwoods unfreiwilliger Vorstellung hatten wir gerade die Fassung wiedergewonnen, als plötzlich ein Angriff stattfand. Nun, überall in Hollywood scheinen Wespen eine Vorliebe dafür entwickelt zu haben, ihre Nester unter den Dächern von Studios zu bauen. Ganz gleich, welche vorbeugenden Maßnahmen man ergreift: Die Biester finden immer einen Weg, neue Kolonien zu gründen. Desilu bildete dabei keine Ausnahme. Als unser fünfter Drehtag begann, ahnten wir noch nichts davon, beobachtet zu werden.

Die von unseren Lampen ausgehende Wärme wurde den Wespen offenbar immer unangenehmer, und schließlich drehten sie völlig durch. Wir vernahmen ein rasch anschwellendes Summen, und es lief uns kalt über den Rücken, als wir nach oben spähten. Lassen Sie mich den Anblick folgendermaßen beschreiben: Wenn Sie Alfred Hitchcocks Vögel kennen, so ersetzen Sie die Möwen und so weiter durch ebenso große wie zornige Wespen. Abgesehen davon gibt es weitgehende Parallelen: die Ruhe vor dem Sturm; eine bedrohliche Atmosphäre; und dann plötzlich der Angriff.

Wir drehten gerade einen Dialog zwischen Sally Kellerman und mir, als die Biester im kamikazeartigen Sturzflug herabsausten und dafür sorgten, daß alle menschlichen Wesen im Umkreis von fünfzig Metern in Panik gerieten. Macho-Typen, die sich immer ganz cool geben, ließen Zigaretten und Kaffeebecher fallen, rannten mit wabbelnden Bierbäuchen davon und kreischten wie erschrockene Schulmädchen. Sally und ich standen im Zentrum des hellen, warmen Lampenscheins, der die Wespen so sehr verärgert hatte. Wir duckten uns. Wir liefen. Wir machten uns so klein wie möglich. Aber trotzdem kamen wir nicht ungeschoren davon. Sally trug einige Stiche am verlängerten Rücken davon, und mich erwischte es am linken Auge.

Man verständigte Kammerjäger, und die Jungs trafen mit schußbereiten Zerstäubern ein, rotteten innerhalb weniger Minuten ein ganzes Insektenvolk aus. Unglücklicherweise konnten sie nicht verhindern, daß mein Auge immer mehr anschwoll. Man schickte mich nach Hause. Die Invasion der Wespen fand an einem Freitag statt, was für mich bedeutete: Ich ›durfte‹ das Wochenende daheim verbringen, in der Hoffnung, daß die Schwellung wieder zurückging. Als ich am Montagmorgen ins Studio zurückkehrte, war mein normales Aussehen noch immer nicht ganz wiederhergestellt, was zusätzliche maskenbildnerische Maßnahmen erforderte. Trotzdem: Wenn Sie noch einmal Gelegenheit erhalten sollten, sich ›Where No Man Has Gone Before‹ anzusehen, so achten Sie auf den mittleren Teil der Folge. Man kann die Folgen des Wespenangriffs recht deutlich erkennen, wenn man weiß, wonach es Ausschau zu halten gilt.

Wir brachten die Dreharbeiten für die Pilot-Episode *außerordentlich* schnell hinter uns. Bob Justman berichtet folgendes:

BOB JUSTMAN:
Den zweiten Pilotfilm – beziehungsweise die Pilot-*Episode* – drehten wir in nur acht Tagen. Es ist erstaunlich, daß wir es in so kurzer Zeit schafften, aber eigentlich blieb uns gar keine Wahl. Wir mußten möglichst schnell fertig werden, um den Etat nicht zu überziehen – wovon das Studio ganz und gar nicht begeistert wäre. Das hatte uns Desilu deutlich zu verstehen gegeben.

Die Sache grenzte an Wahnsinn: Wir drehten etwa dreißig Szenen pro Tag, am letzten sogar fast doppelt soviel – um einen weiteren Arbeitstag zu vermeiden. Der Streß war enorm, für uns alle.

Nun, als die Lichter schließlich ausgingen, hatten wir für ›Where No Man Has Gone Before‹ einen Tag und zwölftausend Dollar mehr gebraucht als vorgesehen. Wir alle waren begeistert vom Ergebnis unserer Bemühungen: ›Where No Man Has Gone Before‹ enthielt viele Dinge, die später zu den besten Aspekten der Serie werden sollten. Es handelte sich um ein aufregendes Abenteuer, das viele Lichtjahre entfernt auf einem fremden Planeten spielte, doch an keiner Stelle unterlief uns der Fehler, die SF-Elemente in den Vordergrund zu schieben. Bei der Geschichte ging es vor allem um Menschen, und von Anfang an spürten wir, daß sich zwischen den einzelnen Figuren etwas entwickeln konnte. Eine Verbindung besonders dynamischer Art fühlte ich zwischen Spock und Kirk. Leonard teilte meine Empfindungen.

Leonard Nimoy:
Zwischen uns existierte etwas, das eine Menge Sinn zu ergeben schien. Mit Jeff Hunter kam ich schlecht zurecht; ihm gegenüber fand ich nicht richtig zu meiner eigenen Rolle. Jeff spielte einen in sich gekehrten, fast ständig besorgten Captain Pike, der Probleme vor allem dadurch löste, indem er gründlich über sie nachdachte. Dem Vulkanier Spock ließ er gar keinen Platz, um sich zu entfalten. Er machte nichts falsch; er spielte die Rolle nur so, wie er es für richtig hielt. Nun, entweder bekam ich Spock nicht richtig in den Griff, oder die Drehbuchautoren zogen keine klare Trennlinie zwischen Pike und dem Ersten Offizier. Spocks Funktion schien sich darauf zu beschränken, Meldungen wie »Die Phaserkanonen sind feuerbereit, Sir« zu erstatten. Mit anderen Worten: Spocks Wesen blieb unscharf, ohne dramaturgische Konturen.

Pikes Charakter mangelte es an Klarheit, die einen Kontrast ermögliche. Vielleicht läßt es sich auf diese Weise beschreiben: An einem sonnigen Tag sind die Schatten klar ausgeprägt; doch wenn alles grau in grau ist, fällt es einem sogar schwer, den Lichtschalter zu finden.

Wir beendeten die Dreharbeiten an ›Where No Man Has Gone Before‹ im Hochsommer von 1965. Bis zur endgültigen Fertigstellung des zweiten Star Trek-Pilotfilms sollte es allerdings noch eine Weile dauern, denn zur gleichen Zeit produzierte Roddenberry noch zwei weitere TV-Erstlinge für Desilu. Seine wichtigste Aufgabe bestand zunächst darin, sich um Drehbuch und Produktion einer Polizeigeschichte zu kümmern, die den phantasievollen Titel *Police Story* trug. Es war eine ganz normale Serienepisode, die im großen und ganzen nur ein Verdienst hatte: Sie brachte Gene in Kontakt mit mehreren Schauspielern, die später zu Besatzungsmitgliedern der *Enterprise* werden sollten. Grace Lee Whitney – während der ersten Season schlüpfte sie in die Rolle des Unteroffiziers Rand – spielte die seltsame Rolle einer Ausbilderin für Selbstverteidigung und Nahkampf. Ein anderen Name ist an dieser Stelle noch wichtiger: DeForest Kelley. Er setzte die beruflichen Beziehungen mit Roddenberry fort, indem er einen griesgrämigen, leicht zu verärgernden Kriminologen spielte, der viel Zeit im Laboratorium der Polizei verbringt. Hmm...

Nach *Police Story* produzierte Gene eine gräßliche Pilot-Episode namens *The Long Hunt of April Savage*. In der recht ernst angelegten Westernserie ging es um die Erlebnisse eines nach Rache strebenden Einzelgängers und Revolverhelden, der ständig durch die weiten Ebenen des Westens ritt. (Ein Cowboy namens ›April‹?) Man braucht nur den Titel der ersten Folge zu lesen, um die düstere Natur der Serie zu erahnen: ›Home Is an Empty Grave‹ – Die Heimat ist ein leeres Grab. Sofort nach der Fertigstellung der ersten Episode verschwand sie in der Versenkung, denn kein Network interessierte sich dafür.

Als der Thanksgiving Day kam und ging, widmete sich Roddenberry wieder ganz STAR TREK und bemühte sich, dem Abenteuer ›Where No Man Has Gone Before‹ den letzten Schliff zu geben. Als wir am 1. Januar 1966 mit den Folgen des Katers rangen, der uns an die Ausschweifungen der vergangenen Nacht erinnerte, war die erste Folge der STAR TREK-Serie endlich fertig. Sie wurde wie ›The Cage‹ zur New Yorker Zentrale von NBC geschickt, und dort fanden sich die Programmdirektoren einmal mehr im Vorführzimmer ein.

Der zweite Pilotfilm beeindruckte die Zuschauer ebensosehr wie der erste und veranlaßte sie auch, begeistert zu applaudieren. Doch diesmal war die Aufmerksamkeit der Manager so sehr von Abenteuer, Spezialeffekten, Explosionen, Phaserstrahlen und so weiter in Anspruch genommen, daß sie folgendes übersahen: Jenes TV-Spektakel, das sie gerade gesehen hatten, zeichnete sich noch immer durch eine Qualität aus, die über dem allgemeinen Network-Standard lag.

›Where No Man Has Gone Before‹ fand überall Zustimmung in den Chefetagen von NBC, und nach wenigen Wochen stand die Entscheidung fest: Die neue Fernsehserie fand einen Platz im Herbstprogramm. Am nächsten Tag rief mich mein Agent an und teilte mir mit, das Network hätte STAR TREK akzeptiert und gekauft. Ich freute mich sehr. Über unseren Triumph, über die Aussicht auf regelmäßige Arbeit, was für einen Schauspieler sehr wichtig ist. Ich freute mich auch und insbesondere darüber, daß mich die neue Fernsehserie im ganzen Land präsentierte. Ich griff zum Telefon und wählte Roddenberrys Nummer, um ihm zu gratulieren. Dann war eine Feier angesagt. Mit anderen Worten: Ich fuhr mit meinen Töchtern los, um ihnen Hot Dogs und *große* Cokes zu spendieren. Jenen Tag werde ich nie vergessen: Damals begann eine der anstrengendsten, aufregendsten und schönsten Phasen meines Lebens.

DIE TRUPPEN WERDEN ZUSAMMENGEZOGEN

Ted Cassidy und Sherry Jackson,
›die Schöne und das Tier‹.
(© *1993 Paramount Pictures*)

Dies ist absolut ausgeschlossen und unmöglich. Nein, nein, nein, das kann und wird nicht funktionieren.

Typischer Ausspruch von BOB JUSTMAN

Das soll nicht funktionieren können? Bis heute mittag haben wir's geschafft.

Typischer Ausspruch von GENE RODDENBERRY

Nach dem Okay von NBC dauerte es kaum eine Woche, bis STAR TREK sozusagen ›auf allen Zylindern‹ lief. Roddenberry begann wie üblich sofort mit der Arbeit, und eine seiner ersten Pflichten erwies sich als sehr angenehm. Er stützte die großen Füße auf den Schreibtisch, lehnte sich zurück, klemmte den Telefonhörer zwischen Schulter und Ohr und sprach mit jenen Leuten, die während der Produktion der beiden Pilotfilme so sehr gelitten hatten. Gene lächelte und sagte, daß dreizehn STAR TREK-Folgen gedreht werden sollten. Er stellte seinen Zuhörern eine halbe Season harter Arbeit in Aussicht: sechzehn Stunden am Tag, hundert Stunden in der Woche. Erstaunlicherweise nahmen fast alle das Angebot an.

Zwar zog STAR TREK viele hochbegabte und tüchtige Profis an, aber Roddenberry bestand darauf, die volle Verantwortung für die Episoden der ersten halben Season zu übernehmen. In diesem Stadium existierten nur ›The Cage‹ und ›Where No Man Has Gone Before‹, um einen Eindruck von STAR TREK zu vermitteln. Deshalb glaubte Gene, nur er allein sei imstande, im vollen Umfang das Konzept von STAR TREK zu verstehen.

Er kümmerte sich um alle kreativen Details der einzelnen Fernsehfolgen, lehnte während dieser Zeit den Luxus von Schlaf, Essen oder eines Privatlebens ab. Roddenberry nahm sich die Storys und Skripte aller dreizehn Episoden vor, redigierte, veränderte und schrieb manchmal völlig um. Alle Drehbücher sollten den strukturellen und dramaturgischen Richtlinien entsprechen, die er vor fast zwei Jahren festgelegt hatte.

Genes überaus sorgfältige und gründliche Arbeit in bezug auf Storys und Drehbücher sorgte dafür, daß sich sofort klare Beziehungen zwischen den einzelnen Protagonisten herauskristallisierten. Darüber hinaus schuf sie eine Basis bezüglich der primären Funktionen und des inneren Aufbaus der U.S.S. *Enterprise,* skizzierte das STAR TREK-Universum.

Die vielen aufeinander abgestimmten Details gewährleisteten, daß die *Enterprise* nie ziellos durchs All flog. Statt dessen existierte sofort eine Aufgabe für sie, eine

Gene zu einem frühen Zeitpunkt der ersten Season; er hält das Drehbuch von ›Mudd's Women‹ in der Hand. (© *1993 Paramount Pictures*)

fünfjährige Mission. Die Besatzung bestand *nie* aus bunt zusammengewürfelten Raumfahrern, sondern aus Personen, die sich gut kannten und außerordentliche Kompetenz mitbrachten. Es handelte sich nicht um ›Astronauten‹ sondern um gut ausgebildete Forscher.

Jedes Crewmitglied zeichnete sich durch eine eigene Persönlichkeit aus, der sich individuelle Talente und Pflichten hinzugesellten. Gleichzeitig wiesen die ersten STAR TREK-Folgen in aller Deutlichkeit darauf hin, daß die Angehörigen der Besatzung Teile eines größeren Ganzen waren und für ein gemeinsames Ziel zusammenarbeiten, für das Wohl der ›Föderation‹.

Der Detailreichtum erlaubte es STAR TREK, sofort aus dem vollen zu schöpfen, jene Mischung aus Unsicherheit und Verwirrung zu meiden, die vielen anderen Serien zu Beginn anhaftet. Er brachte auch noch einen weiteren Vorteil: Ganz gleich, wie phantastisch alles gestaltet sein mochte – angesichts des gut durchdachten Hintergrunds blieb die Glaubwürdigkeit gewahrt. Die Verbindung zur Realität ging nicht verloren. Damit erfüllte sich Gene einen seiner größten Wünsche.

Während des ersten, zu Eifer und Hektik führenden Kreativitätsschubs richtete Roddenberry sein Augenmerk auch auf Etat, Terminplanung und die verschiedenen Produktionsaspekte. Er traf sich mit wichtigen Leuten, um seine Ideen mit ihnen zu besprechen – in der Hoffnung, daß es ihnen irgendwie gelang, Träume in wöchentlich zu sendende, inklusive Werbespots sechzig Minuten lange Fernsehfolgen zu verwandeln. Unter diesen besonderen Vertrauenspersonen befand sich auch der Associate Producer Bob Justman.

Wenn Gene Roddenberry dem Captain Kirk des Produktionsteams gleichkam und kühn dorthin vorstieß, wo noch nie zuvor ein Produzent gewesen war, so übte Bob Justman in diesem Zusammenhang die Funktion von Scotty aus. Er erwies sich als sehr intelligent, talentiert, sympathisch und – stur. Auch in einer anderen Hinsicht

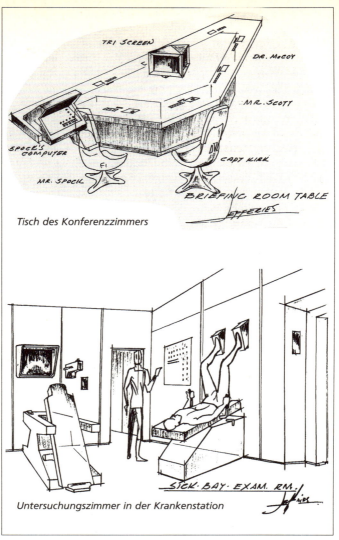

Zwei frühe Zeichnungen von Matt Jefferies: Sie zeigen das Innere der *Enterprise*. (© *1993 Paramount Pictures*)

erinnerte er an Montgomery Scott. Wenn man ihn mit ungewöhnlichen Budget- oder Produktionserfordernissen konfrontierte, so klang seine erste verbale Reaktion etwa so: »Unmöglich. Ausgeschlossen. Wir brauchen mehr Zeit. Wir brauchen mehr Geld. So etwas paßt nicht in unseren Etat.« Scott gelang es immer, irgendwelche schwierigen Reparaturen an Bord der *Enterprise* durchzuführen, und Bob vollbrachte ähnliche Wunder.

Gene engagierte Bob nur einen Tag nach dem Okay von NBC, und Justman begann unverzüglich mit ersten Planungen in Hinblick auf ein Budget, das für jede Folge 193 500 Dollar betrug – kaum ein Drittel der Summe, die der erste Pilotfilm gekostet hatte.

Bob entwickelte eine erste Strategie, während hinter seiner Stirn ständig eine mentale Rechenmaschine arbeitete. Um den Etat nicht zu überziehen, durften die Dreharbeiten für jede TV-Episode höchstens fünf Tage dauern – es existierte praktisch kein Spielraum für Änderungen im letzten Augenblick. Bis zum Ende der ersten halben Season gab es für niemanden nennenswerte Freizeit.

Während Bob auf seinen Kostenblättern kritzelte, radierte und neu schrieb, meldeten sich weitere unbesungene STAR TREK-Helden zum Dienst. Matt Jefferies war nun offiziell und verdientermaßen Art-director, begegnete Gene fast jeden Tag. Eine seiner wichtigsten Aufgaben bestand darin, das Innere der *Enterprise* zu gestalten. Er bemühte sich insbesondere, Brücke, Transporterraum und Krankenstation mit zusätzlichen Details auszustatten. Außerdem sollte er einfach konstruierte und leicht zu verstauende Kulissen schaffen, die nach Bedarf wiederverwendet werden konnten. Wir benutzten sie später für Kirks Quartier, das Freizeitdeck, das Konferenzzimmer und den Maschinenraum. Als die Wochen verstrichen und erste Drehbücher entstanden, kümmerte er sich auch um die Szenerien auf fremden Planeten.

Bill Theiss gehörte ebenfalls wieder zur Truppe. Er

prüfte die Uniformen der *Enterprise*-Crew und sammelte Ideen für spezielle Kostüme. Er verriet seine Vorliebe für deutlich sichtbare weibliche Haut, indem er unmittelbar nach seinem Eintreffen damit begann, die Hosen der weiblichen Crewmitglieder durch *kurze* Miniröcken zu ersetzen. Von Anfang an sorgte er dafür, daß als Gaststars auftretende Frauen frieren mußten, weil sie halbnackt waren. Sehen Sie sich die Frauen des Mr. Mudd oder jenes Kleid an, das Sherry Jackson in ›What Are Little Girls Made Of?‹ trägt – dann wissen Sie, was ich meine.

Etwa zur gleichen Zeit begann ein Mann namens Irving Feinberg seine lange und allseits sehr geschätzte Amtszeit als Herr der Requisite im STAR TREK-Universum. Im Lauf der Zeit verstand es Feinberg wie kein anderer, die seltsamsten Gegenstände für einzelne Szenen in der Fernsehserie aufzutreiben, aber zu diesem frühen Zeitpunkt nahm er noch Ratschläge von Gene entgegen. Zum Beispiel: Als Irving einige Pflanzen besorgte, die für Roddenberry nicht fremdartig genug aussagen, riß Gene sie einfach aus dem Boden und drehte sie um – aus den nach oben weisenden Wurzeln der Gewächse wurden Zweige. Es wirkte recht beeindruckend.

Lassen Sie mich ein zweites Beispiel dafür nennen, daß Roddenberry Feinberg zuerst dabei half, sich in STAR TREK zurechtzufinden. In ›The Man Trap‹ ging es um ein monströses Wesen mit monströsem Hunger auf Salz. Das Drehbuch verlangte mehrere Salzstreuer – einen davon verwendete Kirk als Köder. Nun, Irving machte sich auf den Weg, um in Los Angeles nach einem möglichst futuristischen Salzstreuer Ausschau zu halten. Er fand einige schwedische Modelle, seltsam geformt und verchromt, doch Gene lehnte sie sofort ab.

»In dieser Geschichte müssen die Salzstreuer sofort als solche zu erkennen sein – sonst versteht niemand, was dahintersteckt«, erklärte Roddenberry. »Wie dem auch sei: Die Chrom-Dinger sind nicht übel. Wir stellen sie McCoy als medizinische Instrumente zur Verfügung.«

Sherry Jackson sieht toll aus in einer Bill Theiss-Kreation, die sehr sparsam mit dem Stoff umgeht. (© 1993 *Paramount Pictures*)

Woraus folgte: Während der nächsten drei Seasons behandelte DeForest Kelley kranke oder verletzte Besatzungsmitglieder mit Gegenständen, die eigentlich in eine Küche gehörten.

Mit Genes Hilfe fand Irving rasch heraus, worauf es bei STAR TREK ankam, und es dauerte nicht lange, bis er zu einem wahren Requisitenmagier wurde, der alles auftrieb, was wir brauchten. Unsere bizarrsten und exotischsten Requisiten wurden bald als ›Feinberger‹ bekannt: »In dieser Episode findet ein Bankett statt, an dem Aliens teilnehmen. Dafür brauchen wir ein ganzes Sortiment aus Feinbergern.«

In den Desilu Studios arbeitete ein Mann namens Jim Rugg an den STAR TREK-Spezialeffekten. Jim hatte bereits genug zu tun, denn er konstruierte die Waffen und speziellen Geräte (unter ihnen auch Kommunikatoren und Tricorder). Außerdem verkabelte er die neuen Instrumentenkonsolen auf der *Enterprise*-Brücke. Wenn es irgendwo blinkte, piepte, aufleuchtete und krachte, so war das Jim Rugg zu verdanken.

Gene griff auch auf die Dienste eines gewissen John D. F. Black zurück. Black kam als Associate Producer ›an Bord‹, aber im Gegensatz zu Bob Justman arbeitete er hauptsächlich im kreativen Bereich. Während seiner Tätigkeit für STAR TREK schrieb er eine ausgezeichnete Episode – ›The Naked Time‹ –, doch hauptsächlich kümmerte er sich um die freiberuflich tätigen Autoren, die für uns Storys schrieben. Er gab ihnen Tips in Hinsicht auf die Manuskripte und Drehbücher, stimmte alles mit Roddenberry ab, um sicherzustellen, daß in jedem Fall die allgemeinen Richtlinien beachtet wurden. Innerhalb kurzer Zeit fand er einen Platz als geschätztes Mitglied des Teams – und er gehörte zu den ersten Opfern von Gene Roddenberrys Streichen.

Zu solchen Späßen kam es an jedem Drehort in Hollywood. Sie dienten dazu, eine Atmosphäre aufzulockern, die aus anstrengender Arbeit und Termindruck bestand. Wir bildeten dabei keine Ausnahme, und als einer der

Dr. McCoy, Schwester Chapel und diverse Salzstreuer, die als medizinische Instrumente verwendet werden sollen.
(© 1993 Paramount Pictures)

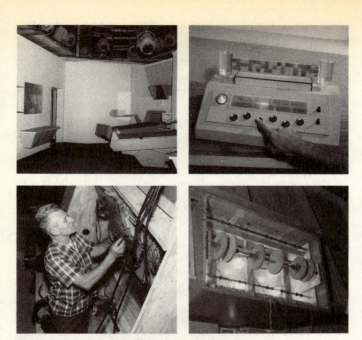

Die Krankenstation wird mit neuen Geräten ausgestattet, und es kommen auch neue elektrische Systeme hinzu.
(© 1993 Paramount Pictures)

aktivsten Spaßvögel trat der Chef höchstpersönlich auf. Black hatte erst ein paar Tage zuvor bei unserem Team begonnen, als Roddenberry zuschlug.

Die Geschichte beginnt, während Black an seinem Schreibtisch sitzt und ein Drehbuch umschreibt. Es klopft an der Tür. »Ja, wer ist da?« fragt Black und tippt auch weiterhin.

»Ich bin's, Gene«, erwidert Roddenberry und betritt das Büro. »Ich muß für einige Stunden zum Drehort, und deshalb möchte ich Sie um einen Gefallen bitten.«

»Worum geht's?« Black ist neu im Job und möchte die Gelegenheit nutzen, beim Chef Eindruck zu schinden.

Ähnliche Arbeiten finden auch auf der Brücke statt. (© *1993 Paramount Pictures*)

»Nun«, beginnt Gene, »ein Freund von mir hat eine Tochter, die gern Schauspielerin werden möchte. Ich habe ihm versprochen, daß sie zu einer Probe kommen kann. Nun, sie hat gerade angerufen. Vom Parkplatz. Sie ist von San Diego hierhergefahren, und ich bin nicht imstande, sie einfach so fortzuschicken. Bitte lassen Sie die junge Dame vorlesen, um ihr anschließend möglichst sanft eine Abfuhr zu erteilen.«

»Äh, ja, natürlich«, sagt Black.

»Vielen Dank.«

Roddenberry verläßt das Büro und lächelt. Black zuckt mit den Schultern und setzt die Arbeit am Drehbuch fort, bis es erneut an der Tür klopft. »Sind Sie Mr. Black?« fragt eine attraktive Blondine.

»Ja«, bestätigt der überraschte Black.

»Mr. Roddenberry hat mir mitgeteilt, daß Sie mir eine Rolle in STAR TREK geben können«, gurrt die Besucherin und verlängert den Blickkontakt, bis ein unangenehmes Starren daraus wird.

»Ja, äh, das stimmt. Aber ich sollte wohl besser darauf hinweisen, daß derzeit praktisch alle Rollen besetzt sind.«

»Ach?« Die Blondine streift den linken Schuh ab. »Tatsächlich?«

Der rechte Schuh rutscht ebenfalls vom Fuß.

»Äh, ja.« Black beugt sich über die Schreibmaschine und versucht, nicht darauf zu achten, daß die junge Dame ihre Bluse aufknöpft.

»Nun, vielleicht läßt sich irgend etwas arrangieren«, sagt sie. »Ich bin gern bereit, Ihnen meine Qualitäten zu zeigen.«

Bluse und Rock fallen zu Boden. Zum Vorschein kommt ein Bikini, bei dem selbst Bill Theiss erröten wäre. Die ›Tochter des Freundes‹ tritt nun langsam um den Schreibtisch herum und nähert sich dem Mann dahinter.

»Einen Augenblick, äh, warten Sie, ich...« Plötzlich fehlen dem talentierten Autor die Worte.

»Bestimmt finden Sie doch eine Rolle für mich«, sagt die Blondine und setzt sich auf Blacks Schoß.

Der arme Kerl ist ganz blaß und weiß überhaupt nicht, wie ihm geschieht. Während er noch überlegt, wie er sich verhalten soll, springt plötzlich die Tür auf, und herein kommen: Roddenberry, meine Wenigkeit, Bob Justman und fünf oder sechs weitere Personen. Gene hat uns natürlich alle eingeweiht: Wir haben vor dem Büro auf einen geeigneten Augenblick gewartet. Unser Chef blättert in einigen Unterlagen, als er ins Zimmer stapft.

»Hallo, Bob, bin eher fertig geworden, als ich dachte. Ich glaube, wir sollten jetzt ... O MEIN GOTT!« donnert er und gibt sich entsetzt.

»Äh, Gene, bitte glauben Sie nicht, daß ich ...«

»Mr. Black«, sagt Roddenberry streng, »ich weiß nicht, welche Erfahrungen Sie bisher gemacht haben, aber eins steht fest: Auf *diese* Weise finden bei *uns* keine Vorstellungsgespräche statt. Ich bin entsetzt von Ihrem offensichtlichen Mangel an guten Manieren.«

Während wir anderen uns sehr bemühen müssen, nicht laut zu lachen, klingelt das Telefon. Black nimmt ab und erkennt die Stimme seiner Frau. »Hallo, Schatz«, sagt sie. »Wie gefällt dir der neue Job?«

Das versetzt Black den Gnadenstoß. Er verdreht die Augen und scheint am liebsten sterben zu wollen. Daraufhin können wir uns nicht länger beherrschen, und die ganze, aus erwachsenen (in manchen Fällen sogar reifen) Männern bestehende Gruppe krümmt sich vor Lachen. Die spärlich bekleidete ›Tochter des Freundes‹ – in Wirklichkeit ist sie eine von Gene engagierte Schauspielerin – eilt fort, um sich anzuziehen. Als sie den Raum verläßt, wirft sie Roddenberry einen Blick zu und zeigt mit dem Daumen nach oben. Black begreift, daß man ihn auf den Arm genommen hat, flucht hingebungsvoll, lacht ebenfalls und bewirft uns mit Stiften. Wir klopfen Gene auf den Rücken und gratulieren ihm zu dem gelungenen Streich.

Dorothy Fontanas erstes STAR TREK-Werk: Charlie X (Der Fall Charlie).
(© 1993 Paramount Pictures)

Black überstand diesen ersten Streich, und im Verlauf der nächsten Wochen begannen er und Roddenberry damit, weitere Drehbuchautoren für die Serie auszuwählen. Sie nahmen nicht nur Kontakt mit Leuten auf, die schon seit Jahren fürs Fernsehen schrieben, sondern setzten sich auch mit einigen bekannten SF-Autoren in Verbindung und überredeten sie in einigen Fällen dazu, Beiträge für STAR TREK zu leisten. Anschließend fanden Besprechungen statt, die dazu dienten, Ideen in einen großen Topf zu werfen und sie zu TV-Episoden zusammenzubrauen. Wenn ein bestimmtes Konzept Genes Gefallen fand, beauftragte er den entsprechenden Autor, ein etwa zwölf Seiten langes Exposé zu verfassen. Das Honorar dafür betrug enorme 655 Dollar. Ich habe Dorothy Fontana gebeten, Einzelheiten des Vorgangs zu schildern, der zu den Drehbüchern für die ersten Fernsehfolgen führte.

D. C. FONTANA:
Als wir erfuhren, daß NBC STAR TREK akzeptiert hatte, veranstalteten wir keine Party oder so. Wir genehmigten uns nur einen raschen Drink im Büro, und praktisch sofort im Anschluß daran telefonierte Gene mit den ersten Autoren. Ihm lagen bereits Ideen für mehrere Drehbücher vor, die er entweder selbst schreiben oder in Auftrag geben wollte. Er forderte mich auf, eine Story zu wählen, und ich entschied mich für ›Charlie X‹.

Einige der besten SF-Autoren erklärten sich bereit, für uns zu schreiben: Harlan Ellison, Jerome Bixby, Ted Sturgeon, Richard Matheson, Jerry Sohl, Robert Bloch, George Clayton Johnson und so weiter. Es handelte sich um etablierte Science Fiction-Autoren, die erstklassige Romane publiziert und bei Fernsehserien wie *Outer Limits* und *Twilight Zone* mitgewirkt hatten. Einige von ihnen genossen auch als Verfasser von TV-Drehbüchern einen wirklich ausgezeichneten Ruf.

Die ersten Skripte ›bestellte‹ Gene bei Schriftstellern mit ausgeprägter SF-Erfahrung. Zu jener Zeit arbeitete ich noch immer als Roddenberrys Sekretärin und nahm an den Besprechungen teil. Deshalb weiß ich genau, wie es dabei zuging.

Ein Autor kam mit einer Handvoll Ideen und präsentierte sie ohne eine klare Struktur. Ich erinnere mich an ein Treffen, bei dem Paul und Margaret Schneider die SF-Version eines erfolgreichen Films vorschlugen. Die Handlung des Streifens – *The Enemy Below* – war während des zweiten Weltkriegs angesiedelt und beschrieb die Auseinandersetzung zwischen dem Kapitän eines amerikanischen Zerstörers und dem Kommandanten eines deutschen Unterseeboots. Die ganze Zeit über spielten sie Katz und Maus, versuchten ständig, den Gegner zu überlisten und zu besiegen. Ein weiteres dramatisches Element kam hinzu: Die beiden Kontrahenten konnten zwar per Funk miteinander sprechen, doch sie sahen sich erst ganz am Ende des Films.

Diese Grundidee sollte in ein Science Fiction-Gewand gekleidet werden: Kirk als Kapitän des ›Zerstörers‹ namens *Enterprise*. Das deutsche U-Boot verwandelte sich in einen romulanischen Kreuzer. Die Sache gefiel Gene, aber er wollte vermeiden, das dramaturgische Muster in allen Einzelheiten zu wiederholen. Er stellte zwei ehrenvolle Männer vor, die sich beide im Recht glaubten bei einer Auseinandersetzung hinsichtlich der Neutralen Zone. Wieder stellte er das menschliche Element in den Mittelpunkt. Während der Besprechung gewann die Idee immer mehr an Konturen, bekam einen dramaturgischen Aufbau: Inhalt und Handlung standen fest. Das letztendliche Ergebnis der Erörterungen war ›Balance of Terror‹, eine der besten Episoden überhaupt. Sie bietet ein gutes Beispiel dafür, wie aus ersten Einfällen Ideen und schließlich Fernsehfolgen wurden.

Ein oder zwei Wochen später trafen die zwölf Seiten umfassenden Exposés ein. Dann setzten sich Gene, John D. F. Black und Bob Justman zusammen, um über Durchführbarkeit und Potential des Projekts zu diskutieren. Kurze Zeit später schickte man Mitteilungen an verschiedene Personen, unter ihnen Matt Jefferies, der in den vorgeschlagenen Szenen nach Kulissen suchte, die sich unmöglich realisieren ließen, angesichts des knappen Etats zu teuer waren, nicht ins Studio 10 von Desilu paßten oder einfach gräßlich aussahen.

Auch Bill Theiss sah sich das Skript an, um früh genug zu erfahren, ob die betreffende Episode ungewöhnliche oder schwer herzustellende Kostüme erfor-

Probe für ›Balance of Terror‹. Man beachte das unvulkanische Laster in Leonard Nimoys linker Hand. (© *1993 Paramount Pictures*)

derte. Irving Feinberg überflog die Seiten, um einen Eindruck von den notwendigen Requisiten zu gewinnen, und Freddie Phillips suchte in den Zeilen nach einäugigen purpurnen Ungeheuern, die besondere Make-up-Bemühungen verlangten.

Die genannten Personen kommentierten das Exposé, wobei praktische Erwägungen die größte Rolle spielten. Anschließend entschied das Trio Roddenberry, Black und Justman, ob das Exposé zu einem Drehbuch ausgearbeitet, umgeschrieben oder verworfen werden sollte. Wenn sich Gene und seine beiden Berater für ein Okay entschieden, verbrachte der Autor die nächsten Wochen damit, die erste Version einer vollständigen Story zu Papier zu bringen. Nach der Fertigstellung wurde das Manuskript kopiert, verteilt, von Roddenberry, Black und Justman gelesen, woraufhin sich alles wiederholte: Erneut forderten Mitteilungen und Szenenbeschreibungen zu Kommentaren auf.

Black und Gene befaßten sich mit Motivation und Dialogen der auftretenden Personen. Justman übte in Hinblick auf die endgültige Fassung der Drehbücher eine ebenso wichtige Funktion aus: Er prüfte alles aus dem Blickwinkel von Produktion und Budget, suchte ständig nach jenen Dingen, die den Etat zu sprengen drohten. Die häufigsten Probleme betrafen zu viele Darsteller und Schauplätze sowie zu teure Spezialeffekte.

Justman achtete auch darauf, daß jedes neue Skript ins ›Strukturformat‹ der STAR TREK-Serie paßte. Anders ausgedrückt: Er stellte fest, an welchen Stellen bestimmte Szenen für Werbespots unterbrochen werden konnten und ob das Drehbuch zu lang oder zu kurz war.

Nach der Lektüre des ersten Entwurfs sprach Black mit dem Autor, um diese und jene Änderungen anzuregen. Wenn sie vorgenommen waren, erhielt der Verfasser das restliche Honorar – 1966 belief es sich auf etwa viertausend Dollar. Wenn weitere Modifizierungen der Story notwendig wurden, so kümmerte sich entweder Black oder – was häufiger geschah – Roddenberry darum.

Im Juni lagen die zweiten Entwürfe der ersten STAR TREK-Skripte vor. Sowohl Gene als auch John redigierten sie. Zwar bekamen sie dadurch den Status ›interner Überarbeitungen‹, doch Bob kannte bei seiner Kritik keine Gnade. Er las die neuen Versionen, achtete dabei immer auf mögliche Produktionsschwierigkeiten, Terminprobleme und visuelle Effekte, die auf dem Fernsehschirm nur begrenzt Wirkung entfalteten. Justman hielt seine Einwände in detaillierten Anmerkungen fest. Es folgt ein Beispiel, das sich auf die verschiedenen Entwürfe für unsere fünfte* Produktion – ›The Enemy Within‹ – bezieht.

---

* Es ist die sechste Produktion, wenn man auch ›The Cage‹ berücksichtigt. Das Register am Schluß des Buches gibt die Fernsehfolgen in dieser Zählung an. – *Anm. d. Übers.*

Desilu Productions Inc.
An: *John D. F. Black*
Von: *Bob Justman*
Datum: *22. April 1966*
Betreff: STAR TREK

›THE ENEMY WITHIN‹
von RICHARD MATHESON

Zunächst möchte ich darauf hinweisen, daß diese Story zu viele Dialoge und Extras enthält. Ich könnte es ja verstehen, wenn eine Notwendigkeit für viele sprechende Rollen bestünde, aber das ist nicht der Fall. Außerdem: Die zentralen *Enterprise*-Figuren sollten mehr und häufiger an den wichtigen Dialogen beteiligt werden. Damit meine ich vor allem SULU und SCOTT.

Was die Einleitung betrifft: Müssen unbedingt 16 Personen auf den Planeten geschickt werden? Auch fünf Leben sind wichtig. Ich halte es für übertrieben, gleich sechzehn aufs Spiel zu setzen.

Meiner Ansicht nach ist die Einleitung zu lang.

Seite 14 präsentiert uns eine Szene, in der KIRKS DOUBLE auf JANICE' Armbanduhr sieht. Trägt sie eine TIMEX oder eine INGERSOL? Und welche Zeit soll die Uhr zeigen?

Auf Seite 17 stellt SPOCK fest, daß die Tür des Lagerraums einen Spaltbreit offensteht. Nun, eine Tür kann nur dann einen Spaltbreit offenstehen, wenn es sich tatsächlich um eine *Tür* handelt. An Bord der *Enterprise* gibt es jedoch nur Schotten, und die sind entweder offen oder geschlossen.

Auf Seite 45 sind McCOYS Bemerkungen Blödsinn. »Die Hälfte von KIRKS Zellstruktur fehlt« – das hat ebensowenig Sinn wie die ›Hälfte seines Bluts‹ fehlen zu lassen. Ich glaube, dem armen Doktor fehlt selbst etwas, und zwar sein Verstand.

Was die Seiten 45 und 46 betrifft: Ist CAPTAIN KIRK ein Held? Und ob!

In der 23. Szene spritzt sich KIRK kaltes Wasser ins Gesicht. Bisher enthielt Kirks Quartier weder einen Wasserhahn noch einen Hydranten.

Wer ist LIEUTENANT MARSHALL? Dieser Name fehlt in

der Darstellerliste zu Beginn des Skripts. Wer sind LIEUTENANT DAY und LIEUTENANT KILEY? Wer hat mir das Herz gestohlen? Wer läßt mich den ganzen Tag über träumen? Wer schenkt mir Träume, die nie Wirklichkeit werden?

Ich hoffe, irgendwann einmal Mitteilungen schreiben zu können, die voller Enthusiasmus sind, voller Lob, Zuversicht, Hoffnung, Zufriedenheit und solchem Chozzerai [das jiddische Wort für ›Unsinn‹]. Es ist wirklich bedauerlich, daß man mir so angenehme Empfindungen immer wieder vorenthält. Ich würde gern froh und glücklich sein. Vielleicht bin ich schlicht und einfach im falschen Geschäft. Vielleicht sollte ich mich auf die Hühnerzucht verlegen.

Mit freundlichen Grüßen

Für gewöhnlich nahm Gene Bobs Einwände zum Anlaß, das Skript noch einmal zu verändern, es strukturell regelrecht auseinanderzunehmen. Bei solchen Gelegenheiten hämmerte er wie ein Besessener auf die Tasten der Schreibmaschine, um die ›endgültige Version‹ fertigzustellen.

Unterdessen wurden Tausende von Arbeitsstunden in das Bemühen investiert, die Dreharbeiten vorzubereiten. Wenn Matt Jefferies ein akzeptiertes Exposé gelesen hatte, stellte er sich die einzelnen Szenen der betreffenden Episode vor. Eine Zeitlang spielte er mit verschiedenen Ideen herum, entschied sich dann für die eine oder andere und zeichnete erste Skizzen. Er traf sich mit Roddenberry, Justman und dem Regisseur der Folge, holte ihre Meinungen ein und nahm Verbesserungsvorschläge entgegen.

Wenn seine Entwürfe genehmigt worden waren, trat er sofort zum Zeichentisch, um dort detaillierte Blaupausen und Konstruktionspläne zu erstellen. Im Anschluß daran wandte er sich an das Bauteam und erklärte ihm alle Einzelheiten, woraufhin die Konstruktionsarbeiten begannen. Noch während die ersten Nägel ins Holz getrieben wurden, sprach Jefferies mit den Ausstattern über die

Dekoration des jeweiligen Szenenaufbaus (Vorhänge, Teppiche, Läufer, Pflanzen und so weiter).

Sobald er beschrieben hatte, welches allgemeine Erscheinungsbild er erwartete, eilten die Dekorateure fort, um den erforderlichen Krimskrams zu besorgen. Mit dieser Aufgabe sind bei *allen* Fernsehserien besondere Probleme verbunden, aber bei STAR TREK gab es in jeder Woche völlig neue Szenen, und hinzu kam ein miserabler Etat. Darüber hinaus mußte alles futuristisch wirken und den Eindruck erwecken, aus dem dreiundzwanzigsten Jahrhundert zu stammen. Unsere Ausstatter waren also nicht gerade in einer beneidenswerten Lage.

Während der ersten Season kam diese Aufgabe Carl Biddiscombe und Marvin March zu. Den größten Teil des Tages verbrachten sie damit, in irgendwelchen Kuriositätenläden, auf den Dachböden von Bekannten, zwischen Müll, auf Schrottplätzen und – nicht zu vergessen – in verstaubten Requisitenkammern der Desilu Studios nach jenen sonderbaren Dingen zu suchen, die wir für unsere Dreharbeiten brauchten. Manchmal ließen sie sich auch dazu hinreißen, die Abfallkörbe der Desilu Studios zu durchstöbern. Sie fanden Verwendungsmöglichkeiten für weggeworfene Sperrholzformen, Walzblechüberbleibsel, Stoffreste und Pappe. Manchmal hielten unsere beiden Dekorateure solche Dinge sogar für einen kostbaren Schatz. Ich erinnere mich daran, einmal einen triumphierenden Schrei aus einem Müllbehälter in der Nähe des Studios gehört zu haben. Als ich hineinsah, fiel mein Blick auf Biddiscombe, March und einige Assistenten. Sie grinsten und gratulierten sich gegenseitig, erweckten den Eindruck, eine Goldader entdeckt zu haben.

»Hervorragend!« rief March. »Die Dinger bekommen einen violetten Anstrich, werden dann an die Wand gehängt und sehen aus wie... wie etwas. Spielt gar keine Rolle, *wonach* sie aussehen. Hauptsache, sie wirken fremdartig.«

Es handelte sich um intelligente und erwachsene Män-

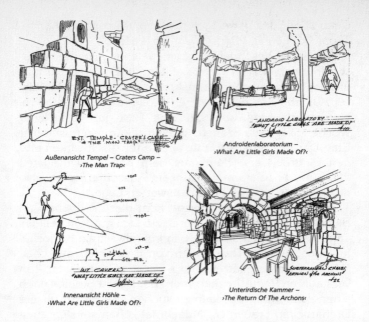

Außenansicht Tempel – Craters Camp – ›The Man Trap‹

Androidenlaboratorium – ›What Are Little Girls Made Of?‹

Innenansicht Höhle – ›What Are Little Girls Made Of?‹

Unterirdische Kammer – ›The Return Of The Archons‹

ner, und doch verhielten sie sich wie Kinder, während sie in den großen Müllbehältern der Desilu Studios umherstapften und nach nützlichen, futuristisch anmutenden Dingen Ausschau hielten. Sie zeichneten sich durch großen Enthusiasmus aus und schienen Gefallen daran zu finden, Probleme zu lösen wie zum Beispiel: »Worauf sitzen Romulaner?« und »Was hängt an den Wänden von Kirks Quartier?«

Ich sollte vielleicht hinzufügen, daß diese Burschen während unserer ersten Season auch dafür sorgten, daß die Schotten in der *Enterprise* funktionierten. Sie standen hinter den Kulissen, auf beiden Seiten eines Zugangs, und auf ein Zeichen hin öffneten oder schlossen sie die betreffende Tür. Das klingt ganz einfach, aber meine Nasenspitze weiß, daß sich oft Probleme ergaben.

Als die Schauplätze der Handlung allmählich Form gewannen, eilten Bill Theiss und seine Mitarbeiter hin und

Einige Kreationen von Matt Jefferies. Sie stammen aus der ersten Season und betreffen die Folgen ›The Man Trap‹, ›What Are Little Girls Made Of?‹ und ›The Return Of The Archons‹. (*Freundlicherweise zur Verfügung gestellt von Walter M. Jefferies*)

Ruinen – Craters Camp

her, um alles und jeden in Kostüme zu zwängen. Über einen Mangel an Arbeit konnten sie sich gewiß nicht beklagen. In jeder STAR TREK-Folge traten mehrere Gaststars auf, die mindestens ein, manchmal auch mehrere Kostüme benötigten. Es gab keine Möglichkeit, die notwendigen Kleidungsstücke irgendwo auszuleihen, und das bedeutete: Bill Theiss und seine Leute mußten alles selbst schneidern.

Es gab auch noch einen anderen Grund für den Streß in unserer Kostümabteilung. Praktisch in jeder STAR TREK-Episode erschienen bis dahin unbekannte Besatzungsmitglieder, um anschließend wieder in den Tiefen der *Enterprise* zu verschwinden, meistens für immer. Hinzu kam eine recht hohe Sterblichkeitsrate bei den ›Rothemden‹, den Angehörigen der Sicherheitsabteilung.

Außerdem: Unsere Uniformen schrumpften mit jeder Wäsche. Als die Pullis, Hosen und Miniröcke drei Reinigungen hinter sich hatten, paßten sie nicht mehr. Wenn es auf diese Weise weiterging, reichte der Kostümvorrat nur für zwei Wochen. Während der ersten Season von STAR TREK führte das zu einer großen Arbeitsbelastung für Theiss und seine Assistenten.

Unter solchen Umständen schien Theiss' Werkstatt eher eine Sauna zu sein: Überarbeitete Näherinnen schwitzten dort an ihren Nähmaschinen, und Garnrollen waren in ständiger Bewegung, während ein Kostüm nach dem anderen entstand. Zwar herrschte ständiges Chaos, aber trotzdem gelang es Theiss und seiner Gruppe immer, alle Termine zu halten.

Freddie Phillips kümmerte sich um die Maske, und Spocks Ohren wurden bald zur geringsten seiner Sorgen. Ihre Struktur und Beschaffenheit war während der Dreharbeiten von ›The Cage‹ perfektioniert worden, und jetzt ging es ›nur‹ noch darum, sie richtig anzupassen. Was sich als eine recht komplizierte Angelegenheit herausstellte: Leonard begab sich morgens immer als erster ins Schminkzimmer.

In ›Who Mourns For Adonais?‹ trägt Leslie Parrish eine von Bill Theiss' Kreationen. Das Gewand sah atemberaubend aus, aber oben saß es so knapp, daß es mit Klebeband an Ort und Stelle gehalten werden mußte. Deshalb erwies sich jeder Kostümwechsel als sehr unangenehm. Während der gesamten Proben zu der Folge trug Leslie daher diesen weitaus schäbigeren Bademantel.
(© 1993 Paramount Pictures)

Um sechs Uhr morgens hatte Leonard bereits den ›Dienst‹ angetreten, saß auf Freddies Friseurstuhl und verspeiste gräßlich riechende Ei-Brötchen, während ihn Phillips in einen Vulkanier verwandelte. Zuerst stutzte Freddie Leonards Brauen auf etwa ein Drittel ihrer normalen Größe. Dann holte er Yakhaar hervor – ja, ich meine wirklich *Yak*haar – und formte daraus die gewölbten Enden von Spocks Augenbrauen. Danach kamen die Ohren dran, und es folgte allgemeines Pudern. Wenn Leonard mit seinem veränderten äußeren Erscheinungsbild zufrieden war, nahm sich Freddie die anderen Schauspieler vor.

Leonards Metamorphose in einen Vulkanier dauerte etwa eine Stunde, doch der Rest unserer Crew verbrachte jeweils nicht mehr als rund zehn Minuten im Schminkzimmer. Der Grund dafür: Der Vulkanier Spock erforderte weitaus mehr kosmetische Aufmerksamkeit, und außerdem muß man dabei natürlich die Tatsache berücksichtigen, daß Leonard weitaus häßlicher war als alle anderen. Nun, in diesem frühen Stadium hatte Phillips praktisch gerade erst seine Koffer ausgepackt und mußte erst noch Routine entwickeln.

Auch er warf bange Blicke in die Skripte und Drehbücher, um rechtzeitig festzustellen, welche maskenbildnerischen Hürden es zu nehmen galt, und dabei fiel ihm auf: In der Episode ›What Are Little Girls Made Of?‹ sollte ein sehr bedrohlich wirkender, mehr als zwei Meter großer Androide auftreten. Die Sache faszinierte Phillips. Als Tad Cassidy – er hatte den Lurch in *The Addams Family* gespielt – die Rolle erhielt, bat Freddie ihn zu sich, um erste Schminktests vorzunehmen.

Einige Tage später nahm Cassidy bei Phillips in einem für ihn zu kleinen Sessel Platz und erlaubte es dem Künstler, ihn von einem lächelnden jungen Schauspieler in ein gräßliches Ungeheuer zu verwandeln. Zuerst ließ Freddie Teds Haar unter Latexhaut verschwinden, und dann schmierte er ihm graugrüne Creme ins Gesicht. Er

Sechs Uhr morgens: Leonard Nimoy auf dem Weg zum Maskenbildner. (© *1993 Paramount Pictures*)

fügte Schatten im Bereich der Augen hinzu und hob die Kanten von Wangenknochen, Stirn und Kinn hervor. Das Ergebnis: ein unheilvolles Geschöpf, das kaum mehr menschliche Züge aufwies – ein Androide.

Phillips führte das Resultat seiner Bemühungen zu Bill Theiss, der dem Riesen ein Kostüm zur Verfügung stellte. Als die Verwandlung zum Monstrum vollständig war, begab sich das Trio zu Roddenberry, in der Hoffnung, daß ihm der ›Androide‹ gefiel – oder daß er wenigstens einen gehörigen Schrecken bekam.

Ich befand mich zu jenem Zeitpunkt in Genes Büro, und als das riesige Ungetüm erschien, bereitete es uns zumindest erhebliches Unbehagen. Roddenberry war begeistert. Er schlug einige Verbesserungen vor, gab Phillips und Theiss das erhoffte Okay – und überredete uns vier zur Teilnahme an einem seiner Streiche.

Seit Wochen trieb sich ein außerordentlich hartnäckiger Schneider in den Desilu Studios herum und versuchte, allen Leuten Anzüge zu verkaufen. Ich kannte den Burschen, weil er mich mehrmals angerufen hatte. Er ging nicht nur mir auf die Nerven, sondern auch meinen Kollegen. Wie sich herausstellte, war es ihm gelungen, einen Termin mit Roddenberry zu vereinbaren. Sein Besuch stand unmittelbar bevor, als Bill, Freddie und der ›Androide‹ hereinkamen. Plötzlich hatte Gene eine Idee ...

Ein Zeitsprung von etwa einer Minute. Roddenberry, Bill Theiss, Freddie, Bob Justman und ich stehen außerhalb des Büros und kichern – ja, wir *kichern*. Die Ursache ist knapp fünf Meter entfernt: An Genes Schreibtisch sitzt ein riesiges, scheußliches Wesen mit graugrünem Gesicht – Ted Cassidy gibt sich als Roddenberry aus.

Cassidy war hervorragend in der Rolle, sprach wie ein Maschinengewehr am Telefon und formulierte Sätze wie: »He, Teuerster, wir müssen den Etat für die Spezialeffekte um dreißig Riesen aufstocken, wenn die *Enterprise* durchs All gondeln soll – *comprende, compadre?*«

Genau in diesem Augenblick betritt der kleine, unausstehliche Schneider das Vorzimmer, und Dorothy Fontana kündigt ihn per Wechselsprechanlage an. Der angebliche Roddenberry antwortet: »Ja, ja, schicken Sie ihn herein.« Der Knauf dreht sich, die Tür schwingt auf – und der beharrliche Anzugverkäufer sieht sich einem Ungeheuer gegenüber. Cassidy deutet mit dem Zeigefinger auf ihn und spricht weiterhin am Telefon. »Meinen Sie brutto oder netto?« fragt er und kostet die Rolle voll aus. »Ich schlage vor, Sie legen noch ein paar Riesen drauf, Kumpel.«

Man sollte eigentlich annehmen, daß der Schneider eine abrupte Kehrtwendung machen und fortlaufen würde, so schnell ihn die Beine tragen. Doch das ist nicht der Fall. Er hat endlich ›den Fuß in der Tür‹ und träumte davon, Dutzende von Anzügen auf einen Schlag zu verkaufen. Irgendwie bringt er es fertig, sich von der Überraschung zu erholen und zu sagen: »Ich unterbreite Ihnen ein überaus günstige Angebot, mein Freund: ein Anzug mit zwei Hosen für nur neunundvierzig Dollar.«

Als Gene, Freddie, Bill, Bob und ich diese Worte hören, lachen wir laut und betreten das Büro. (Ich habe mich oft hinter Bürotüren versteckt, nicht wahr?) Der Schneider begreift nach wenigen Sekunden, daß man sich einen Scherz mit ihm erlaubt hat, aber er ist weder verlegen noch verärgert. Er faßt sich sofort und beginnt damit, uns allen billige Anzüge anzudrehen.

Ein gewisses Schuldbewußtsein veranlaßt Gene und mich, häßliche karierte Hosen zu kaufen.

Bis zum April 1966 übernahm STAR TREK fast den gesamten Gower Street-Bereich von Desilu – vor Jahren war dort *I Love Lucy* gedreht worden – und erhob permanenten Anspruch auf die Studios 9 und 10. Nummer neun enthielt das Innere der *Enterprise,* und in 10 entstanden die Schauplätze auf fremden Welten.

Die Lücken in Besetzung und Produktion schlossen sich rasch. Die Rollen des Ersten Offiziers und Captains waren an Leonard Nimoy und mich vergeben. Zusammen mit Joe D'Agosta – der Fox inzwischen verlassen hatte, um sich ganz STAR TREK zu widmen – suchte Roddenberry Schauspieler für neue bzw. modifizierte Rollen.

Besonders wichtig war es, jemanden zu finden, der Dr. Leonard ›Pille‹ McCoy verkörperte, den dritten Bordarzt der *Enterprise*. John Hoyt, der erste Arzt, war vom Network abgelehnt worden, und Paul Fix aus ›Where No Man Has Gone Before‹ wurde nicht für die Serie engagiert. Ich habe Dorothy Fontana gebeten, uns in Hinsicht auf die Änderungen bei der Besetzung Auskunft zu geben.

D. C. FONTANA:
Gene mochte Paul Fix nicht besonders. Nach Roddenberrys Ansicht mangelte es dem von Fix dargestellten Arzt an einer gewissen Vitalität. Außerdem wollte er einen etwas jüngeren Doktor und weg von dem Image des ›weisen Alten‹, der dem Captain dauernd gute Ratschläge erteilte. Gene stellte sich jemanden in mittleren Jahren vor.

DeForest Kelley hatte die Rolle des Spock im ersten Pilotfilm abgelehnt, und nun wurde er in eine Kette von Ereignissen verwickelt, die ihn schließlich zum Schiffsarzt der *Enterprise* machten. Er schildert es folgendermaßen:

DEFOREST KELLEY:
Ich hatte mit Gene bei *333 Montgomery* zusammengearbeitet, aber die Serie verkaufte sich nicht. Nun, ich war auch weiterhin fürs Fernsehen tätig und blieb mit Roddenberry in Verbindung. Als er Vorbereitungen für den zweiten STAR TREK-Pilotfilm traf, bot er mir an, zum Bordarzt der *Enterprise* zu werden. Doch NBC lehnte ab: Dort glaubte man, ich sei nicht für die Rolle des Doktors geeignet – was aus der Rückschau betrachtet sehr seltsam erscheint. Nun, einige Wochen später stattete ich Gene einen Besuch ab, und er gab mir ein Manuskript. »Lesen Sie das und sagen Sie mir anschließend, ob Sie bereit sind, die Rolle des Kriminologen zu spielen.«

Es handelte sich um das Skript für den Pilotfilm

einer Serie namens *Police Story*. Damit meine ich nicht etwa die TV-Anthologie. Nein, diese Sache spielte sich ganze fünfzehn Jahre früher ab. Nun, ich las die Geschichte, und sie gefiel mir. Woraufhin ich beschloß, tatsächlich in die Rolle des mürrischen, griesgrämigen Kriminologen zu schlüpfen.

Wir drehten den Pilotfilm etwa einen Monat nach ›Where No Man Has Gone Before‹, und nach einigen Wochen rief ich Gene an, um festzustellen, ob ein Network Interesse zeigte. Ich hatte kaum »Hallo« gesagt, als Gene am anderen Ende der Leitung rief: »De! De! De! Ich bin ja so froh, daß Sie anrufen! Die Programmdirektoren von NBC haben Sie in *Police Story* gesehen und wollen Sie für die Rolle des STAR TREK-Arztes.« Ich erwiderte: »Und was ist mit *Police Story?*« Daraufhin sagte Roddenberry: »Darüber muß erst noch entschieden werden.« Ich unterschrieb zwei Verträge, den ersten für *Police Story* und den zweiten für STAR TREK. Wenn sich beide Serien verkauften, wollte mich Gene sowohl an der einen als auch an der anderen mitwirken lassen. Ich lief Gefahr, in die Fernsehgeschichte einzugehen: als erster Schauspieler, der gleichzeitig an zwei TV-Serien arbeitete.

Nach DeForest Kelley kamen Jimmy Doohan und George Takei zu uns. Beide waren schon in ›Where No Man Has Gone Before‹ mit von der Partie gewesen, und beide hatten Roddenberry so sehr beeindruckt, daß er ihren Rollen (Scotty und Sulu) mehr dramaturgischen Platz einräumte. Nichelle Nichols' Beteiligung an STAR TREK ging ebenfalls auf frühere Leistungen zurück, und in ihrem Fall reichten sie bis hin zu *The Lieutenant*. Gene erinnerte sich an die guten Leistungen Nichelles und dachte an sie, als er ›Uhura‹ schuf. Während der nächsten Wochen arbeiteten sie eng zusammen, um dem weiblichen Kommunikationsoffizier der *Enterprise* Leben zu geben.

NICHELLE NICHOLS:
Genes ursprüngliche Idee bestand darin, einen zentralen Protagonistenkern von sieben Personen zu haben und ihre Geschichten auf einer wöchentlichen Basis zu erzählen. Deshalb nutzten wir jede Gelegenheit, um Uhuras Charakter und ihren persönlichen Hintergrund zu erörtern. Während der ersten Season saßen wir manchmal stundenlang zusammen und sprachen über Uhuras Leben. Wir ließen sie aus den Vereinigten Staaten von Afrika kommen, aus dem Volk der Bantu, und ihre Muttersprache sollte Kisuaheli sein. Diese Einzelheiten halfen Roddenberry, beim Schreiben oder Umarbeiten von Drehbüchern eine klarere Vorstellung von Uhura zu haben. Und *mir* half es, sie besser zu spielen.

Ende Mai hämmerte Gene noch immer auf die Tasten der Schreibmaschine, aber in Hinsicht auf Besetzung und Produktion fehlte niemand mehr. Außerdem gingen inzwischen genügend Drehbücher der Fertigstellung entgegen. Die ersten Drehtage rückten näher, und Roddenberry blickte ihnen mit Zuversicht entgegen. Er glaubte, daß fast alle Probleme gelöst waren und bald die hektischste Phase seines Lebens ein Ende fand.

Er sollte sich irren.

DIE DREHARBEITEN: LICHT, KAMERA UND JEDE MENGE ACTION

Standfoto für Werbezwecke,
aufgenommen bei Produktionsbeginn.
(© 1993 Paramount Pictures)

Am 24. Mai 1966 begannen offiziell die Dreharbeiten zur ersten Episode namens ›The Corbomite Maneuver‹. Das Skript präsentierte eine unkomplizierte Geschichte, die dafür sorgen sollte, daß sich beim Drehen keine besonderen Schwierigkeiten ergaben. Die *Enterprise* wurde von Balok bedroht, dem übellaunigen und häßlichen Kommandanten eines größeren und mächtigeren Raumschiffs namens *Fesarius*. Ein großer Teil der Handlung findet im Kontrollraum der *Enterprise* statt: Von dort aus spricht Kirk mit Balok und versucht, sich mit einem Bluff herauszuwinden. Wir hätten uns keinen leichteren Jungfernflug wünschen können und hofften, uns mit dieser Story daran zu gewöhnen, eine Episode pro Woche zu drehen. ›The Corbomite Maneuver‹ führte uns sanft dem zukünftigen Streß entgegen: Es gab keine umfangreiche Action und nur wenige Außenaufnahmen; außerdem waren nur wenige neue Kostüme und Requisiten erforderlich.

Die Produktion erwies sich tatsächlich als einfach. Um nur ein Beispiel zu nennen: Als sich eine Landegruppe der *Enterprise* an Bord der *Fesarius* beamt – um dort festzustellen, daß der angeblich so mächtige Balok in Wirklichkeit ein harmloses, kindartiges Wesen ist –, brauchten wir nicht einmal völlig neue Kulissen. Jene Szene, in der Kirk sich mit dem kleinen Balok anfreundet und das Trania-Angebot annimmt (warmer, gefärbter und abscheulich schmeckender Orangensaft – ein ›Feinberger‹ ganz besonderer Art), findet im Konferenzzimmer der *Enterprise* statt. Vorhänge aus glänzendem blauen Stoff suggerierten eine ganz andere Umgebung.

Die allgemeine Problemlosigkeit der Produktion dieser Folge bescherte uns einige relativ ruhige Tage – zumindest den *meisten* von uns. Nichelle Nichols bildete eine Ausnahme. Für sie war es eine *sehr* unangenehme Woche, und ihre Geschichte des Jammers beginnt am Morgen des ersten Tags. Sie trifft im Studio ein, zieht sich um, läßt sich schminken und sucht den Drehort auf. Dort tritt ein großer Mann in Reithose und mit Ledermütze auf sie zu. Der Typ bleibt stumm, als er sich an Nichelle heranmacht. Plötzlich streckt er die linke Hand aus, zwickt ›Uhura‹ in die Wange und sagt: »Oh... diese wundervolle Haut, und dann die herrlichen Augen. Mit Ihnen kann ich *Großartiges* anstellen!« Nichelle erinnert sich für uns:

NICHELLE NICHOLS:
Der Bursche schlenderte näher und starrte mich so an, daß ich den Eindruck hatte, von seinem Blick durchbohrt zu werden. Dann griff er nach meinem Gesicht, nahm ganz dicht neben mir Platz und sah mir in die Augen. Ich spielte mit dem Gedanken, ihm den Ellenbogen in die Rippen zu bohren, aber gleichzeitig fürchtete ich, daß er vielleicht zu den Produzenten

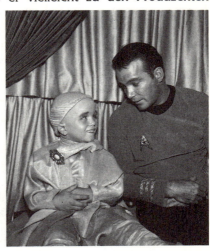

Kirk begegnet dem wirklichen Balok.
(© *1993 Paramount Pictures*)

gehörte oder so. Deshalb verzichtete ich auf eine derart ›schlagfertige‹ Reaktion.

Er sagte: »Mit Ihnen kann ich *Großartiges* anstellen.« Ich schnitt eine Grimasse und erwiderte: »Ja, versuchen Sie's nur.« Der Typ stand wieder auf und ging fort. Einige Minuten später bemerkte ich, daß Mr. Wangenzwicker mit dem Regisseur Joe Sargent sprach. Nach der Unterredung begann er damit, Lampen aufzustellen.

»Okay«, meinte er, »hier brauchen wir indirekte Beleuchtung, und dort drüben sollte es etwas heller sein ...« Plötzlich begriff ich. Der Bursche ist kein Schleimi, sondern unser Kameramann. Seine Worte »Mit Ihnen kann ich Großartiges anstellen« bezogen sich auf mein Erscheinungsbild in der Fernsehfolge. Ich lachte über mich selbst.

Der Wangenkneifer hieß Jerry Finnerman. Schon bei der Produktion des ersten STAR TREK-Pilotfilms hatte er die Kamera bedient, und jetzt war er zum Verantwortlichen für alle Einstellungen befördert worden. An seiner Begabung und Kompetenz konnte kein Zweifel bestehen. Bei fast allen neunundsiebzig Folgen der ersten STAR TREK-Serie kümmerte er sich um Licht und Kamera. Zwar hat er *mich* nie in die Wange gezwickt, doch er stellte nicht nur mit ›Uhura‹ Großartiges an, sondern auch mit uns anderen.

Nichelle überstand den ersten Tag, doch der zweite hielt weitere Schrecken für sie bereit.

NICHELLE NICHOLS:
Damals fuhr ich einen alten Wagen, und als ich damit am Morgen des zweiten Drehtags zum Studio unterwegs war, kam es zu einem Unfall. Die Folgen bestanden für mich aus einer aufgeplatzten Lippe, einem angeschlagenen Knie und einer Prellung am rechten Fuß. Zum Zeitpunkt des Unfalls trug ich kein Make-up,

und mein Haar war völlig zerzaust. Außerdem rann mir Blut aus dem Mund. Als die Polizisten das Studio verständigten und von meinem Unfall berichteten, spürte ich profunde Verlegenheit. Sie galt nicht etwa dem Unfall, sondern vielmehr meinem Aussehen. Immerhin war ich neu im Job und deshalb bestrebt, immer einen möglichst guten Eindruck zu machen.

Das Studio teilte den Cops mit, es käme jemand, um mich abzuholen. Woraufhin ich mich in den Fond des verbeulten Wagens zurückzog, um mein Äußeres in Ordnung zu bringen. Ich wollte unter allen Umständen an den Dreharbeiten teilnehmen. Nun, zum Glück war ich für den Abend zum Essen verabredet, und deshalb hatte ich meine Schminktasche dabei. Sie enthielt alle Dinge, die ich benötigte.

Während Nichelle im Fond sitzt und sich zurechtmacht, trifft mit heulender Sirene ein Rettungswagen ein. Die

Nichelle ist stark geschminkt, aber trotzdem sind die Auswirkungen des Unfalls zu erkennen. (© *1993 Paramount Pictures*)

153

Krankenpfleger springen heraus und rufen: »Wo ist sie? WO IST SIE? Wo ist die verletzte Frau?« Ein Polizist deutet zum Unfallwagen und meint: »Sie hat auf dem Rücksitz Platz genommen und blutet aus dem Mund.« Die Pfleger befürchten vermutlich umfangreiche innere Verletzungen, während sie loslaufen und denken: »Oh, die *arme* Frau. Ist vermutlich halbtot.« Als sie den Wagen erreichen, ist Nichelle gerade mit dem Schminken fertig. Sie steht nun neben dem eingedrückten linken Kotflügel und will auf keinen Fall Zweifel daran aufkommen lassen, daß sie arbeiten kann. Sie sieht die Krankenpfleger an und schenkt ihnen ein besonders freundliches Lächeln.

NICHELLE NICHOLS:
»Hallo, Jungs«, sagte ich und bekam zur Antwort: »Nicht jetzt, Teuerste! Im Fond dieses Wagens liegt eine Schwerverletzte!« Es fiel mir nicht leicht, die Burschen davon zu überzeugen, daß *ich* die ach so schwer verletzte Frau war, die sie retten wollten.

Nun, als mir das schließlich gelang, fuhren sie mich zum Santa Monica Hospital und flickten mich dort zusammen. Ich erinnere mich noch an den Arzt. Er war ein netter Kerl, der eine echte Schau für mich abzog, während ich blutete. »Oh, Sie haben wirklich Glück«, sagte er. »Weil Sie von einem guten jüdischen Arzt behandelt werden, der gerade aus Mexiko zurückgekehrt ist und dort Gelegenheit hatte, sich richtig zu erholen. Deshalb findet er nun wieder Spaß an seiner Arbeit. Wenn ich mit Ihnen fertig bin, fühlen Sie sich nicht nur gut, sondern *großartig!* Ich sorge dafür, daß bei Ihnen anschließend alles noch besser als nur neu ist.«

Während er auf diese Weise scherzte, nähte er die Lippe, gab mir die eine oder andere Spritze und brachte das Knie in Ordnung. »Wenn ich Ihnen einen Rat geben darf...«, sagte der Arzt, als er fertig war. »Kehren Sie heim und legen Sie sich hin. Wenn das

Zeug, was ich Ihnen gegeben habe, seine volle Wirkung entfaltet, sollten Sie bereits unter die Bettdecke gekrochen sein.« Ich antwortete: »Alles klar, Doktor. Wie Sie meinen.« Gleichzeitig dachte ich: »He, die Injektionen helfen wirklich. Ich fühle mich viel besser. Der Arbeit steht nichts mehr im Wege.«

Jemand vom Studio fuhr mich zum Drehort, und dort behauptete ich immer wieder, es sei alles in Ordnung mit mir. Die angeschwollene Lippe erklärte ich mit einem harmlosen Stoß. Es gelang mir, recht glaubwürdig zu wirken. Niemand erhob Einwände, als ich mich umzog und die Brücke der *Enterprise* aufsuchte, wo an jenem Tag gedreht wurde. Bill, Leonard und George nahmen dort an ihren Stationen Platz. Nun, Uhuras Kommunikationskonsole befindet sich auf dem ›Oberdeck‹, durch eine Stufe und ein Geländer von den anderen Pulten getrennt. Ich setzte mich – und spürte wenige Sekunden später eine seltsame Benommenheit. Vor meinen Augen verschwamm alles, und ich kippte langsam nach vorn. »Himmel, ich falle in Ohnmacht!« fuhr es mir durch den Sinn. Nun, an dieser Stelle sollte ich auf folgendes hinweisen: Wenn ich früher das Bewußtsein verloren habe, so geschah es immer wie in Zeitlupe, und das war auch diesmal der Fall. Um mich herum schien alles wesentlich langsamer abzulaufen als vorher, als sich die Leute besorgt zu mir umdrehten. Ich weiß noch, daß Bill rief: »O mein Gott, Nichelle!« Er lief auf mich zu, wie durch unsichtbaren Brei. Jemand von der Produktion fragte: »Ist alles in Ordnung mit ihr, Bill?« Und William erwiderte: »Sie hat sich nicht verletzt.« Der Produktionstyp nahm diese Mitteilung zum Anlaß, seine Dämlichkeit zu zeigen, indem er entgegnete: »Oh, gut, dann können wir ja weitermachen.« Womit Bill natürlich nicht einverstanden war. »Soll das ein Witz sein? Wir können doch nicht einfach so tun, als sei überhaupt nichts geschehen.« Er trug mich zur Garderobe und sorgte dafür, daß ich mir etwas anzog. Anschließend fuhr er mich nach Hause.

Zu jener Zeit fuhr Bill einen tollen Stingray. Ich hatte den Wagen noch nie zuvor gesehen, und als mich William über den Parkplatz zu seinem Schlitten führte, als ich sah, *womit* er mich nach Hause kutschieren wollte... Da murmelte ich: »Oh, das ist ja *sooo* nett: Ich wollte schon immer mal in einem solchen Wagen fahren.«

Ich schob Nichelle auf den Beifahrersitz und schnallte sie an. Sie war fast völlig weggetreten, schien kaum mehr zu erkennen, was um sie herum geschah. Nun, ich fuhr unsere ›Uhura‹ nach Hause – sie wohnte damals an der Ecke Jefferson und La Brea. Als ich den Wagen am Straßenrand parkte, sah ich aus den Augenwinkeln, wie sie danach trachtete, den Sicherheitsgurt zu lösen und die Tür zu öffnen. Ich geriet in Panik: Wenn es ihr tatsächlich gelang, die Tür zu öffnen, so fiel sie mit dem Kopf voran aus dem Auto, und dafür trug ich die Verantwortung.

»Nichelle!« entfuhr es mir, und ich hoffte inständig, daß sie still sitzenblieb. »Bleiben Sie, wo Sie sind! Rühren Sie sich nicht von der Stelle. Ich helfe Ihnen. Versuchen Sie nicht, allein auszusteigen.« Ich *sprang* nach draußen und eilte um den Wagen herum zur Beifahrerseite. Als ich sie erreichte, hatte es Nichelle geschafft, die Tür zu öffnen. Glücklicherweise war sie noch immer zu groggy, sich vom Gurt zu befreien. Ich mußte mich ins Innere des Autos beugen und meinen Passagier aus dem Sitz ziehen. Vorsichtig hob ich den Kommunikationsoffizier der *Enterprise* hoch, und ›Uhura‹ schlang mir prompt die Arme um den Hals, als ich sie behutsam herabließ, um festzustellen, ob sie sich auf den Beinen halten konnte.

NICHELLE NICHOLS:
Meine Nachbarn kommen nach draußen und starren, aber ich bin viel zu erledigt, um Verlegenheit zu empfin-

den. Wir schaffen es bis zum Ende meiner Zufahrt, und Bill trägt mich die Treppe zum Vordereingang hoch, klopft oben an die Tür. Mein achtjähriger Sohn öffnet, sieht mich in diesem Zustand und stellt fest, daß ich in den Armen eines fremden Mannes ruhe. In einer Mischung aus Entsetzen und Zorn reißt er die Augen auf und schreit: »Was haben Sie meiner Mutter angetan?«

William gibt sich alle Mühe, ernst zu bleiben und nicht zu lachen. »Nein, nein, das verstehst du falsch«, sagt er. »Ich habe deiner Mutter nichts angetan, sondern ihr geholfen. Sie hatte einen Unfall, aber es besteht keine Gefahr. Sie wird sich bald erholen.«

Seltsam: Ich hörte das alles, aber wie aus weiter Ferne, wie jemand, der an den Ereignissen nicht direkt beteiligt ist. Heute weiß ich, daß damals eine Beziehung ganz besonderer Art begann.

Am nächsten Morgen erschien die unerschütterliche Nichelle wieder am Drehort, so fröhlich und hübsch wie immer. Sie hatte sich völlig unter Kontrolle, und ihre Leistungen vor der Kamera ließen nichts zu wünschen übrig. Ich weiß noch, daß ich damals zutiefst beeindruckt gewesen bin: Für Nichelle Nichols kam die Pflicht an erster Stelle.

Da wir gerade bei Pflichtbewußtsein und dergleichen sind ... Ich möchte diese Gelegenheit nutzen, um noch einmal folgenden Punkt zu unterstreichen: Das STAR TREK-Team bestand aus etwa vierzig Personen, und es war die beste Crew, die es geben kann. Bitte erlauben Sie mir, hier ein wenig näher darauf einzugehen.

Meine Kollegen waren einfach unglaublich: Einen langen anstrengenden Tag nach dem anderen brachten sie hinter sich, zeigten immer Kompetenz und gute Laune. Die Jungs von der Produktionsgruppe haben ein besonders großes Lob verdient. Sie schienen ständig auf den Beinen zu sein, rannten hierhin und dorthin. Es gelang ihnen nicht nur, mit unseren (enorm schnellen) Dreharbeiten Schritt zu halten; meisten waren sie ihnen sogar ein Stück voraus. Ihre Tüchtigkeit ist um so erstaunlicher, wenn man bedenkt, daß sie es *dauernd* mit völlig neuen Szenen und Szenerien zu tun bekamen. In dieser Hinsicht wurde STAR TREK nie zur Routine; bei uns gab es keinen Status quo.

Alle unsere Regisseure zeichneten sich durch einen eigenen visuellen Stil aus, aber ganz gleich, wer die Aufnahmen leitete: Jede STAR TREK-Episode wurde auf die gleiche Weise vorbereitet und gedreht. Damit meine ich folgendes: Der Regisseur hatte eine Woche Zeit für die Vorbereitungen, und die Dreharbeiten mußten in sechs Tagen abgeschlossen sein. Mehr kam nicht in Frage. Wenn die Vorbereitungswoche am Montag begann, kam der neue Regisseur und las das Manuskript – zum erstenmal. Kaum hob er den Blick von der letzten Seite, mußten auch schon alle notwendigen Entscheidungen getroffen werden.

Zwei frühe und ziemlich dumme Standfotos. Sie wurden aufgenommen, als die Produktion begann.
(© *1993 Paramount Pictures*)

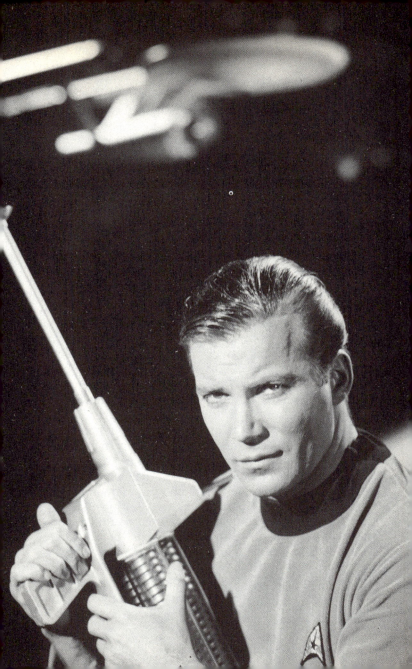

Ganz oben auf der Prioritätenliste stand die Besetzung, was vor allem in Joe D'Agostas Zuständigkeitsbereich fiel. Der Episodenregisseur besuchte ihn zusammen mit Roddenberry und Bob Justman, um seine Vorstellungen vom Aussehen der Gaststars darzulegen. Dann diskutierten die vier Männer darüber und einigten sich schließlich auf das äußere Erscheinungsbild der Protagonisten.

Damit endete die Besprechung. Während D'Agosta mit der Suche nach geeigneten Schauspielern begann und zu diesem Zweck verschiedene Talentagenturen kontaktierte, war der Regisseur die nächsten Tage über mit Vorbereitungen beschäftigt: Szenenaufbau, Requisiten, Spezialeffekte, Beleuchtung und so weiter. Er fand auch Zeit, sich mit Bob Justman zu treffen, das Skript (inzwischen hatte er es mindestens zwanzig Mal gelesen) in einzelne Szenen zu zerlegen und einen Drehplan zu erstellen, der Verzögerungen auf ein Minimum reduzierte.

Als sich die erste Woche dem Ende entgegenneigte, versammelten sich Roddenberry, Justman, D'Agosta und der Regisseur in D'Agostas schlichtem Büro, um dort mit den hoffnungsvollen Schauspielern zu sprechen. Meistens stellte D'Agosta drei oder vier Kandidaten für jede Rolle vor. Nach ihrem Vorlesen berieten sich die vier Männer und trafen eine Entscheidung. Der Schauspieler – beziehungsweise die ausgewählte Schauspielerin – wurde sofort zu Bill Theiss geschickt, der bereits die entsprechenden Kostüme entworfen hatte: Er brauchte nur noch die individuellen Maße für eine Anpassung.

Während der Vorbereitungsphase arbeiteten die Regisseure auf ein Ziel hin: Bei den Dreharbeiten der nächsten STAR TREK-Folge mußte möglichst viel Zeit gespart werden. Nun, für dieses Bestreben gab es natürlich einen guten Grund. Wenn man eine jeweils eine Stunde lange TV-Episode in sechs Tagen fertigstellen muß, so ist praktisch jede Minute kostbar. Die Zeit genügte einfach nicht, um zu experimentieren oder neue Ideen auszuprobieren. Nur ein sehr straffer Drehplan konnte gewährleisten, daß am Ende des sechsten Tages tatsächlich eine neue Folge ›im Kasten‹ war.

Bei jeder einzelnen Episode wurde deutlich, daß der kritische Faktor Zeit hieß. Um rechtzeitig fertig zu werden, mußten wir pro Tag zehn bis *dreizehn* Skriptseiten drehen. Es durften keine Fehler passieren, und unsere Regisseure waren gezwungen, bei jeder Szene mit wenigen Aufnahmen auszukommen. Die erste Einstellung betraf meistens alle Schauspieler, und im Anschluß daran begannen Nahaufnahmen – die recht lange dauerten, wenn bei einer bestimmten Szene viele Darsteller mitwirkten. Nun, gerade in dieser Hinsicht konnten sich gute Vorbereitungen des Regisseurs als sehr nützlich erweisen.

Wenn fast alle nötigen Nahaufnahmen gedreht waren, blickte der Regisseur auf die Uhr, verzog das Gesicht und schickte uns zum nächsten Szenenaufbau. Falls er jedoch lächeln sollte, so teilte er uns dadurch stumm mit: »Wir sind dem Zeitplan voraus.« In dem Fall nahmen wir noch einige alternative Einstellungen in Hinsicht auf die gerade gedrehte Szene vor, wobei es sich der Regisseur leisten konnte, den künstlerischen Aspekt in den Vordergrund zu rücken. Wenn Ihnen bei einer STAR TREK-Folge besondere Einstellungen auffallen – ein ungewöhnlicher Kameraschwenk, spezielle Lichteffekte usw. –, so handelt es sich um einen deutlichen Hinweis darauf, daß der betreffende Regisseur seine Hausaufgaben erledigt hatte und dadurch Gelegenheit zu Kreativität fand.

Wir Schauspieler halfen ebenfalls dabei, die Dreharbeiten so kurz wie möglich zu halten, indem wir es vermieden, die einzelnen Aufnahmen durch Dialogfehler zu ruinieren. Diesem Zweck diente ein spezieller Tisch abseits der Kulissen: Wenn die Jungs von der Produktion einen Szenenaufbau veränderten, nutzten wir Darsteller die Zeit, an jenem Tisch das Skript durchzugehen, unseren Part zu lesen und zu proben.

So etwas hatte ich nie zuvor erlebt. Aber da uns für die

Produktion der Fernsehfolgen nur wenig Zeit zur Verfügung stand, konnten wir kaum proben. Deshalb nutzten wir jede Chance, zum Tisch zu eilen, dort die Dialoge zu lesen und zu sprechen – um Fehlern beim Drehen vorzubeugen, um ›Kanten und rauhe Stellen‹ zu glätten. Darüber hinaus kam es dadurch nicht zum Leerlauf: Wenn die Techniker den Umbau beendeten, waren auch wir bereit.

Wangenzwicker und Kameramann Jerry Finnerman arbeitete besonders eng mit den Regisseuren zusammen. Vielleicht fragen Sie sich, warum ein Kameramann so wichtig sein soll. Nun, mit Hilfe von Beleuchtung und besonderen Aufnahmetechniken verleiht er den Szenen Tiefe und Gefühl. Das ist ebenso knapp wie ungenau ausgedrückt. Wenn Sie zufälligerweise zwei Jahre Zeit haben, könnte ich Ihnen alles erklären. Stellen Sie sich in diesem Zusammenhang einen Maler vor, der Farbe, Struktur, Licht und Schatten benutzt, um mit einer Mischung dieser Elemente Stimmungen, Ambiente, Charakter und Tiefe zu schaffen. Auf die gleiche Weise verwendet ein Kameramann Lampen, Linsen, Winkel und Filter.

Einer der wichtigsten Kollegen Finnermans war George Merhoff, Chef des Beleuchtungsteams. Er sorgte dafür, daß die entsprechenden Techniker ebenso sorgfältig wie schnell arbeiteten. Nun, Merhoff zeichnete sich durch einige spezielle Eigenschaften aus, und dazu gehörte, daß er seine Truppen mit Pfiffen kommandierte. Auf den Laufstegen hoch über den Kulissen waren immer einige Beleuchter damit beschäftigt, Lampen in die richtige Position zu bringen. Zehn Meter weiter unten stand George mit den Händen in den Hosentaschen und übermittelte seinem Team Anweisungen, indem er einfach nur pfiff. Vielleicht vereinfache ich hier zu sehr: Merhoff pfiff nicht nur ›einfach so‹. Die einzelnen Pfeifsignale unterschieden sich voneinander, und jedes von ihnen schien eine ganz spezielle Bedeutung zu haben. Zwei tiefe und ein hoher Pfiff: »Bringen Sie den zentralen

Scheinwerfer etwas weiter nach links.« Drei hohe Pfiffe und ein tiefer: »Die hinteren Lampen ein wenig neigen.« Er dirigierte seine Techniker auf die gleiche Weise wie die Schafhirten von Neuseeland ihre Collies.

Was die STAR TREK-Produktion betrifft, gab es viele ungewöhnliche Aspekte, und einen möchte ich hier herausstellen. Oft trifft man bei Dreharbeiten eine Menge Griesgrämigkeit an, aber bei uns war das nie der Fall. Unsere Leute lächelten oft, scherzten, erzählten Witze und zeigten immer gute Laune. Ein großer, untersetzter Elektriker namens George Hill feierte die guten Leistungen seiner Assistenten damit, indem er sie mit... Süßigkeiten belohnte.

Im Ernst. Der große Hill sah wie ein typischer Macho aus – breites Kreuz, haarige Knöchel –, aber fast immer trug er eine Schachtel mit Bonbons bei sich. Wenn seine Leute neue Verkabelungen vor dem Zeitplan beendeten, erlaubte er ihnen, von seinen Leckereien zu kosten. Er bezahlte sie aus der eigenen Tasche, und es war erstaunlich, welche Wirkung er mit dieser ›Belohnung‹ erzielte.

Unsere Truppe zeichnete sich durch ein so hohes Maß an Tüchtigkeit aus, daß sie ein Spektakel ganz besonderer Art bot. Oft geschah es, daß Darsteller und Leute von der Verwaltung den Technikern zusahen. Einer unserer häufigsten Besucher war Dorothy Fontana, und sie gab folgenden Kommentar über unsere Crew ab:

D. C. FONTANA:
Wenn die Kulissen verändert oder neue Szenen vorbereitet werden mußten, war es für die Elektriker und Beleuchter eine Frage des Stolzes, eher als geplant fertig zu werden. Wenn Kameraleute und Darsteller eintrafen, konnte sofort mit den Dreharbeiten begonnen werden. Bei den meisten anderen mir bekannten Produktionsgruppen ist so etwas eher die Ausnahme: Meistens müssen die Schauspieler warten, bis die Techniker alle Vorbereitungen beendet haben.

Nun, positive Einstellungen und Professionalität waren die Norm bei STAR TREK. Außerdem versäumte es unsere Crew nie, auf noch so kleine Details zu achten. Das beste Beispiel dafür bot ein Mann namens George Rutter, zuständig für die Skript-Kontrolle. Rutter saß fast immer in einem großen Sessel, beobachtete uns Schauspieler und machte sich ständig Notizen hinsichtlich unserer Aktivitäten vor der Kamera. Das klingt nach einer Art Psychose, aber Rutters Tätigkeit bildete einen wichtigen Bestandteil der STAR TREK-Produktion: Seine Besessenheit in bezug auf unser Verhalten gewährleistete, daß es bei den einzelnen Szenen nicht zu Ungereimtheiten kam.

Nehmen wir einmal an, daß eine Szene Leonard Nimoy und mich betrifft. Die erste, allgemeine Einstellung wird vorbereitet, und der Regisseur ruft: »Action!« Kirk läuft zu seinem vulkanischen Kumpel und fragt ihn: »He, Spock, ist das Ihre Nase, oder essen Sie eine Banane?« Spock dreht sich um, wirft mir mit ausdrucksloser Miene einen durchdringenden Blick zu und wölbt die linke Braue. Unterdessen sitzt Rutter einige Meter entfernt, in der einen Hand eine Stoppuhr und in der anderen einen Bleistift, mit dem er hastige Notizen kritzelt.

»Schnitt!« verkündet der Regisseur und fügt hinzu: »Eine erstklassige Leistung, Bill.« Dann wird's Zeit für die Nahaufnahmen. Kirk wiederholt den Spruch mit der Banane, und einmal mehr hebt Spock die Braue. »Schnitt!« ruft der Regisseur. »Alles bestens. Sie wissen wirklich, worauf es ankommt, Bill. Zur nächsten Szene.« Doch an dieser Stelle meldet sich Rutter zu Wort und weist darauf hin, daß Spock bei der allgemeinen Einstellung die *linke* Braue gewölbt hat, bei der Nahaufnahme jedoch die *rechte*. »Verdammt, Leonard, Sie haben die Sache schon wieder verpatzt!« ereifert sich der Regisseur. »Nehmen Sie sich endlich ein Beispiel an Bill.« Die Szene wird noch einmal gedreht – und das wachsame Auge von George Rutter hat einen Kontinuitätsfehler vermieden.

Ich sollte darauf hinweisen, daß Rutter nicht nur die

Einheitlichkeit der Szenen sicherstellte, sondern auch ihre Länge überwachte und notierte, wo welche Requisiten gelegen hatten und welche Beleuchtung verwendet worden war. Wenn sich später herausstellte, daß wir bestimmte Aufnahmen wiederholen mußten, so fiel uns das mit solchen Informationen wesentlich leichter.

Rutter nahm seine Pflichten sehr ernst, und das galt auch für alle anderen. Zum Beispiel die Tonspezialisten. Oft hockten sie mit geschlossenen Augen auf dem Boden und schnitten Grimassen, während sie sich Hörmuscheln an die Ohren preßten. Ob sie einem singenden William Shatner lauschten? Nein. Sie überprüften den Ton gedrehter Szenen, um sich zu vergewissern, daß die Aufzeichnungen keine störenden Hintergrundgeräusche enthielten.

Für diese Kontrollen gab es zwei Gründe. Erstens: Die Tontechniker wollten sicher sein, daß sie die bestmögliche Arbeit geleistet hatten. Zweitens: Das Rohrleitungssystem der Desilu Studios war ziemlich alt, und die bei den Aufnahmen zum Einsatz kommenden hochempfindlichen Mikrofone registrierten häufig die unmißverständliche Akustik sich leerender Toilettenspülkästen. Solche Geräusche waren in der *Enterprise* natürlich fehl am Platz. Apropos: Wo kümmerten sich Captain Kirk und seine Gefährten um ihre... speziellen Bedürfnisse?

Was das Visuelle betrifft, verdient Cliff Ralke Erwähnung. Cliff schob die mit Rädern ausgestattete Vorrichtung, auf der die Kamera ruhte. Die schweren Kamerawagen werden oft von besonders kräftig gebauten Männern gezogen, von denen man in der Regel kein künstlerisches Talent erwartet – ein Grund dafür, warum man bei vielen Fernsehserien auf bewegliche Kameras verzichtet. STAR TREK bildet auch hier eine Ausnahme. In unseren Episoden geht die Aufnahmekamera immer wieder auf mühelos erscheinende, ruckfreie Reisen, was wir in erster Linie Cliff Ralke verdanken.

Er war weder groß noch stämmig, hatte eigentlich

eine normale Statur. Außerdem arbeitete er ganztags im Studio. Doch die wahre Leidenschaft seines Lebens bezog sich auf die Musik. Cliff war ein sehr begabter Musiker und Komponist – vielleicht kam seine künstlerische Natur in den glatten, eleganten Kamerafahrten zum Ausdruck. Unsere Regisseure bemerkten Cliffs ungewöhnliche Fähigkeiten fast sofort und griffen immer mehr darauf zurück.

Cliff bekam Gelegenheit, sich ganz seinen musikalischen Aspirationen zu widmen, als STAR TREK aus dem Network-Programm gestrichen wurde. Daraufhin nahm er seine fürs Bewegen des Kamerawagens bestimmten Instrumente, warf sie von einer Los Angeles-Brücke ins Wasser und beschloß, es mit einer beruflichen Laufbahn als Musiker zu versuchen.

Natürlich möchte ich es nicht versäumen, auch meinen Kumpel Al Francis zu erwähnen. Er bediente die Kamera während unserer ersten beiden Seasons und übernahm die Aufnahmeleitung während der dritten Season. Er war außerordentlich talentiert und ein guter Freund. Die Besonderheiten von STAR TREK schildert er folgendermaßen.

AL FRANCIS:
STAR TREK war deshalb so großartig, weil man nie in dem Sinne das Gefühl hatte, zu arbeiten oder fürs Fernsehen zu produzieren. Man schien vielmehr Teil einer großen Familie zu sein. Ich verfügte damals über diverse Film- und TV-Erfahrungen, aber so etwas erlebte ich zum erstenmal. Alle gingen freundlich miteinander um. Es wurde gescherzt und gelacht. Die Stimmung war eigentlich nie schlecht. Man lächelte selbst dann, wenn Probleme existierten.

Alle Schauspieler leisteten Großartiges, doch die drei wichtigsten von ihnen waren wirklich erstklassig. STAR TREK stellte nicht so sehr eine Serie dar, sondern eher ein Treffen von Freunden, die zum Spaß beschlossen, zwölf Stunden am Tag und fünf Tage in der Woche Fernsehen zu machen. Niemand von uns dachte dabei ans Geld; wir fanden viel zu großen Gefallen daran, die einzelnen Episoden zu drehen.

Besser hätte ich es nicht zusammenfassen können. Allerdings bin ich imstande, noch einen Schritt weiterzugehen und festzustellen: Die Kameradschaft von Darstellern und Produktionsteam war so ausgeprägt, daß wir uns selbst dann trafen, wenn wir mal einen Tag frei hatten – was selten genug geschah. Damals mußte ich eine Scheidung hinter mich bringen, die ich eigentlich gar nicht wollte, und ich vermißte meine Töchter sehr. Mein Freund Al Francis nahm mich unter seine Fittiche, um zu verhindern, daß ich die ganze Zeit über weinte. Fast jedes Wochenende verbrachten wir zusammen und fuhren in der Wüste mit unseren Geländemotorrädern. Oft gesellten sich uns nicht nur einige STAR TREK-Stuntmen hinzu, sondern auch der eine oder andere Studiotechniker und sogar der Desilu-Versicherungsagent – auf sein Drängen hin hatte ich ein Dokument unterschrieben, in dem ich ausdrücklich erklärte, auf gefährliche Aktivitäten zu verzichten.

Die Burschen waren hervorragende Motorradfahrer und donnerten mit Volldampf durch die Wüste. Ich hielt mich mit wachsender Verzweiflung am Lenker fest, während ich versuchte, nicht den Anschluß zu verlieren. Die meiste Zeit über bildete ich den Abschluß des Rudels und mußte den Staub schlucken, den die Jungs vor mir aufwirbelten – von diversen Insekten ganz zu schweigen.

Im Vergleich mit meinen Begleitern war ich ein blutiger Anfänger, aber seit den ersten Ausflügen dieser Art hatte ich zumindest *etwas* dazugelernt. Ich weiß noch: Das Motorradfahren gefiel mir so sehr, daß ich mir eine nagelneue orangefarbene Kluft zulegte. Die Kombi sah toll aus, aber ich wußte nicht, wie ich sie anziehen sollte – Al Francis' Frau zog schließlich die Reißverschlüsse für mich zu. Dann verstauten wir unsere Maschinen in Als Laster und fuhren drei Stunden lang, bis wir einen Ort namens California City erreichten: Er befand sich mitten in der Wüste, und dort gab es einige der besten Motorradstrecken im ganzen Land.

Als wir dort eintrafen, war ich schweißgebadet (eine unangenehme Begleiterscheinung der Lederkombi) und glücklich, weil es jetzt endlich losgehen konnte. In meiner Hast ließ ich nicht die nötige Vorsicht walten und lehnte meine Maschine an die Stoßstange des Lasters – die prompt ein Loch in den Tank bohrte. Wir hatten eine über zweihundert Kilometer weite Reise hinter uns, um in der Wüste zu fahren, und ich brauchte nur drei Minuten, um uns den Spaß zu verderben. Während Benzin aus dem beschädigten Tank floß, seufzte Al und gab sich alle Mühe, nicht zu schreien.

Er bot mir an, mit seiner Maschine zu fahren, doch ich brachte es nicht über mich, dieses Angebot anzunehmen. Ich wußte, daß ich kein guter Fahrer war, und deshalb fürchtete ich, Als Motorrad unabsichtlich zu beschädigen. Eine Zeitlang standen wir einfach nur da: zwei enttäuschte Cross-Fahrer inmitten einer atemberaubend schönen Wüstenlandschaft. Beide sehnten sich danach, das Heulen von Motoren zu hören. Nun, wir wollten uns nicht kampflos geschlagen geben, fuhren zur nächsten Stadt (sie bestand eigentlich nur aus zwei Läden und einer Tankstelle) und kauften dort Reparaturmaterial. Damit versuchten wir, den Tank abzudichten. Aber der Klebstoff weigerte sich hartnäckig, an Metall und Lack festzuhaften, zog dafür unsere ungeschützte Haut vor. Schließlich blieb uns nichts anderes übrig, als die demütigende Niederlage hinzunehmen. Deprimiert brachten wir unsere Motorräder wieder in Als Laster unter und begannen mit der Rückfahrt, die wesentlich länger zu dauern schien als der Trip zur Wüste. Unterwegs sagte ich mindestens hundertmal: »Himmel, Al, es tut mir leid! Es tut mir schrecklich leid!«

Nun, an anderen Wochenenden kehrten wir in die Wüste zurück, und ich lernte, besser mit dem Motorrad umzugehen – bis meine diesbezüglichen Leistungen wenigstens ... durchschnittlich waren. Einmal schickte ein Network mehrere Leute, um das Spektakel zu filmen. Man montierte eine Kamera auf den Helm eines Motorradfahrers, der zur Truppe gehörte, und dann ging's los. An jenem Tag fühlte ich mich in Form, überwand meine Furcht vor einem Sturz und fuhr schneller als jemals zuvor. Ich donnerte über kleine Anhöhen hinweg, die ich vorher unter allen Umständen gemieden hätte, legte mich in die Kurven, gab immer wieder Vollgas und fühlte mich großartig.

Dieses Gefühl genoß ich etwa dreißig Sekunden lang. Als ich schließlich den Kopf hob, voller Stolz auf meine außergewöhnlichen Leistungen, sah ich weiter vorn den Typ mit der Kamera. Er wirkte fast gelangweilt, und daraufhin erschienen mir meine Leistungen nicht mehr ganz so beeindruckend. Nun, letztendlich spielt es eigentlich keine Rolle. Ich beabsichtigte ohnehin nicht, als Konkurrent von Evel Knievel aufzutreten. Das Motorradfahren gefiel mir in erster Linie deshalb, weil es mir einen Grund gab, die Wüste aufzusuchen und dort mit meinen Freunden zusammenzusein. Wie dem auch sei: Praktisch jedes Wochenende ging viel zu schnell vorbei, und am Montag erschienen wir wieder im Studio, mit blauen Flecken, Sonnenbrand und einem strahlenden Lächeln.

Nun, in Hinsicht auf die Dreharbeiten lief alles wie am Schnürchen, aber bedauerlicherweise ergaben sich Probleme bei der Kreativität. John Black gehörte nicht mehr zu uns: Er hatte STAR TREK den Rücken gekehrt, um einen Film für Universal zu schreiben. Seinen Platz nahm Steve Carabatsos ein, dessen Vertrag eine dreizehn Wochen lange Probezeit vorsah. Der Kontrakt wurde nicht erneuert. Ich habe Dorothy Fontana danach gefragt, und sie erklärte mir: »Steve war einfach nicht so bei der Sache wie wir anderen. Ich glaube, er fühlte sich unwohl bei uns. Er erledigte seine Arbeit, aber vermutlich fehlte ihm die Eigeninitiative, die Gene von ihm erwartete.«

Auch deshalb arbeitete Roddenberry härter als jemals zuvor. Die Drehbücher für einige der ersten Episoden – darunter ›Balance of Terror‹, ›Dagger of the Mind‹ und ›Miri‹ – waren praktisch fertig, aber Genes Kreativität verbündete sich nun mit seinem Perfektionismus: Immer wieder nahm er Veränderungen an den Skripten vor. Oft saß er in seinem Büro und schrieb Szenen um, die am nächsten Morgen gedreht werden sollten. Manchmal hämmerte er bis vier Uhr nachts auf die Tasten der Schreibmaschine. Wenn er schließlich fertig zu sein glaubte, beauftragte er jemanden damit, das Manuskript zu kopieren. Anschließend sank er auf die Couch und schlief ein – um die Arbeit wenige Stunden später fortzusetzen. Bob Justman beschreibt es uns auf diese Weise:

BOB JUSTMAN:
Wir alle schufteten wie die Irren, und was Gene betraf: Bei ihm wirkte sich die Erschöpfung schlecht auf die Kreativität aus. Niemand verstand STAR TREK besser als Roddenberry, und kaum jemand schrieb so gute Drehbücher wie er. Dieser Umstand veranlaßte ihn dazu, alle Skripte selbst zu redigieren. Was oft zu Problemen führte, weil sich Gene verzettelte.

Die erste modifizierte Version des Drehbuchs war immer ausgezeichnet: Die Protagonisten schienen zusätzliches Leben zu bekommen und mehr Substanz zu gewinnen. Auch die zweite veränderte Version wies unbestreitbare positive Aspekte auf, wenn sie auch nicht so gut sein mochte wie die erste.

Die dritte Fassung war noch akzeptabel, doch die vierte ... Zu diesem Zeitpunkt arbeitete Roddenberry seit zwei Nächten an dem Ding und konnte überhaupt nicht mehr klar denken. Wie ein Zombie wankte er umher, mit schweren Lidern und Ringen unter den

Augen. Natürlich ließen wir das geänderte Manuskript vervielfältigen, aber wir hofften dabei, daß nicht die vierte Version als Grundlage für die späteren Dreharbeiten diente. Meistens brauchte Gene nur etwas Ruhe, um seinen Fehler zu erkennen und zu korrigieren.

Auf diese Weise ging es tagelang – manchmal sogar wochenlang – weiter, und natürlich kam es dadurch zu erheblicher Unruhe im Studio. Wenn das Drehbuch prak-

Mit Kim Darby bei ›Miri‹. (© *1993 Paramount Pictures*)

tisch im letzten Moment umgeschrieben wurde, so mußten auch Szenenaufbau, Dekoration, Beleuchtung und so weiter geändert werden. Daraus folgten längere Drehzeiten, was mehr Geld kostete und Schwierigkeiten in Hinsicht auf den Etat nach sich zog. Und *dadurch* stieg Bob Justmans Blutdruck.

Schließlich wurde die Situation so schlimm, daß Bob zu Guerillataktiken greifen mußte, um dafür zu sorgen, daß Gene die Skripte schneller fertigstellte. Er stattete Roddenberry unangekündigte Besuche in seinem Büro ab, sprang auf den Schreibtisch und blieb dort stehen, bis alle Veränderungen am aktuellen Manuskript vorgenommen waren.

Gene runzelte unter Bobs Bauch die Stirn und setzte die Arbeit fort. Es kann wohl kaum sehr angenehm sein, Texte zu redigieren, während jemand wie Bob Justman auf dem Schreibtisch steht, und deshalb nahm Roddenberry die notwendigen Veränderungen besonders schnell vor. Wenn er schließlich zufrieden war – oder Bobs Anblick einfach nicht mehr ertragen konnte –, reichte er die Blätter Justman, der sie ergriff und »Danke, Boß« brummte.

Dieser Vorgang wiederholte sich mehrmals, bis Roddenberry eine wirkungsvolle Verteidigungsmethode fand. Er rief einen der besten Schlosser von Los Angeles an und ließ ein High-Tech-Schloß an der Tür seines Büros installieren. Man brauchte nur einen Schalter zu betätigen, um den Zugang zu versperren und Justman an seinen Überraschungsbesuchen zu hindern. Bob versuchte, die elektronische Vorrichtung zu überlisten, aber ganz gleich, wie schnell er das Vorzimmer erreichte: Die Tür des Büros war bereits verriegelt, und Gene lehnte es ab, ihn eintreten zu lassen. Bob ärgerte sich immer mehr über das neue Schloß und fand nie heraus, daß nicht etwa Roddenberry den Verriegelungsmechanismus kontrollierte, sondern Dorothy Fontana, die zu jener Zeit noch immer als Genes Sekretärin tätig war. Sie drückte eine verborgene Taste, wenn Justman hereinkam.

Während dieser Phase arbeitete Gene fast ganz allein an den STAR TREK-Drehbüchern, aber er blieb nicht völlig ohne kreative Unterstützung und bekam Hilfe aus einer unerwarteten, inoffiziellen Quelle: Majel Barrett. Majels Beteiligung an den ersten Drehbüchern erlaubte es ihr, zum Besatzungsmitglied der *Enterprise* zu werden.

MAJEL BARRETT:
Als die Vorbereitungen für die Fernsehserie begannen, versuchte ich, Gene so gut wie möglich dabei zu hel-

fen, realistischere Szenen und bessere Dialoge zu schreiben. Er arbeitete jeden Abend, meistens bis zwei, drei, vier oder fünf Uhr. Bei einigen Episoden saß er die ganze Nacht an der Schreibmaschine und brachte das Manuskript am nächsten Morgen ins Studio.

Während dieser Zeit las ich immer wieder in den Drehbüchern. Unter dem ersten Dutzend Skripten befand sich eins, das ›What Are Little Girls Made Of?‹ hieß, und als ich es zum erstenmal las, fiel mir eine Frau mit französisch klingendem Nachnamen auf. Sie war Ärztin oder Krankenschwester und begab sich ins All, um ihren Verlobten zu suchen. Nach der Lektüre des Manuskripts dachte ich: »Das schaffst du. Mit der Rolle kommst du gut zurecht.«

Ich ging nach Hause und bleichte mein Haar. Am nächsten Morgen betrat ich das Vorzimmer von Genes Büro, nahm dort Platz und wartete. Schließlich kam er herein, nickte mir geistesabwesend zu und deutete ein Lächeln an.

Ich vermutete, daß ihm überhaupt nichts aufgefallen war, doch dann blieb er plötzlich stehen und starrte mich groß an. »Majel? Bist *du* das?« Er hatte mich zuerst gar nicht erkannt!

»Hör mal, Gene«, sagte ich, »wenn es dir schwerfällt, mich in dieser Aufmachung wiederzuerkennen, so dürfte das auch bei den Programmdirektoren von NBC der Fall sein.« Er antwortete: »Ja, das stimmt.« Ich erzählte ihm vom Manuskript ›What Are Little Girls Made Of?‹, und wir beschlossen, die Ärztin mit dem französischen Namen in Schwester Christine Chapel zu verwandeln. Um Problemen mit NBC vorzubeugen, ersetzten wir meinen Namen im Nachspann durch ›M. Lee Hudec‹ – so heiße ich wirklich.

Ich weiß: Es klingt nach dem Plot einer Episode von *I Love Lucy,* in der Lucy Ricardo versucht, eine Rolle in Rickys Tropicana-Show zu ergattern. Es gibt jedoch einen wichtigen Unterschied: Lucys Pläne schlugen meistens fehl, während Majel einen Erfolg erzielte. Sie hatte den Fuß in der Tür und schickte sich an, Mitglied der Gruppe von Hauptdarstellern zu werden.

Damit war die Crew der *Enterprise* komplett.

EINIGE CHARAKTERE

Hier gelingt es Kirk sogar, die Disko-Ära ein Jahrzehnt vor den Bee Gees zu prophezeien. (© *1993 Paramount Pictures*)

Während der ersten Drehtage hatten wir alle das deutliche Gefühl, daß STAR TREK etwas Besonderes werden sollte. Nach einigen Wochen verflüchtigte sich dieser Eindruck nicht etwa, sondern wurde noch intensiver. Die Arbeit forderte uns, und wir bildeten ein prächtiges Team. Jedes Drehbuch schien noch besser zu sein als das vorhergehende. Während Roddenberry schrieb, veränderte, neu formulierte und modifizierte, begann er auch damit, Charakter und Wesen der wichtigsten STAR TREK-Protagonisten zu erforschen.

Dieses kreative Wachsen fand nicht nur am Drehort oder hinter der Schreibmaschine statt, sondern auch in uns Darstellern. Genes Skripte gaben jedem einzelnen von uns die Möglichkeit, sich immer besser an seine/ihre Rolle zu gewöhnen. Nach den ersten sechs Folgen hatten die *Enterprise*-Protagonisten einen festen Platz in uns gefunden.

Ich sollte hier hinzufügen, daß es mir eigentlich recht leicht fiel, Captain Kirk zu spielen. Gleich zu Anfang ging ich von folgenden Überlegungen aus: Die Arbeit an dieser Fernsehserie erforderte eine Menge Engagement, und wenn ich den Kommandanten des Raumschiffs *Enterprise* auf eine Weise spielte, die mir fremd war... Daraus ergaben sich nicht nur große Anstrengungen, sondern auch mögliche Kontinuitätsprobleme. Deshalb stellte ich Kirk so dar, daß er mir möglichst wenig Mühe bereitete.

Weisheit, Mut und Heldenhaftigkeit waren natürlich in erster Linie Eigenschaften des Captains. Doch im Kern seines Selbst gab es viele Parallelen zwischen Kirk und mir. Jim repräsentierte eine idealisierte *Version* von William Shatner, eine Art zweites Ich, das sich problemlos in

Kirk demonstriert seine einzigartigen Präkognitionstalente, indem er Corleone vier Jahre vor der Premiere von *Der Pate* imitiert. (© 1993 Paramount Pictures)

den Vordergrund schieben ließ. Mit anderen Worten: Ich hörte auf den Rat des Instinkts.

Natürlich spielte ich eine sehr klare Rolle. Ganz gleich, was die Drehbuchautoren von Kirk erwarteten, ob er kämpfen mußte, lieben durfte oder mit der Notwendigkeit konfrontiert wurde, sehr wichtige Entscheidungen zu treffen: Ich konnte immer meine eigenen Erfahrungen nutzen, um den emotionalen Kern jeder Szene zu finden. Ich schlüpfte nicht in dem Sinne in eine Rolle, sondern *reagierte*. Meine eigene innere Struktur diente als Gerüst für Jim Kirks Charakter. Wir glichen uns weitgehend. Obwohl: Im Gegensatz zu mir war Jim nur *fast* perfekt. Ähem ...

Leonard Nimoy ging seine Rolle ganz anders an. Kein Wunder: Um Spock zu spielen, mußte er eine völlig neue *Person* schaffen. Woraus folgte: Unsere Darstellungsmethoden unterschieden sich sehr voneinander. Ich habe Leonard gebeten, uns zu schildern, wie er dem sehr komplexen Charakter des Mr. Spock Konturen verlieh.

LEONARD NIMOY:
Meine beim Theater gesammelten Erfahrungen halfen mir dabei, Spock zu spielen. Ich besann mich auf

das Prinzip, nach den Unterschieden zwischen der darzustellenden Person und dem eigenen Ich Ausschau zu halten – und sie anschließend zu betonen. »Was ist an Spock *anders?*« überlegte ich. »Aus welcher Perspektive sieht er die Dinge? Und wie kann ich seinen Blickwinkel teilen?« Ich mußte ständig darauf achten, daß mir nicht meine Angewohnheiten in die Quere kamen. Ausdrucksweise, Haltung, Gangart, Humor, Neugier und so weiter – ich mußte Distanz zwischen mir und diesen Dingen schaffen. Besser gesagt: Indem ich sie mir ganz bewußt vergegenwärtigte, konnte ich den Vulkanier Spock mit Leben erfüllen.

Die Mentalverschmelzung, die geteilten Finger des vulkanischen Grußes, der Nervengriff – es handelt sich um Charakteristiken, bei denen Hand und Finger im Vordergrund stehen. Irgendwann reifte die Vorstellung in mir heran, daß dem Tastsinn in der vulkanischen Kultur besondere Bedeutung zukommt. Daraufhin dachte ich: »Wäre es nicht interessant, wenn bei vielen Bräuchen die Hände benutzt werden?« Nun, ich stellte mir die Vulkanier als besonderes Volk mit besonderen Eigenschaften vor, bei denen die Hände eine wichtige Funktion ausübten.

Der Nervengriff wurde erfunden, als wir ›The Enemy Within‹ drehten. Es war eine von mehreren Folgen, in denen sich Kirks Wesen teilte: Die eine Hälfte blieb der gute Captain, der zuverlässige, tapfere und tüchtige Kommandant der *Enterprise;* die andere hingegen stellte das böse Gegenstück dar – vielleicht der erste ›Unheilszwilling‹ des Fernsehens. Nun, das Drehbuch enthielt eine Szene, die einen Kampf zwischen den beiden Kirks beschreibt. Der Böse schickt sich an, den Guten umzubringen, und wenn ihm das gelingt, kann Jim nie wieder *ganz* sein.

LEONARD NIMOY:
Ich las die entsprechende Stelle im Skript und stellte fest, daß Spock den bösen Kirk außer Gefecht setzen sollte, indem er ihm den Kolben einer Waffe auf den Kopf schlug. Einmal mehr besann ich mich auf meine Theatererfahrung und dachte: »Wie langweilig. Solche Szenen gibt es hundertfach. Und außerdem paßt ein derartiges Verhalten gar nicht zu Spock.« Mir fehlte das futuristisch-vulkanische Element. Einmal mehr suchte ich nach Unterschieden. »Auf welche Weise würde Spock einem Menschen Bewußtlosigkeit bescheren?« fragte ich mich. Die taktile Natur des Vulkaniers fiel mir ein, und daraufhin fand ich die Lösung in Form des Nervengriffs.

Ich sprach mit Leo Penn, dem Regisseur dieser Episode. »Leo, ich glaube, wir sollten die Sache mit der Waffe vergessen und statt dessen etwas anderes versuchen.«

»Was denn?«

»Nun, Spock hat am vulkanischen Institut für Technik studiert und dort einige Kurse in menschliche Anatomie belegt«, erwiderte ich. »Vulkanier verfügen über eine spezielle Energie, die von den Fingerspitzen ausgeht und einen Menschen ins Reich der Träume schickt, wenn der Kontakt an den richtigen Druckpunkten stattfindet.«

Leo sah mich mit offenem Mund an und wußte ganz offensichtlich nicht, was ich meinte. Ich hatte die Sache bereits mit Bill besprochen und ihm alles erklärt. Gemeinsam beschlossen wir, Mr. Penn zu zeigen, wie wir uns die Sache vorstellten. Ich trat hinter Bill und berührte ihn am Halsansatz – worauf er sofort erschlaffte und zu Boden sank.

Eine ähnliche Situation ergab sich, als wir ›Amok Time‹ drehten – eine meiner Meinung nach sehr spannende Episode. Das in jeder Hinsicht ausgezeichnete Manu-

Der vulkanische Gruß – »Glück und langes Leben«.
(© *1993 Paramount Pictures*)

skript stammte von Theodore Sturgeon, und zum erstenmal tauchte daran der vulkanische Gruß »Glück und langes Leben« auf. In ›Amok Time‹ statteten wir Spocks Heimatplaneten Vulkan einen Besuch ab, und Leonard konnte es gar nicht abwarten, endlich mit den Dreharbeiten zu beginnen. Er war sehr neugierig darauf, was Drehbuchautor, Regisseur und Matt Jefferies in Hinsicht auf die Beschaffenheit des Planeten geplant hatten.

LEONARD NIMOY:
Ich war ziemlich aufgeregt, und bei den Proben fand ich immer mehr Gefallen an der Story. Insbesondere faszinierte mich die Dramatik jener Szene, die dem Kampf von Spock und Kirk folgt – damit meine ich die Auseinandersetzung, bei der Spock den Captain umzubringen scheint. Als wir die entsprechende Sequenz

drehten und T'Pau »Glück und langes Leben« sagte ... Da war ich fast überwältigt. Spock sollte antworten: »Für mich gibt es weder das eine noch das andere, denn ich habe meinen Captain und Freund getötet.« Es fiel mir sehr schwer, diese Worte hervorzubringen. Als T'Pau und Spock sich voneinander verabschiedeten, konzentrierte ich mich wieder auf das taktile Wesen des Vulkaniers und hob die Hand, um Mittel- und Ringfinger zu spreizen. In Wirklichkeit handelt es sich dabei um eine jüdisch-rabbinische Segensgeste, aber sie erschien mir angemessen.

Leonards Theorien in bezug auf Bräuche und Konventionen der Vulkanier waren sehr wichtig für die Art und Weise, in der er die Rolle spielte. Als Mark Lenard ›an Bord‹ kam, um Spocks Vater Sarek zu spielen, machte er ihn mit einigen vulkanischen Fingertraditionen vertraut.

LEONARD NIMOY:
Wir hatten gerade damit begonnen, ›Journey to Babel‹ zu drehen, und ich sprach mit Mark Lenard. Wir unterhielten uns über vulkanische Bräuche, und ich erklärte ihm die Angelegenheit mit den Händen. Er machte Gebrauch davon und ging sogar noch weiter, wie man in den ersten Aufnahmen der Episode sehen kann. Jane

Bei den Dreharbeiten von ›The Enemy Within‹. (© *1993 Paramount Pictures*)

Szenen aus ›Amok Time‹. Ich kämpfe gegen Leonard und sein Stunt-Double. (© *1993 Paramount Pictures*)

Wyatt und er treten dabei als meine Eltern auf. Während sie Seite an Seite gehen, halten sie sich nicht etwa an den Händen, wie es bei einem menschlichen Paar der Fall gewesen wäre. Statt dessen berühren sie sich mit Zeige- und Mittelfinger. Diesem Aspekt ihres Auftritts bei STAR TREK kommt sicher keine große Bedeutung zu, aber er erweiterte unseren Hintergrund um ein Detail und wies auf die Unterschiede zwischen der vulkanischen und terranischen Kultur hin. Das gilt übrigens auch für die Mentalverschmelzung: Um sie herbeizuführen, müssen zuerst die Kontaktpunkte im Gesicht berührt werden.

Trotz allem blieb es natürlich schwierig, eine so komplexe Person wie Spock zu schaffen, und Leonards Bemühungen stießen nicht immer auf Anerkennung und Zustimmung. Manchmal mußte er sich sehr anstrengen und sogar kämpfen, um seine Vorstellungen vom Wesen des spitzohrigen Ersten Offiziers durchzusetzen. Ein gutes Beispiel dafür bietet die Episode ›The Naked Time‹. Leonard und John D. F. Black gerieten aneinander, und der Grund dafür war die wachsende Persönlichkeit von Mr. Spock.

Celia Lovsky als T'Pau. (© *1993 Paramount Pictures*)

LEONARD NIMOY:
Ganz zu Anfang bei der Produktion von STAR TREK kam es zu einem Zwischenfall, der dafür sorgte, daß ich Spocks Charakter besser verstand. Er stand in einem direkten Zusammenhang mit dem Streit zwischen John D. F. Black und mir in Hinsicht auf das Drehbuch von ›The Naked Time‹. Die Story begann damit, daß eine Forschungsgruppe der *Enterprise* von einem Planeten zurückkehrte und, ohne es zu wissen, ein Virus mitbrachte, das sich schnell an Bord ausbreitete. Für eine Infektion genügte es, verseuchte Luft zu atmen oder einen Angesteckten zu berühren.

Eine der vom Krankheitserreger verursachten Wirkungen bestand darin, innere Barrieren zu eliminieren und unterdrückte Gefühle zu entfesseln. Dadurch ergab sich ein kunterbuntes Durcheinander aus interessanten Ereignissen. Sulu bekam eine Szene, in der er sich ganz seinen Schwertkampfträumen widmen durfte. Ein Angehöriger der Sicherheitsabteilung litt plötzlich an ausgeprägtem Selbstzweifel, und ein anderer stellte sich als irischer König vor. Darüber hinaus enthielt das Skript einen weinenden Spock.

Im ursprünglichen Drehbuch begann alles damit, daß Spock durch einen Korridor wankte und laut schluchzte. Ein Szenenwechsel präsentierte dann ein anderes infiziertes Besatzungsmitglied, das hier und dort Farbe an die Wände der *Enterprise* schmierte. Weitere Einstellungen zeigten, wie noch mehr Angehörige der Crew nach und nach den Verstand verloren. Als das Chaos einem ersten Höhepunkt entgegenstrebte, wurde zu Spock zurückgeblendet.

Er befand sich in einem Turbolift und schluchzte nach wie vor. Als sich die Tür öffnete, sank er zu Boden, und der Graffiti-Typ lief zu ihm, malte ihm einen großen schwarzen Schnurrbart ins Gesicht. Woraufhin der Vulkanier regelrecht heulte.

Eine weitere Szene aus ›Amok Time‹: Pille verpaßt mir eine Injektion. (© *1993 Paramount Pictures*)

LEONARD NIMOY:
Nun, das war sicher sehr phantasievoll, einfallsreich, theatralisch und komisch, aber meiner Ansicht nach paßte es nicht so recht zu Spock. Der vulkanische Erste Offizier weinte – na und? Es fehlte ein Kontext. Es gab keine ersichtliche Ursache, keinen Zusammenhang, der dem Schluchzen Bedeutung verlieh. In gewisser Weise wirkte jener Bursche, der Farbe an die Wände schmierte, weitaus interessanter als der weinende Spock. Ich hatte den Eindruck, daß wir gute dramatische Möglichkeiten einem banalen visuellen Gag opferten.

Ich wies John Black darauf hin und meinte, wir brauchten eine Szene, die Spocks Tränen mit dem inneren Konflikt erklärte: hier die menschliche Hälfte mit ihren Emotionen, dort die vulkanische mit kühler Logik. Im Drehbuch zeigte Spock seine Gefühle in aller Öffentlichkeit, und darin sah ich einen Widerspruch zu seinem Wesen; ich hielt Spock für jemanden, der großen Wert auf Privatsphäre legt.

Deshalb sagte ich zu John: »Wenn Spock durch irgend etwas so sehr erschüttert ist, daß ihm die Tränen kommen... Ich glaube, er würde sich zurückziehen, einen Ort aufzusuchen, wo er allein sein kann, um mit sich selbst zu ringen.«

Johns Reaktion war ausgesprochen negativ. Er zeigte das typische Gebaren eines Autors/Produzenten, der unter erheblichem Zeitdruck steht. »Lassen Sie's gut sein. Ich arbeite bereits am nächsten Skript. Drehen Sie die Szene, und damit basta.« Er fügte hinzu, die von mir vorgeschlagenen Änderungen seien schädlich für den ›Rhythmus des Drehbuchs‹.

An dieser Stelle unterbreche ich Leonards Schilderungen, um etwas zu erklären. Wenn Schauspieler Änderungen des Skripts verlangen, so reden sich Produzenten oft mit dem Hinweis heraus, daß dadurch der ›Rhythmus des Drehbuchs‹ in Gefahr gerät. Ob die vorgeschlagenen Modifikationen einen Sinn haben oder nicht – das spielt kaum eine Rolle. Wenn der Produzent nichts ändern will, so sagt er einfach: »Das ist schlecht für den Rhythmus des Skripts.« Es handelt sich dabei um das Produzentenäquivalent von »Der Hund hat das Heft mit meinen Hausaufgaben gefressen« und »Der Scheck ist in der Post«. Eine mehr oder weniger plausibel klingende Ausrede, ohne echten Bezug zur Realität. Leonard wußte das natürlich. Und da ihm Spock sehr wichtig war, gab er nicht auf und wandte sich an Roddenberry.

LEONARD NIMOY:
Ich rief Gene an und erklärte ihm die Situation. Bei dem Gespräch achtete ich darauf, den Produzenten nicht zu sehr zu kritisieren, während ich gleichzeitig meinen Standpunkt deutlich genug vertrat. Nun, etwa anderthalb Stunden später kommt John Black zu mir, und ich denke: »He, es hat tatsächlich funktioniert.«

Black tritt an mich heran und sagt: »Lassen Sie uns irgendwohin gehen, wo wir miteinander reden können.«

Wir begeben uns in die Garderobe, und dort meint er: »Na schön. Erklären Sie mir Ihre Idee noch einmal. Der Boß meinte, ich soll auf Sie hören.« Ich habe mir die Sache bereits durch den Kopf gehen lassen und ein einfaches Konzept entwickelt, das ich nun in Worte fasse. »Sie brauchen mir nur eine halbe Seite zu schreiben. Oder auch noch weniger. Spock geht durch einen Korridor und sucht ein Zimmer auf. Kaum schließt sich die Tür hinter ihm, als sein emotionaler Konflikt beginnt.« John fragt: »Was hat es mit dem Konflikt auf sich?« Woraufhin ich antworte: »Es geht um Liebe, Verletzlichkeit, Anteilnahme, Kummer und Bedauern einerseits und C = pi r^2 und E = mc^2 andererseits. Spock ist Wissenschaftler, denkt rein logisch. Er glaubt, sich keine Gefühle leisten zu können. *Darum* geht es. Logik und Emotion liegen miteinander im Widerstreit. Hier erhebt sich das Bollwerk der rationalen Kontrolle, und dort brodeln wilde Gefühle. In diesem Zusammenhang ergibt es durchaus einen Sinn, daß Spock ein Zimmer aufsucht: Er möchte von niemandem in einem solchen Zustand gesehen werden.«

John fügte noch einige andere Dinge hinzu und schrieb die Szene, insgesamt nur sechs oder acht Zeilen. Aber sie gaben mir genau das, was ich für nötig hielt. In der geänderten Sequenz begibt sich Spock in eine Kammer, schließt die Tür hinter sich und schluchzt. Wenige Sekunden später beginnt er ein schmerzerfülltes Selbstgespräch, das die Hintergründe erläutert. Alles bestens. Doch als es Zeit wurde, die Szene zu drehen, mußten einige weitere Probleme gelöst werden.

Marc Daniels, der Regisseur dieser Episode, fragte mich: »Wie stellen Sie sich die Szene vor?« Ich erwiderte als Regisseur: »Bringen Sie die Kamera dort drüben in Position, hinter dem Tisch. Ich betrete das Zimmer und komme direkt auf Sie zu, nehme Platz, rede mit mir selbst und weine. Sie fahren die Kamera herum, und den Abschluß bildet eine lange, dramatische Nahaufnahme.«

Nun, inzwischen ist es halb sechs. Ich suche das Schminkzimmer auf, um dort mit vulkanischen Ohren ausgestattet zu werden. Wir müssen uns beeilen: Überstunden sind außerordentlich teuer, was für uns bedeutet, daß wir den Laden immer pünktlich um achtzehn Uhr dreißig dichtmachen. Selbst wenn man gerade mitten in einem Dialog war – um halb sieben mußte Schluß sein.

Jerry Finnerman kümmert sich um die Beleuchtung, und wir alle wissen: Dies ist die letzte Szene für heute. Ich sitze auf dem Schminkstuhl, um in einen Vulkanier verwandelt zu werden, und plötzlich kommt Cliff Ralke herein, der den Kamerawagen bewegt und sich immer durch eine Menge Engagement auszeichnet. »Sie sollten dort draußen besser nach dem Rechten sehen, Leonard. Jene Szene, die Sie eben besprochen haben, wird gerade geändert.«

Leonard kehrte zum Drehort zurück und stellte fest, daß der Regisseur tatsächlich andere Einstellungen beschlossen hatte. Wichtig ist hier der Hinweis, daß die Veränderungen zwar nicht auf Leonards Wünsche eingingen, aber trotzdem recht sinnvoll waren. Bei der ursprünglich geplanten Sequenz hätte die Kamera von der einen Seite des Szenenaufbaus zur anderen gerollt werden müssen, um anschließend von Ralke zur Seite gezogen zu werden. Solche Bewegungen erforderten eine spezielle Beleuchtung, und die Montage dafür hätte eine Menge Zeit in Anspruch genommen – für einen solchen Fall wies Finnerman auf die Unvermeidlichkeit von Überstunden hin. Jerry sprach mit Daniels darüber, und gemeinsam gelangten sie zu folgendem Schluß: Die Szene sollte in einzelne Aufnahmen zerlegt werden, um das Problem der Beleuchtung auf ein Minimum zu reduzieren.

Die erste Einstellung: Spock betritt den Raum. Schnitt.

Das Resultat. (© *1993 Paramount Pictures*)

Die zweite Aufnahme zeigt, wie er zum Tisch wankt und sich dort setzt. Schnitt. Die dritte präsentiert den Vulkanier beim Beginn des Selbstgesprächs. In einer vierten Teilszene, einer Nahaufnahme, sollte Spock schließlich weinen. In Hinsicht auf die Produktionseffizienz machte eine solche Regelung Sinn, aber dadurch verlor alles an Dramatik.

LEONARD NIMOY:
»Wenn die Szene auf diese Weise gedreht wird, geht das Flüssige und Kontinuierliche verloren«, wandte ich ein. »Sicher leiden auch meine Leistungen darunter. Das Resultat wird künstlich und aufgesetzt wirken.«

Es war jetzt schon Viertel vor sechs, und wir durften keine Zeit mit einer langen Diskussion verlieren. Jemand rief Gregg Peters, unseren Regieassistenten, der auch als eine Art Vollstreckungsbeamter fungierte. *Er* erinnerte uns immer daran, daß die Arbeit um halb sieben endete, und mit ihm besprachen wir das Problem. Schließlich meinte Marc Daniels: »Also los. Versuchen wir's.«

Die Beleuchter eilten hin und her, um alles vorzubereiten. Es muß etwa achtzehn Uhr fünfzehn gewesen sein, als sie schließlich meldeten: »Wir sind soweit.« Marc ließ mich einmal proben, und die Produktionstypen sahen immer wieder auf ihre Uhren. »Er schafft es nicht rechtzeitig. Es ist völlig ausgeschlossen.« Die Spannung stieg.

Mir war klar: Die Sache mußte sofort klappen. Wenn mir ein Fehler unterlief... Dann blieb uns nichts anderes übrig, als Feierabend zu machen und am nächsten Morgen die aus vier verschiedenen Einstellungen bestehende Sequenz zu drehen. Nun, ich hatte mich sehr für diese Szene eingesetzt, und jetzt war es unbedingt notwendig, daß sie mir auf Anhieb gelang. Ich hielt dieses besondere Erlebnis von Spock für außerordentlich wichtig, denn für das Publikum gewährte es zum erstenmal Einblick in das Innenleben des Vulkaniers.

Das Licht ging an, die Kamera rollte, und wir drehten. Cliff Ralke zog den Wagen, und alles lief bestens – ohne Schnitte. Die Szene vermittelte einen guten Eindruck vom inneren Konflikt Spocks und betraf jenen Wesenskern, über den Gene und ich gesprochen hatten. Sie bot mir eine Chance, die ich um jeden Preis nutzen wollte: Ich bekam dadurch Gelegenheit, Spocks Charakter zu erweitern, den Vulkanier noch interessanter zu gestalten.

Wenn Schauspieler das Wesen der von ihnen gespielten Personen vertiefen und verfeinern möchten, so fällt es ihnen nie leicht, sich Gehör zu verschaffen. Oft wird es notwendig, mit Tricks Aufmerksamkeit zu erregen, die Stimme zu heben, in aller Deutlichkeit auf den eigenen Standpunkt hinzuweisen: »So etwas würde die von mir dargestellte Person nie sagen.« Oder: »So würde sie sich nie verhalten.« Solche Situationen lassen sich kaum vermeiden, und sie können zu einer starken Belastung der Arbeitsbeziehungen führen. Bob Justman meint dazu:

BOB JUSTMAN:
Bill wollte immer ein möglichst gutes Drehbuch, aber er wußte auch, wie schwer es manchmal ist, ein Manuskript so zu gestalten, daß es zur Grundlage für eine TV-Episode dienen kann – von ›Qualität‹ ganz zu schweigen. Solange es für William genug zu tun gab, solange er die Möglichkeit bekam, den Captain gut zu spielen, heldenhaft zu sein und mit diversen Frauen herumzualbern – solange war für ihn alles in Ordnung. Was bedeutete: Dann zeigte er Begeisterung, gab sich Mühe und verursachte keine nennenswerten Probleme. Was Gene mit Zufriedenheit zur Kenntnis nahm, glaube ich.

Mit Leonard hatte Roddenberry weitaus mehr Schwierigkeiten. Nimoy war immer sehr anspruchsvoll in Hinsicht auf seine Rolle und versuchte, seine Vorstellung von Spock durchzusetzen und sicherzustellen, daß es dem Vulkanier nicht so erging wie Uhura, deren Beiträge für Dialoge sich meistens nur auf ein knappes »Grußfrequenzen offen, Captain« beschränkten. Leonard legte großen Wert darauf, daß Spock Bedeutung und einen Daseinszweck bekam.

Das alles war verständlich, aber problematisch wurde die Angelegenheit, weil Gene unter enormem Streß in Hinsicht auf die Skripte stand. Man stelle sich einen völlig überlasteten Roddenberry vor, der Leonards Anrufe entgegennimmt und von ihm hört: »Sie müssen das Drehbuch ändern; mein Part ist ganz falsch geschrieben.« Oder: »Warum benötigen Sie Spock überhaupt, wenn Sie ihn nicht richtig verwenden?« Mit solchen Bemerkungen fiel er Gene auf die Nerven, während Roddenberry fast verzweifelt versuchte, die Skripte rechtzeitig fertigzustellen.

Nach einer Weile kam Leonard zu mir, um Bedenken in Hinsicht auf dieses oder jenes Drehbuch zu äußern. Ich habe ihm gern zugehört und dachte dabei: »Wenn der von ihm gespielte Vulkanier an Bedeutung gewinnt, so geschieht das zum Vorteil der ganzen Serie. Und wenn die Serie verbessert wird, so sind wir alle besser dran. Soll es uns ruhig zusätzliche Zeit und einige schlaflose Nächte kosten – letztendlich kommt es nur darauf an, was die Mattscheibe zeigt.«

Also schenkte ich Leonards Klagen meine volle Aufmerksamkeit. Wenn ich sie für berechtigt hielt – und das war fast immer der Fall –, ging ich zu Gene und sagte: »Ich stimme Leonard zu. Diese Sache muß in Ordnung gebracht werden.« Wenn auch ich dafür eintrat, neigte Roddenberry eher dazu, die gewünschten Veränderungen vorzunehmen. Natürlich gab er nur sehr widerstrebend nach, da er immer unter erheblichem Zeitdruck stand. Aber irgendwie gelang es ihm immer, dem Skript die notwendigen Zeilen hinzuzufügen beziehungsweise welche zu streichen. Dadurch ließ die Anspannung nach, und Leonard war besänftigt, wenn auch nicht ganz. Er schmollte immer ein bißchen; das gehörte bei ihm einfach dazu.

Manchmal führt das Bestreben eines Schauspielers, Charakter und Eigenheiten der dargestellten Person deutlicher herauszuarbeiten, nicht etwa zu Auseinandersetzungen, sondern zu komischen Situationen. Leonard nannte bereits ein Beispiel: In einer Szene von ›The Naked Time‹ gibt sich Sulu Fechtphantasien in der Art von ›Die drei Musketiere‹ hin. George Takei war so begeistert, daß er ganz außer sich geriet. Nun, George hatte immer davon geträumt, ein kühner Schwertkämpfer zu sein, obwohl er Säbel und dergleichen nur von Bildern kannte. Die Vorstellung, sich durch die *Enterprise* zu fechten, faszinierte ihn sehr.

Womit niemand von uns gerechnet hatte: Als George

Der wahnsinnige Musketier. (© *1993 Paramount Pictures*)

den Degen in die Hand nahm, schnappte er regelrecht über. Der Kerl rastete einfach aus. Praktisch den ganzen Tag lang sprang er zwischen den Kulissen hin und her, um auf imaginäre Gegner – oder uns, wenn wir ihm zu nahe kamen – einzustechen. Er stellte eine echte Gefahr dar. Immerhin hielt er eine *echte Waffe* in der Hand, holte dauernd damit aus, schlug nach Darstellern und Technikern. Der Bursche ließ sich sogar dazu hinreißen, einige Machos in die dicken Hintern zu piken. Zwei von ihnen wollten sich das nicht bieten lassen und drohten

Takei schnappt sich Uhura und bringt die Brücke unter seine Kontrolle. (© *1993 Paramount Pictures*)

George, ihn durch die Mangel zu drehen. »HAH!« rief unser ›Sulu‹ triumphierend. »Gegen mein mächtiges Schwert habt ihr überhaupt keine Chance!«

Einer der beiden großen, kräftig gebauten Männer warf ihm einen finsteren Blick zu. Der andere vollführte eine wenig freundliche Geste.

Vielleicht haben Sie es schon erraten: George' Enthusiasmus war weitaus größer als sein Fechttalent. Ich begann damit, mir in dieser Hinsicht erhebliche Sorgen zu machen: Das Drehbuch sah eine Szene vor, in der Kirk und Sulu im Kontrollraum der *Enterprise* kämpften – Sulu mit einem Degen, der Captain unglücklicherweise mit leeren Händen. Ich fragte mich, ob Gene auf meinen Tod aus war.

Wir gestalteten die Kampfszene möglichst einfach, um zu verhindern, daß mir die irre Mischung aus Samurai und D'Artagnan ein Ohr abschnitt. Zweimal probten wir die Bewegungsabläufe, und jedesmal sprang George vor, um auf mich einzustechen. Während ich litt, beobachtete Leonard das Geschehen und amüsierte sich köstlich.

Als es ernst wurde, schien der Adrenalinspiegel in George' Adern noch zu steigen. In seinen Augen bemerkte ich ein seltsames Funkeln, das mir wie eine Art Todesurteil erschien. »Los geht's!« erklang eine Stimme hinter der Kamera. »Action.« George stieß zu, und ich wich hastig beiseite. Mein Gegner holte aus, und ich warf mich zu Boden, zeigte eine für den Captain untypische Furcht. Leonard konnte sich vor Lachen kaum mehr halten, als George mir sagte: »Keine Sorge. Ich weiß genau, worauf es ankommt.« Aus irgendeinem Grund beruhigte mich dieser Hinweis nicht.

»Zweite Aufnahme«, ertönte es irgendwo hinter uns, und wieder griff Sulu an. Ich duckte mich, doch es nützte nichts – die Spitze des Degens traf mich trotzdem, und zwar an der recht empfindlichen linken Brustwarze. Man

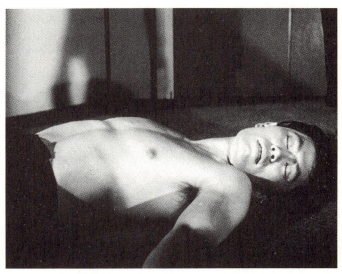

Sulu ist fix und fertig. (© *1993 Paramount Pictures*)

195

verpaßte mir ein Pflaster, und ich versuchte, die Schmerzen zu ignorieren.

Kurze Zeit später kehrte ich zum Drehort zurück und wandte mich dort an den Regisseur: »He, Marc, ich weiß, wie wir die Sache zu Ende bringen können. Lassen Sie's mich mal versuchen.«

Die dritte Aufnahme begann, und diesmal gab ich unserem Möchtegern-Zorro keine Gelegenheit, seinen Degen zu heben. Ich stürmte zu ihm, schloß die Hände um seinen Hals und drückte zu. Wir sanken beide zu Boden, und Marc Daniels rief: »Schnitt! Wunderbar!« Dann fiel er vom Stuhl und lachte schallend. Leonard und ich stimmten mit ein. Selbst George lächelte, obgleich es bei ihm etwas gezwungen wirkte. Vermutlich bedauerte er, daß er keine Chance mehr bekam, mich endgültig aufzuspießen. Wenn Sie das nächste Mal ›The Naked Time‹ sehen: Achten Sie insbesondere auf diese Szene. Sie werden feststellen, daß Captain Kirk entsetzt wirkt. Wer die Hintergründe nicht kennt, mag meine schauspielerischen Fähigkeiten bewundern. Aber in Wirklichkeit brauchte ich mich gar nicht sehr zu bemühen, einen furchterfüllten Eindruck zu erwecken: Mir schlotterten die Knie.

EINE SCHUFTEREI

Justmans Reisegefährte. (© *1993 Paramount Pictures*)

Inzwischen drehten wir mit Volldampf und produzierten eine Episode in jeweils sechs Tagen. Die Arbeitslast war enorm, und es herrschte ständige Hektik. Der Streß für Schauspieler, Produktionsteam und Drehbuchautoren nahm immer mehr zu. Darüber hinaus rückte das Datum der Erstsendung näher – ein Umstand, der uns alle mit Nervosität erfüllte. Ende August erreichte die Anspannung ein solches Ausmaß, daß sich Nervenzusammenbrüche abzeichneten.

Zur ersten Krise kam es zehn Tage vor dem Sendetermin der ersten STAR TREK-Folge, und sie betraf jene Spezialeffekte, die es dem Raumschiff *Enterprise* ermöglichen sollten, durchs All zu fliegen. Während der ersten Season kam es in dieser Hinsicht immer wieder zu Schwierigkeiten, die Verzögerungen zur Folge hatten und mehrmals den Etat in Gefahr brachten. Dadurch wäre die *Enterprise* fast für immer vom Bildschirm verschwunden.

Desilu hatte einen gewissen Bill Heath beauftragt, Termin- und Budgetaspekte der visuellen Effekte zu kontrollieren. Im Grunde genommen war Heath ein Buchhalter, der dafür sorgen sollte, daß unsere Spezialeffektkünstler kostengünstige Arbeit leisteten. Bald stellte sich heraus, daß Heaths Geiz weitaus mehr Probleme verursachte als löste.

Als treuer und loyaler Diener der Desilu Studios zog er aus, um Geld zu sparen, wo es eben ging. Als der Vorspann für die Serie gestaltet werden mußte, rief Heath einfach die Anderson Company an, die auch schon an den beiden Pilotprojekten mitgewirkt hatte. Das erscheint logisch – solange man nicht weiß, daß es sich um eine kleine Firma handelte, die wohl kaum über das

Potential verfügte, um den Erfordernissen von STAR TREK gerecht zu werden. Heath sah hier eine gute Chance, die Kosten zu senken, und deshalb beschloß er, daß die Anderson Company sich ganz allein um den Vorspann kümmern sollte. Diese Entscheidung erwies sich später als ein großer Fehler.

Mehrere Monate vergingen, und Roddenberry wurde immer unruhiger, als keine Aufnahmen von der *Enterprise* im Weltraum eintrafen – von einem fertigen Vorspann ganz zu schweigen. Nun, als der August dem Ende entgegenging, verwandelte sich Genes Unruhe allmählich in Panik. Mehrmals wandte er sich an Bill Heath, der immer wieder antwortete: »Seien Sie unbesorgt. Bestimmt kommt alles in Ordnung.«

Als die Zeit immer mehr drängte und Heaths Platitüden immer hohler klangen, bestand Gene darauf, die bisher fertiggestellten Spezialeffekte für STAR TREK zu sehen. Er begab sich zu Bob Justman, und sie riefen Bill Heath an, um ihm die Leviten zu lesen. Justman erinnert sich an das Telefongespräch:

»Es ist September, Bill, und wir haben noch nichts gesehen. Uns stehen nur die *Enterprise*-Szenen aus den Pilot-Episoden zur Verfügung!«

»Seien Sie unbesorgt«, erwidert Heath.

»Von wegen. Wir sind nicht bereit, noch länger zu warten. Zeigen Sie uns jetzt, was die Firma bisher geschafft hat. Es ist mir ganz gleich, welches Stadium die Trickaufnahmen erreicht haben. Wir wollen sie sehen.«

Zwanzig Minuten später betrat ein übel gelaunter Roddenberry die Anderson Company. Bob Justman begleitete ihn. Sie begegneten dem Chef Daryl Anderson und verlangten von ihm, daß er ihnen zeigte, was die Firma für STAR TREK vorbereitet hatte. Daryl holte einige Rollen und führte die Besucher in ein Vorführzimmer. Das Licht ging aus, und der Projektor surrte. Gene und Bob erstarrten förmlich, als sie einen drei Minuten langen Streifen sahen, der ihnen zum größten Teil verschwommene, miese, auf den ersten Blick als Trickaufnahmen zu erkennende Bilder zeigte. Sie begriffen plötzlich, daß sie bis zu den Ohren in der Tinte saßen.

»Was soll das bedeuten, Daryl?« entfuhr es Justman. »Es ist fast September, und in einigen Tagen wird die erste Folge gesendet! Wo sind die Aufnahmen, die wir für den Vorspann brauchen?« Anderson schwitzte und begann zu zittern. Plötzlich sprang er auf, lief im Vorführzimmer umher und heulte: »O mein *Gott!* Der Termin für die erste Sendung läßt sich unmöglich halten!« Tränen strömten ihm über die Wangen, und er stürmte hinaus. Justman folgte ihm.

BOB JUSTMAN:
Anderson war ein freundlicher und netter Mann. Im Studio holte ich ihn ein, und er weinte wie ein kleines Kind. Er konnte sich gar nicht beruhigen, lief ständig hin und her. Schließlich hielt ich ihn an den Schultern fest und sagte: »Schon gut, Daryl. Es ist alles in Ordnung. Hören Sie? Es ist alles in Ordnung, Daryl.« Später verfrachtete man den armen Burschen nach Palm Springs.

Anderson verschwand, um sich irgendwo auszuruhen. Roddenberry und Justman hingegen sahen sich mit erheblichen Problemen konfrontiert, für die letztendlich Bill Heath verantwortlich zeichnete. Sie saßen im dunklen Vorführzimmer der Anderson Company und grübelten. Nach einer Weile atmete Gene tief durch, sah Justman an und sagte: »Kommen Sie mit.«

Die beiden Männer besorgten sich alle *Enterprise*-Aufnahmen der beiden Pilot-Episoden und fügten sie dem jämmerlichen neuen Kram hinzu. Anschließend suchten sie ein Schnittzimmer auf, arbeiteten dort die ganze

Nacht und bastelten den berühmten Vorspann der *Enterprise*-Serie zusammen. Justman erinnert sich:

> BOB JUSTMAN:
> Jene Sequenz schufen wir praktisch aus dem Nichts, und als Grundlage dienten uns lächerlich dilettantische Bilder. Wir hatten Glück und bewiesen, daß es manchmal wirklich möglich ist, Wunder zu vollbringen. Allerdings: Aufgrund der Fast-Katastrophe hegte Gene einen echten Groll gegen Bill Heath. Er war sauer, weil Heath die Dinge verzögert und es Anderson nicht erlaubt hatte, sich von Trick-Profis helfen zu lassen. Der Bursche dachte einzig und allein daran, Geld zu sparen, doch damit handelte er gegen unsere Interessen und schadete STAR TREK. Hinzu kam der Umstand, daß er uns belogen hatte.
>
> Selbst der von Natur aus freundliche Gene verspürte den Wunsch, Bill Heath gründlich das Fell über die Ohren zu ziehen.

Daryl verlor als erster die Nerven, aber zu jenem Zeitpunkt hatte der Streß für uns alle ein schier unerträgliches Ausmaß erreicht. Schon viel zu lange waren wir enormen Belastungen ausgesetzt; früher oder später mußte die Situation kritisch werden. Jetzt rückte der erste Sendetermin immer näher, und dadurch spitzte sich die Lage noch mehr zu. Nach einer Weile wurde es für Bob Justman zuviel. Er schildert uns sein Empfinden:

> BOB JUSTMAN:
> Um fünf Uhr morgens fuhr ich zum Studio, und ich verließ es abends um acht oder halb neun. Dann kehrte ich heim, aß rasch etwas und arbeitete anschließend weiter. Meistens las ich Skripte oder Storys und machte mir Notizen, bis ich einschlief. Während der ersten Season bekam ich pro Nacht durchschnittlich vier Stunden Schlaf. Ich arbeitete so hart, weil ich

wie Gene etwas Einzigartiges schaffen wollte. Doch der Dauerstreß blieb nicht ohne Folgen für mich.

Eines Abends kam ich gegen halb zehn nach Hause, und meine Frau Jackie bereitete mir eine Mahlzeit zu. Ich aß rasch, stand auf, trug den Teller zur Spüle... Und plötzlich erwischte es mich. Von einem Augenblick zum anderen fühlte ich eine Mischung aus tiefer Erschöpfung und profunder Verzweiflung. Ich glaubte, keinen weiteren Arbeitstag zu ertragen. Mir fehlte einfach die Kraft. Es fiel mir schwer, mich auf den Beinen zu halten, und ich mußte mich an der Spüle festhalten, um nicht das Gleichgewicht zu verlieren.

Körper und Geist weigerten sich, mehr als zwanzig Stunden pro Tag Höchstleistungen zu vollbringen. Etwas in mir befürchtete, nicht mehr in der Lage zu sein, die Tätigkeit für STAR TREK fortzusetzen, und daraufhin begann ich zu weinen. Gleichzeitig gab ich mir alle Mühe, keine Geräusche zu verursachen: Ich schämte mich der eigenen Schwäche.

Dann kam meine Frau herein und sah mich in diesem Zustand. Sie gab mir einen doppelten Scotch und rief Gene an, um ihm folgendes mitzuteilen: »Mir ist völlig schnuppe, was aus der Fernsehserie wird. Ich bringe Bob fort, ob es Ihnen paßt oder nicht. Er braucht dringend Gelegenheit, sich zu erholen. Es ist nicht richtig, daß er dauernd so hart arbeiten mußte. Wir machen Urlaub auf Hawaii.«

Nun, der arme Gene lauschte am Telefon, während ihm meine Frau die Meinung sagte, und die ganze Sache überraschte ihn vermutlich ebenso wie mich selbst. Er erwiderte: »Natürlich. Fliegt nach Hawaii. Bob braucht einen Tapetenwechsel. Er hat tatsächlich zu hart gearbeitet: In letzter Zeit war er noch gereizter als sonst.« Am nächsten Tag begann meine Reise nach Hawaii. Besorgt dachte ich daran, daß sich Roddenberry vielleicht dazu hinreißen ließ, mit Bill Heath abzurechnen und ihm irgend etwas anzutun, aber ich kehrte trotzdem nicht ins Studio zurück.

Als ich aufbrach, ahnte ich noch nicht: Gene hatte wieder einen seiner Streiche im Sinn, und diesmal nahm er dabei mich aufs Korn. Die ersten seltsamen Dinge fielen mir auf, als Jackie und ich den Flughafen erreichten.

Während meine Frau und ich durch die Halle gingen, bemerkte ich aus den Augenwinkeln einen gewissen Rick – er arbeitete als Laufbursche bei Desilu. Der Typ folgte mir und Jackie und versuchte dabei, nicht entdeckt zu werden. Immer wieder verbarg er sich hinter großen Topfpflanzen. Ich begriff: Es bahnte sich etwas an.

Nun, als wir uns anschickten, das Flugzeug zu betreten, spürte ich die Blicke des Personals auf mir ruhen. In der Maschine starrten mich auch die Stewardessen an: Sie wirkten verärgert und schienen mich aus irgendeinem Grund für eine Art Störenfried zu halten.

Wir schritten durch den Mittelgang vorbei an Reihen, die aus jeweils drei Sitzen bestanden. Als wir uns unseren Plätzen näherten... Ich hatte den Sessel am Fenster, Jackie den am Gang. Was den Platz in der Mitte betraf: Dort saß Balok, das gräßliche Ton-Monstrum aus ›The Corbomite Maneuver‹. Natürlich gab es nur eine Erklärung für diese Sache – Gene hatte sich einen Scherz erlaubt und dafür sogar das Okay der Fluggesellschaft bekommen.

Natürlich warteten alle auf meine Reaktion, aber ich ließ mir nichts anmerken, nahm gelassen neben dem angeblichen Alien Platz und blätterte in einer Zeitschrift.

Hinter mir saß jemand, der offenbar zuviel getrunken hatte. Der Bursche konnte sich überhaupt nicht unter Kontrolle halten und glaubte allem Anschein nach, nie etwas Komischeres gesehen zu haben. Er lachte dauernd, klopfte immer wieder auf die Rückenlehne meines Sessels und blies mir seinen Alkoholdunst entgegen. Schließlich kam Rick, um den ›Außerirdischen‹ fortzubringen.

Bob und seine Frau flogen also nach Hawaii. Sie landeten in Honolulu, begaben sich zur anderen Seite des Flughafens und gingen dort an Bord einer Propellermaschine. Ziel der zweiten und kürzeren Reise: Kauai. Dort angekommen nahmen sie ein Taxi und fuhren nach Hanalei, wo sie sich in einem Hotel einquartierten, das auf einer Klippe stand und eins der besten Panoramen von ganz Hawaii bot.

Das Ehepaar Justman traf pünktlich zum Monsun ein. Die ersten Regentropfen fielen, während Bob und Jackie auspackten, und im Verlauf des Urlaubs regnete es fast immer. Bob ließ sich davon nicht verdrießen und nutzte die Gelegenheit, um versäumten Schlaf nachzuholen. Zum erstenmal seit Monaten gelang es ihm, sich zu entspannen. Und als es ihm besser ging, wurde er Opfer eines zweiten Roddenberry-Streichs.

Bob surfte gerade im Regen, als ein Page mit einem Telegramm für ihn über den Strand lief. Justman stapfte aus dem Wasser und nahm den feuchten Zettel entgegen. »Reagieren Sie nicht auf Bill Heaths Anruf«, las er. »Erkläre den Zwischenfall später.«

Bob geriet in Panik, eilte zum Foyer, lief barfuß durchs Foyer und betrat die nächste Telefonzelle. Er dachte an ein schreckliches Blutvergießen, rief Genes Büro an und erfuhr dort von Dorothy Fontana, der Chef sei nicht zugegen.

Justman kehrte zum Strand zurück, und seine Innenwelt war noch unruhiger als die See. Später hockte er besorgt im Hotelzimmer und fragte sich immer wieder, was Roddenberry mit Heath angestellt haben mochte. Nach einer Stunde klopfte es an der Tür, und der Page brachte ein zweites Telegramm.

Zitternde Finger nahmen es entgegen und öffneten den Umschlag. »Ich weiß, es ist nicht leicht, aber Sie sollten der Sache mit Bill Heath keine Beachtung schenken. In meiner nächsten Mitteilung mehr dazu.« Erneut sprintete Bob zu einer Telefonzelle im Foyer, und erneut fiel es Dorothy Fontana schwer, nicht zu lachen, als sie log: »Gene ist nicht da.« Einmal mehr suchte Justman sein Zimmer auf, um dort ins Leere zu starren und sich Sorgen zu machen. Auf diese Weise ging es den ganzen Tag weiter. Mit jeder verstreichenden Stunde kam ein neues Telegramm, und die Mitteilungen lauteten: »Ignorieren Sie Bill Heaths Drohungen in Hinsicht auf einen Prozeß.« Oder: »Keine Sorge. Ich habe einen guten Anwalt.«

Am Ende des Tages, nach zahllosen Versuchen, mit Roddenberry zu telefonieren, war Bob kaum mehr als ein Wrack. Als der graue, verregnete Tag einer dunklen, regnerischen Nacht wich, erhielt Justman noch ein Telegramm. Er erwartete das Schlimmste, als er das Blatt entfaltete und las:

»Seien Sie unbesorgt. Ihre Sekretärin hat inzwischen zugegeben, daß Sie nicht der Vater sind.« Daraufhin wird dem geplagten Urlauber klar, daß man ihn auf den Arm genommen hat. Bei der Sache mit Balok war es ihm gelungen, nicht zu lachen, aber diesmal begann er laut zu prusten.

Am Ende der Woche flogen die Justmans heim, und ein gut erholter Bob begann fast sofort wieder mit der Arbeit. Kurz nach seiner Ankunft stellte er fest, daß Roddenberry die ersten Symptome eines ähnlichen Nervenzusammenbruchs zeigte. Während der Abwesenheit des Co-Produzenten hatte Gene noch länger und härter arbeiten müssen als vorher – jetzt war er absolut fertig und erledigt. Wenige Stunden später fuhr Bob erneut zum Flughafen. Ein weiterer Urlaub begann, diesmal nicht für Justman, sondern für Roddenberry. Im Flugzeug erlebte Gene eine Überraschung: Auf dem Nebensitz lag der tönerne Kopf eines gewissen Balok ...

DER UNBESUNGENE HELD

Gene Coon, STAR TREKs unbesungener Held.
(© 1993 Paramount Pictures)

An dieser Stelle sollte jemand erwähnt werden, der den größten Teil der kreativen Beiträge leistete und Roddenberrys *gute* Science Fiction häufig in *großartige* verwandelte. Gemeint ist ein Mann namens Gene Coon.

Coon wuchs in Nebraska auf, gehörte zum United States Marine Corps und verbrachte vier Jahre in Japan und China. Anschließend ließ er sich in Los Angeles nieder, arbeitete als freier Schriftsteller und wirkte an Serien wie *Dragnet, Peter Gunn, Bonanza, Rawhide, Wagon Train* und anderen mit. Coon war imstande, jederzeit zwischen dramatischen und komischen Stoffen zu wechseln. Aus einer von den Networks abgelehnten Pilot-Episode, die zur Zeit des Zweiten Weltkriegs spielte, machte er *McHale's Navy* und erzielte damit einen Erfolg. Darüber hinaus war er direkt an der Entstehung von *The Munsters* beteiligt. Die Fähigkeit, ganz nach Belieben zwischen den einzelnen Genres zu wechseln, traf man in Hollywood nur sehr selten an. Ich habe Bob Justman gefragt, wie Coon zu STAR TREK kam.

BOB JUSTMAN:
Die ersten dreizehn Drehbücher waren fast fertig, und Gene kehrte mit der Entscheidung von Hawaii zurück, sich selbst zum ausführenden Produzenten zu befördern. Er sagte mir: »Ich möchte unser Team um einen Produzenten und Autor erweitern, der eng mit Ihnen zusammenarbeiten soll. Derzeit ist er für *The Wild, Wild West* tätig, und die interessanten Aspekte jener Serie gehen auf ihn zurück. Morgen kommt er zu uns.«

Ich hatte nie eine Folge von *The Wild, Wild West*

gesehen und daher keine Ahnung, was Gene meinte. Trotzdem hielt ich die Idee für gut. Roddenberry brauchte Hilfe, wenn der Streß nicht erneut zuviel für ihn werden sollte. Außerdem: Wenn er jemanden für gut hielt, so mußte der Betreffende eine echte Kanone sein. Nun, am nächsten Tag traf Coon ein. Ich begrüßte ihn und versuchte, einen Eindruck von ihm zu gewinnen. Auf mich wirkte er wie ein Bankier oder wie ein Methodistenpriester – ein ruhiger, kühler Typ. Er hatte kurzes Haar, einen seltsamen Akzent aus dem mittleren Westen und blasse Wangen. Wie ein Autor sah er nicht aus.

Er weckte vielmehr Vorstellungen von einem mitleidlosen Bankdirektor, der es ablehnt, die Hypothek der armen Witwe zu verlängern. Meine erste Reaktion bestand aus Ablehnung. Doch als wir uns unterhielten, merkte ich schon nach kurzer Zeit, daß ich Coon falsch eingeschätzt hatte. Er erwies sich als echter Gentleman. Und als ich später sah, was er schrieb... Daraufhin *liebte* ich ihn geradezu. Er hatte echt was auf dem Kasten, konnte sowohl die Outlines der Story als auch das Drehbuch schreiben. Er setzte sich einfach hin, lächelte, rauchte, schüttelte die tollsten Ideen aus dem Ärmel und gab ihnen auch noch in Form eines Skripts Gestalt. Er stellte genau das dar, was STAR TREK brauchte; er war perfekt für uns.

Im Lauf der Jahre schrieb Gene Coon einige der besten Episoden und produzierte noch mehr. Mit ihm als Produzenten geriet STAR TREK richtig in Schwung. Er erweiterte die Serie um einige wichtige Dinge, die ihr schließlich zum Erfolg verhalfen. Zum Beispiel fügte er den einzelnen Folgen eine gut überlegte Prise Humor hinzu, was bei den Zuschauern Begeisterung verursachte. Bald wurde daraus ein wichtiges Element der Serie. Leonard erinnert sich daran, auf welche Weise er am amüsanten Aspekt von STAR TREK beteiligt war.

LEONARD NIMOY:
Es stellte sich schon bald heraus, daß die Fans großen Gefallen fanden an den beiden ›Streithähnen‹ Spock und McCoy. Und auch daran, daß Captain Kirk in dieser Hinsicht immer wieder zwischen die Fronten geriet.

Auf der einen Seite stand McCoy mit einer Mischung aus Ärger und Griesgrämigkeit. Dauernd versuchte er, Spock zu provozieren, ihn zu einer emotionalen – und damit *menschlichen* – Reaktion zu verleiten. Der vulkanische Erste Offizier blieb immer ruhig und wies McCoy auf die fehlerhafte Logik seiner Argumente hin. Ihm ging es darum zu beweisen, daß die Rationalität dem Gefühl weit überlegen war.

Ich habe mich immer bemüht, bei diesen Szenen ganz cool zu sein und höchstens eine Braue zu wölben. Während der ›Streitereien‹ gestaltete ich Spock nach dem Vorbild von George Burns und seiner Zigarre. George nahm Gracies Geschwafel immer mit amüsierter Gelassenheit hin, und dieses Verhalten diente mir als Beispiel.

Coons Humor wurzelte immer in den Protagonisten und wirkte nie aufgesetzt. Captain Kirk rutschte nie auf einer Bananenschale aus, um die Zuschauer zum Lachen zu bringen. Wir steckten Spock nie in Frauenkleidung. Solche Dinge hätten den von uns dargestellten Personen zum Nachteil gereicht. Coon vertrat die Ansicht, daß man die humorvollen Elemente von STAR TREK nicht nur dazu benutzen konnte, um das Publikum lachen zu lassen (dies galt insbesondere für den Zank zwischen Pille und Spock); er sah darin auch eine Möglichkeit, die Beziehungen zwischen den Protagonisten zu verdeutlichen. Ich bat Dorothy Fontana um Erläuterungen.

D. C. FONTANA:
Die ersten Folgen waren dramaturgisch einfach gestaltet, und dann merkten wir: Wenn wir den Rollen etwas

Oben: Ich bekomme es mit einem ärgerlichen, verdrießlichen Arzt und einem spitzohrigen George Burns zu tun.
(© *1993 Paramount Pictures*)

Unten links: Kirk, Spock und der Flivver aus ›A Piece of the Action‹.
(© *1993 Paramount Pictures*)
Unten rechts: Am Drehort von ›The City on the Edge of Forever‹.
(© *1993 Paramount Pictures*)

Humorvolles hinzufügten, wurde alles viel besser und interessanter. Deshalb beschlossen wir, diesen Aspekt von STAR TREK etwas mehr zu betonen. Wir hielten nach entsprechenden Möglichkeiten Ausschau, insbesondere in den Beziehungen zwischen den einzelnen Figuren. Ich glaube, hier begannen die subtilen Wortgefechte zwischen Spock und Pille McCoy. Der Humor ist für jede Person wichtig, und das galt auch für die Crew der *Enterprise*. Wenn Kirk die ganze Zeit über todernst gewesen wäre... Nun, dann hätte er als Kommandant des Raumschiffs *Enterprise* auf einen dreidimensionalen Charakter verzichten müssen. Wenn er über einen Sinn für Humor verfügte, wenn er über seine eigenen Fehler und angesichts von komischen Situationen lachen konnte... Dadurch bekam er echtes Innenleben. Und dadurch wirkte er auf der Mattscheibe noch viel besser. Auch aus diesem Grund fügten wir den Kontakten zwischen den Protagonisten amüsante Elemente hinzu.

Zu diesem Zweck beschloß Gene Coon, Kirk und Spock sollten den unbeholfenen Versuch unternehmen, in ›A Piece of the Action‹ einen aus den zwanziger Jahren stammenden Flivver-Wagen zu fahren. Eine andere Idee stammt ebenfalls von ihm. Er schlug vor, daß Kirk in ›The City on the Edge of Forever‹ Spocks seltsames Aussehen folgendermaßen erklärte:

KIRK
Oh, Sie sind ein Polizist – ich erkenne es an der traditionellen Kleidung. Mein Freund ist ganz offensichtlich... Chinese. Wie ich sehe, haben Sie seine Ohren bemerkt. Sie sind ganz einfach zu erklären.

SPOCK
Der unglückliche Unfall, den ich als Kind hatte...

KIRK
Ja, der unglückliche Unfall, den er als Kind hatte. Er geriet mit dem Kopf in einen, äh, automatischen Reispflücker. Zum Glück war ein Amerikaner in der Nähe, ein... Missionar, der nicht weit entfernt wohnte und früher, äh, als plastischer Chirurg gearbeitet hatte...

Während Coon zum Produktionsteam gehörte, sorgten die eigentlich gutmütigen Auseinandersetzungen zwischen Pille und Spock dafür, daß Bordarzt und Erster Offizier herrlich lebendig wurden. Das galt auch für die Freundschaft zwischen Kirk und Spock sowie die Charakterisierung von Scott, den brummigen Schotten, der als technisches Genie den Maschinenraum regierte und immer wieder Unmögliches leisten mußte. Coon verlieh den von Roddenberry ersonnenen Protagonisten der Serie Format, gab jedem von ihnen individuelles Leben und schloß sie zu einer Familie zusammen.

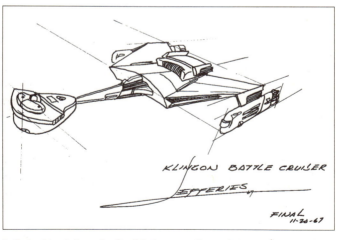

Jefferies Vorstellungskraft gibt einer von Coon stammenden Idee Gestalt: der Entwurf eines klingonischen Raumschiffs.
(© *1993 Paramount Pictures*)

Damit noch nicht genug: Coon verstärkte das Grundgerüst der Serie mit Konzepten, die schließlich einige außerordentlich gute Episoden ermöglichten. Die Klingonen, der organianische Friedensvertrag und die Erste Direktive – das alles haben wir Coon zu verdanken. Und dadurch wuchs STAR TREKs Glaubwürdigkeit. Coons Einfälle gaben Kirk, Spock und Pille ganz bestimmte Ziele, die es zu erreichen, besondere Regeln, die es zu beachten galt. Von einigen sehr gefährlichen Bösewichtern ganz zu schweigen.

Bisher glaubten viele Leute, daß diese Ideen Roddenberrys Kreativität entsprangen, aber das ist nicht wahr. Coon starb 1973 und fand nie Gelegenheit, Interviews zu geben oder bei Talk-Shows Fragen zu beantworten. Sein Name geriet einfach in Vergessenheit, und mit ihm seine großartigen Leistungen. Ich möchte es folgendermaßen ausdrücken: Roddenberry schuf STAR TREK, und Coon ermöglichte den enormen Erfolg der Serie.

Interessant ist auch, daß Coons Schreibtechnik ebenso ungewöhnlich war wie seine Geschichten. Die Witwe Jackie erinnert sich:

JACKIE COON:
Gene Coon liebte das Schreiben. Ich habe viele Autoren kennengelernt: Zwar halte ich sie alle für interessant, aber sie neigen auch dazu, deprimiert zu sein und einem mit ihrer Niedergeschlagenheit auf die Nerven zu gehen. Gene war ganz anders. Er beklagte sich nie darüber, schreiben zu müssen. Nein, er fand wirklich Gefallen daran. Wenn er bei den STAR TREK-Skripten irgendwo festsaß und an einer bestimmten Stelle nicht mehr weiter wußte, so ging er einfach schlafen. Er wußte, daß sich das Problem über Nacht von ganz allein löste. Ich weiß nicht, wie er das fertigbrachte, aber eins steht fest: Um fünf oder sechs Uhr morgens sprang er aus dem Bett, eilte voller Eifer zur Schreibmaschine und tippte, was das Zeug hielt – der Text

schien bereits zu existieren, in Form einer mentalen Vorlage, die es zu kopieren galt. Er schrieb wie der Teufel, bis um zwölf oder eins. Dann machte er Schluß. Ich fragte Gene, warum er mit solcher Hast schrieb, und er antwortete: »Ich habe immer so viel im Kopf, daß ich es gar nicht schnell genug zu Papier bringen kann.« Auf diese Weise arbeitete er, fühlte sich großartig und liebte seinen Job. Wenn er gegen eins fertig war, gingen wir fort und vergnügten uns für den Rest des Tages.

Seine sehr produktiven Finger brachten Coon schnell den Ruf ein, der ›schnellste Tipper im Westen‹ zu sein. Im Gegensatz zu den meisten anderen schnell schreibenden Autoren wirkten seine Werke nie ›heruntergehauen‹. Statt dessen waren sie aufregend und spannend, voller unerwarteter Entwicklungen. Die Folge ›The Devil in the Dark‹ ist ein gutes Beispiel dafür, was Coon zu leisten vermochte.

Es begann alles mit einem Gummifladen. Ein Mann namens Janos Prohaska – er entwarf, konstruierte und spielte mindestens die Hälfte alle sonderbaren Kreaturen, Ungeheuer und Affen in Hollywood – arbeitete recht oft mit uns zusammen. Während unserer drei Seasons schuf er den Mugatu für ›A Private Little War‹. (Eigentlich schuf er den ›Gumatu‹; wir änderten den Namen, als sich De Kelley dauernd versprach und ›Mugatu‹ sagte.) Ihm verdankt STAR TREK auch das Steinwesen Yarnek, das Kirk zwingt, in ›The Savage Curtain‹ an der Seite von Abraham Lincoln zu kämpfen. Nun, bei dieser besonderen Gelegenheit zeigte uns der aufgeregte Janos einen großen, von ihm gestalteten Gummifladen. Ich sah mir das Ding an und muß gestehen, nicht sehr beeindruckt gewesen zu sein. Auf mich wirkte das Etwas wie ein nicht ordentlich zusammengerollter Teppich. Doch Janos strahlte übers ganze Gesicht und wollte uns unbedingt demonstrieren, wozu

Der ›Mugatu‹, vormals ›Gumatu‹. (© *1993 Paramount Pictures*)

sein ›Geschöpf‹ in der Lage war. Er nahm ein Huhn, das er sich vom nächsten Metzger besorgt hatte, und warf es vor dem Fladen zu Boden. Anschließend lächelte er. Unsere Gesichtsausdrücke wiesen deutlich darauf hin, daß wir nicht wußten, worauf er hinauswollte, aber der Bursche lächelte trotzdem. Nun, er kroch unter den Gummifladen, schob den vorderen Bereich über das Huhn hinweg, wobei er stöhnte und ächzte – auf diese Weise wollte er den Fladen als lebendes Wesen präsentieren. Das Gummituch blieb in Bewegung, und einige Sekunden später kam hinten das Skelett eines Huhns zum Vorschein. Wir alle lachten, und Coon rief mit Tränen in den Augen: »Das ist *großartig!* Ich finde es toll! So etwas brauchen wir!«

Er eilte sofort zur Schreibmaschine und verfaßte ›The Devil in the Dark‹, eine Story mit einem ›Ungeheuer‹, das sich letztendlich als Held erwies. Die Geschichte beginnt auf dem Planeten Janus IV – dort wird im Auftrag der Föderation das wertvolle Mineral ›Pergium‹ gewonnen. Doch plötzlich sterben die Bergleute wie die Fliegen: Sie werden von Prohaskas ›Gummifladen‹, dem sogenannten ›Horta‹, umgebracht. Man ruft die *Enterprise* zu Hilfe, und Spock führt eine Mentalverschmelzung mit dem Wesen herbei, wodurch sich herausstellt: Es versuchte nur, seine Eier zu schützen, die in den Föderationsminen immer wieder in Gefahr gerieten. Der erbarmungslose Mörder verwandelt sich plötzlich in ein Geschöpf, das Mitleid erregt und sich bemühte, seine Kinder zu schützen. Solche ungewöhnlichen und sehr intelligenten Geschichten zeigen ganz deutlich das wahrhaft einzigartige Talent von Coon.

Gene Coons Leben war ebenso romantisch und aufregend wie die von ihm stammende Prosa. In seiner realen Erfahrungswelt fand eine der unglaublichsten Liebesgeschichten statt, von der ich je gehört habe. Sie begann ganz harmlos und bescheiden, als Gene nach den vier Jahren bei den Marines die für Angehörige des Militärs geltenden Privilegien nutzte und eine Ausbildung an der Columbia School of Broadcasting begann. Er sah eine große Zukunft für das Fernsehen und hoffte, in dem neuen Medium Fuß fassen zu können. Die Klasse war recht klein, bestand aus acht ehemaligen GIs und zwei noch nicht ganz zwanzig Jahre alten Frauen.

Es dauerte nicht lange, bis sich Coon in eine der beiden jungen Damen verliebte. Sie hieß Jackie und schien ebenso zu empfinden wie er. Doch Gene war viel zu schüchtern, um seine Gefühle offen zu zeigen. Statt dessen schrieb er einen langen Brief, in dem er seine Liebe erklärte und Jackie bat, seine Frau zu werden. Bedauerlicherweise fand er nicht genug Mut, um ihr den Brief zu schicken. Sie hielt seine Scheu schließlich für mangelndes Interesse und wandte ihre Aufmerksamkeit einem anderen Klassenkameraden zu – mehrere Monate später heiratete sie den Mann.

Zuerst war Coon sehr betrübt, doch schließlich wandte er sich der zweiten Schülerin namens Joy Hankins zu. Nach rund einem Jahr heirateten sie. Zwar wurde Gene mit Joy recht glücklich, aber er kam nie ganz über den Verlust von Jackie hinweg. Im Verlauf der nächsten zehn Jahre zogen beide Paare nach Virginia, und zuerst sahen sie sich recht oft. Doch als die beruflichen Laufbahnen in verschiedene Richtungen führten, verloren sie sich allmählich aus den Augen.

Ein Zeitsprung ins Jahr 1968. Coon arbeitet für STAR TREK, und seine Ehe mit Joy ist nicht mehr so gut wie vorher. Es kommt nun zu einigen sehr seltsamen Zufällen, die ihn schließlich mit seiner ersten Liebe vereinen sollen. Jackie hat unterdessen eine Karriere als Schauspielerin und Fotomodell begonnen. Sie ist dabei recht erfolgreich und kann einen Auftritt bei der Filmversion von *Sweet Charity* vorweisen. Deshalb bekommt ihr Fotoporträt einen Ehrenplatz in den Universal Studios: Es ziert dort die ... Kantine.

Zufall Nummer eins. Eines Tages ist Coon mit einem Freund von Universal zum Essen verabredet. Während sie dort in der Cafeteria sitzen und miteinander plaudern, sieht Gene plötzlich das Bild – der Anblick verblüfft ihn so sehr, daß er sich mitten im Satz unterbricht. Aufgeregt engagiert er einen Privatdetektiv, um Jackie zu finden.

Zufall Nummer zwei. Der Detektiv hat sich noch nicht das Honorar für die erste Woche verdient, als Coon eines Morgens während der Fahrt zur Arbeit eine neue Reklametafel am Sunset Boulevard sieht. Sie zeigt eine wundervoll lächelnde Jackie. Coons Wagen stößt fast mit einem Bus zusammen. Gerade noch rechtzeitig gelingt es ihm, sich wieder zu fassen und einen Unfall zu vermeiden. Lächelnd setzt er die Fahrt zum Studio fort, um wenige Minuten später seine Sekretärin Andie Richardson zu bitten, die für das Reklameschild verantwortliche Agentur ausfindig zu machen. Er fügt die Bitte hinzu, das auf der Tafel abgebildete Modell möge sich mit ihm in Verbindung setzen.

Zufall Nummer drei. Es dauert nicht lange, bis Andie Richardson Coons Büro betritt, mit der Zeitung winkt und ihrem Chef mitteilt, daß im Gesellschaftsteil von Jackie berichtet wird – angeblich steckt sie mitten in einer Scheidung. »Besorgen Sie mir ihre Telefonnummer«, sagt Coon. Seine Sekretärin stellt einige Nachforschungen an, und eine Stunde später findet ein erster telefonischer Kontakt statt. Jackie erinnert sich daran.

JACKIE COON:
Ich weiß noch, daß ich ihn zuerst fragte: »Bist du glücklich?« Daraufhin brach er in Tränen aus. Es war überwältigend. Wir verabredeten uns für den nächsten Tag zum Mittagessen. Nun, ich hatte nie aufgehört, Gene zu lieben. Die erste Liebe vergißt man nicht. Sie bleibt für immer im Herzen, auch wenn man sich später weiterentwickelt. Am nächsten Tag trafen wir uns, und wir beide spürten: Unsere Gefühle füreinander waren ebenso stark wie damals. Ich sagte: »Ich möchte dich nicht noch einmal verlieren.«

Nach dem Essen unterhielten wir uns im Wagen, und Gene gestand: Er war mit seiner Ehe so unglücklich, daß er sich einen Revolver gekauft hatte, um damit Selbstmord zu begehen. Auf diese Weise wollte er seine Probleme lösen. Als er mich wiederfand... Es gab ihm neuen Mut, und um sechs beschlossen wir zu heiraten. Gene nahm seine ganze Kraft zusammen, um sich von Joy scheiden zu lassen. In dieser Hinsicht fühlte er sich so kolossal schuldig, daß er ihr alles überließ. Ich meine wirklich *alles*.

Einer von Coons besten Freunden war damals Bill Campbell. Den Lesern dieses Buches ist er sicher bekannt, und zwar als Trelane aus ›The Squire of Gothos‹. Er erzählt uns von einer Party, die an jenem Abend stattfand und an der auch Roddenberry, Majel, Gene Coon und Joy teilnahmen.

BILL CAMPBELL:
Roddenberry und Coon stehen bei der Party zusammen, die eine Art STAR TREK-Treffen zu sein scheint. Nach einer Weile sagt Roddenberry: »Joy sieht geradezu hinreißend aus. Und offenbar amüsiert sie sich prächtig.« Coon erwidert: »Ja, mag sein. Ich fürchte jedoch, daß ihre Stimmung in einigen Stunden nicht mehr so gut sein wird.«

»Wie meinen Sie das?« erkundigt sich Roddenberry, und Coon antwortet: »Morgen verlasse ich sie.« Als sie nach der Party heimkehren, bringt es Gene nicht fertig, mit seiner Frau zu reden. Sie merkt natürlich, daß Gene etwas bedrückt, und schließlich fragt sie: »Was ist los? Habe ich etwas Falsches gesagt? Habe ich mich irgendwie falsch verhalten?« Coon erzählt ihr alles, und anschließend weinen sie sich gemeinsam durch die Nacht. Am nächsten Morgen füllt Gene seinen Aktenkoffer mit Manuskripten und geht.

Kurze Zeit später wird Jackie Coons zweite Frau. In den restlichen fünf Jahren seines Lebens ist jeder Tag so voller Glück und Leidenschaft, wie es kein Liebesroman schildern kann.

Doch selbst wenn man sehr talentiert und glücklich

ist – es läuft nicht *immer* alles glatt. Als Coon sich in seinem neuen Büro einrichtete, steuerte Roddenberry einer Nervenkrise entgegen. Was dazu führte, daß sich sein Anfang bei STAR TREK recht schwierig gestaltete: Coon mußte ein Drehbuch umschreiben, das von einem sehr guten Autor stammte, der viele Beiträge für die Serie lieferte: Theodore Sturgeon.

Gene hatte bereits an dem Skript gearbeitet und glaubte, alle notwendigen Änderungen vorgenommen zu haben. NBC sah die Sache anders. Die Episode hieß ›Shore Leave‹, und in der ursprünglichen Form war der Stoff ebenso phantastisch wie bizarr. Die Programmdirektoren des Networks hatten das Manuskript gelesen und erhoben sofort einige Einwände. Sie fürchteten, daß die Zuschauer noch nicht genau wußten, worum es bei STAR TREK ging. Wenn die Crew der *Enterprise* kurz nach Beginn der Serie ein derart ›abstraktes‹ Abenteuer erlebte, so beschloß das Publikum vielleicht, den Kanal zu wechseln und auch den nächsten Folgen keine Beachtung mehr zu schenken. Man schickte Roddenberry eine Mitteilung mit Vorschlägen – d. h. Anweisungen –, auf welche Weise das Drehbuch geändert werden sollte. NBC legte großen Wert darauf, daß der Zuschauer gleich zu Anfang erfuhr: Solche Erlebnisse sind für die Besatzung des Raumschiffs *Enterprise* keineswegs normal.

Bevor Roddenberry zum Flughafen gefahren wurde, damit er eine Woche lang auf Hawaii ausspannen konnte, schrieb er noch schnell eine Notiz für Coon und erklärte darin die von NBC gewünschten Änderungen des Drehbuchs. Doch in der Hast, die fast immer am Anfang eines Urlaubs steht, blieb die Nachricht auf dem Schreibtisch liegen.

Coon bekam Sturgeons Manuskript in die Hand und las es. Er wußte nichts von den Bedenken bei NBC und fügte der Story einige Szenen hinzu, durch die alles noch aufregender wurde – und auch absurder. Die Tage vergingen rasch. Man vervielfältigte das fertige Skript,

Mein würdiger Gegner. (© *1993 Paramount Pictures*)

plante die Produktion, erstellte eine Liste der einzelnen Aufnahmen und Einstellungen.

Am Abend vor dem ersten Drehtag kehrte Roddenberry zurück.

Es baumelte noch immer ein Blumenkranz an seinem Hals, als er braungebrannt und erholt das Studio aufsuchte, dabei angenehmen Erinnerungen an den Sonnenschein von Hawaii nachhing. Drei Minuten später sollte seine entspannte Ruhe ein jähes Ende finden, als er nach dem von Coon redigierten Skript für ›Shore Leave‹ griff.

Roddenberry überflog die Zeilen und schnappte entsetzt nach Luft. Vor ihm lag ein außerordentlich gutes und leider völlig unbrauchbares Drehbuch. Zu allem Überfluß war der Produktionsbeginn für den nächsten Morgen vorgesehen. Coon arbeitete bereits an den Änderungen von drei anderen Manuskripten, und deshalb blieb dem Heimkehrer nichts anderes übrig, als be-

Nach einem langen, anstrengenden Drehtag genießen Leonard und ich geistig anregende Lektüre. (© *1993 Paramount Pictures*)

Bei den Dreharbeiten zu ›A Private Little War‹. Drehort: die Vasquez Rocks von Los Angeles. (© *1993 Paramount Pictures*)

Leonard und ich sprechen mit Regisseur Marc Daniels, lächeln dabei und versuchen, die Hitze zu ignorieren. (© *1993 Paramount Pictures*)

Links: Während einer Drehpause. Die Beleuchter rücken einige Spiegel zurecht, die unsere Studiolampen ersetzen. Ich schwitze auch weiterhin. (© *1993 Paramount Pictures*)
Rechts: Leonard kann die Hitze nicht länger ertragen, und ich biete ihm fröhlich an, ihn zu erschießen. (© *1993 Paramount Pictures*)

reits die erste Nacht durchzuarbeiten. Nun, in diesem besonderen Fall nützten ihm seine Talente nur wenig – die Zeit war einfach zu knapp. Viel zu schnell begann die Morgendämmerung, und das STAR TREK-Produktionsteam fuhr zu der Ranch, wo die meisten Aufnahmen stattfinden sollten. Um halb sieben hatte Roddenberry eine erste Fassung der Anfangsszenen fertiggestellt, doch ihm fehlte nach wie vor eine Vorstellung vom Ende der Episode. Ich weiß noch, wie er zu uns lief, Bob Justman einige Blätter reichte, dann im Schatten Platz nahm und weiterschrieb.

Mit der im Verlauf der Nacht entstandenen Neufassung brachten wir den ersten Drehtag hinter uns. Die geänderten Szenen waren eigentlich gar nicht schlecht: Sie enthielten aufregende Action und zeichneten sich durch den typischen Roddenberry-Stil aus. Allerdings gab es einige leere Stellen in Hinsicht auf die Dialoge, was für uns Schauspieler bedeutete, daß wir oft improvisieren mußten. Als wir am Abend Schluß machten, hatte Gene noch immer keine Ahnung vom Ende dieser STAR TREK-Folge. Bei einem langen Abendessen mit Darstellern und Angehörigen des Produktionsteams entwickelte Roddenberry ein besonders spektakuläres Finale. Daran nahmen teil: Samurai-Krieger, Bomber aus dem Zweiten Weltkrieg sowie Tiere aus dem nahen Wildschutzgebiet.

In der Story taucht auch ein Tiger auf, und in der allgemeinen Aufregung ließ ich mich zu dem Vorschlag hinreißen, Captain Kirk sollte gegen ein derartiges fleischfressendes Monstrum kämpfen.

In diesem Zusammenhang denken Sie vermutlich an Stuntman und Plüschtiger und dergleichen, aber ich versichere Ihnen: Mir lag überhaupt nichts an derartigen Sicherheitsmaßnahmen. Was noch seltsamer ist: Ich erinnere mich daran, von der Vorstellung einer solchen Konfrontation richtig begeistert gewesen zu sein. Der allseits herrschende Improvisationstaumel steckte mich an und schien zumindest einen Teil des gesunden Menschenverstands auszuschalten. Wie sonst ließ es sich erklären, daß ich mir plötzlich wünschte, ausgerechnet mit einem Tiger zu ringen? Roddenberry mußte sich eigentlich um tausend andere Dinge kümmern, doch er nahm sich Zeit für mich und versuchte, mir die törichte Idee auszureden. Aber ich blieb aus irgendeinem unerfindlichen Grund stur.

Dann griff Roddenberry zu einer genialen Taktik. Er legte mir den Arm um die Schultern, führte mich durch den Tierpark und betonte, ich sei zu wichtig für die Serie, um mein Leben bei einem Kampf mit dem Menschenfresser zu riskieren. Eigentlich gingen wir nicht sehr weit, aber wie es der ›Zufall‹ wollte – ich vermute heute, es steckte Absicht dahinter –, gelangten wir zum Gehege der Tiger, und zwar unmittelbar nach der Fütterung. Dort saß jenes Geschöpf, gegen das ich kämpfen wollte. Gewaltig und majestätisch wirkte es – und es nagte gerade an einem langen, dicken Knochen mit roten Fleischfetzen.

Irgend etwas schnürte mir plötzlich den Hals zu, und die dumme Heldenhaftigkeit in mir wich reinem Entsetzen. Ich versuchte, nicht zu ängstlich und eingeschüchtert zu wirken, als ich langsam zurückwich. »Nun, wenn es dem Wohle der Serie dient...«, sagte ich kleinlaut. »Dann bin ich bereit, auf einen Kampf gegen dieses Miezekätzchen zu verzichten.« An dieser Stelle trat Nimoy auf uns zu und meinte: »*Ich* könnte den Tiger mit einem vulkanischen Nervengriff außer Gefecht setzen.«

Im Rückblick muß folgendes festgestellt werden: Der Erfolg von STAR TREK ist nicht nur einer gut durchdachten und sehr einfallsreichen Science Fiction zu verdanken, sondern auch dem Umstand, daß Gene Roddenberry die Schauspieler davor bewahrte, im Magen von Raubtieren zu enden.

SCHWIERIG-KEITEN MIT SPEZIAL-EFFEKTEN

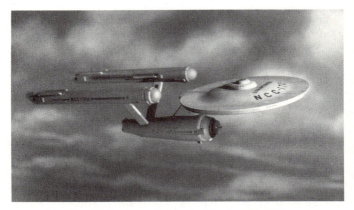

Die einen Meter lange *Enterprise* hängt an unsichtbaren
Fäden und scheint zu fliegen. (© *1993 Paramount Pictures*)

Nachdem Bill Heath und die Anderson Company fast eine Katastrophe verursacht hatten, verschworen sich Gene Roddenberry und Bob Justman miteinander, um dafür zu sorgen, daß die visuellen Spezialeffekte nie wieder in einen derartigen Verzug gerieten. Zu diesem Zweck engagierten sie Eddie Milkis. Eddie hatte als Cutter an *The Lieutenant* mitgewirkt und Gene so sehr beeindruckt, daß Roddenberry unbedingt ihn mit der Aufsicht jener Arbeiten beauftragen wollte, die nach der eigentlichen Produktion stattfanden. Milkis erinnert sich:

EDDIE MILKIS:
Ich begegnete Gene zum erstenmal im Jahr 1964, als er *The Lieutenant* produzierte und ich als Cutter arbeitete. Damals kümmerten sich jeweils drei Cutter um jede Fernsehserie, die aus sechzig Minuten langen Folgen bestand, doch bei *The Lieutenant* ergaben sich Probleme. Roddenberry war mit dem Schnitt nie ganz zufrieden und verlangte immer wieder Änderungen, wodurch sich alles verzögerte. Nun, man engagierte mich als vierten Cutter, und schon nach wenigen Tagen stellte sich heraus: Gene und ich verstanden uns auf Anhieb. Am Ende der Season konnten unsere beruflichen Beziehungen überhaupt nicht besser sein.

Als *The Lieutenant* aus dem Fernsehen verschwand, wuchs meine Enttäuschung in Hinsicht auf den Job – ich verabscheute es, drei Monate pro Jahr arbeitslos zu sein. Ich sah mich nach anderen Tätigkeitsbereichen um und versuchte es als Immobilienmakler, zusammen mit meinem Schwager.

1965 rief mich Gene an und meinte: »Ich drehe eine

Pilot-Episode für STAR TREK. Bestimmt erinnern Sie sich an die Serie – wir haben darüber gesprochen. Wären Sie bereit, den Schnitt zu übernehmen?« Ich antwortete: »Nein, unmöglich, Gene. Ich übe jetzt einen ganz anderen Beruf aus.« Ein Jahr später rief Roddenberry noch einmal an und bat mich, als Cutter bei der zweiten Pilot-Episode tätig zu werden. Wieder lehnte ich ab.

Anschließend meldete sich Gene in unregelmäßigen Abständen, und wir sprachen über den allgemeinen Stand der Dinge und so. Im August 1966 klingelte das Telefon eines Abends gegen sechs. Ich erinnere mich deshalb so genau daran, weil jener Anruf mein Leben veränderte.

Ich saß im Immobilienbüro, und geschäftlich sah's ziemlich mies aus. Es ging bergab, und das wußte ich. Gene teilte mir mit: »Ich bin in Schwierigkeiten. Wir haben einige Folgen der Fernsehserie gedreht, aber angeblich können sie nicht rechtzeitig zum Sendetermin fertiggestellt werden.« Ich erwiderte: »Wie ist das möglich? So etwas darf nicht passieren.«

Gene bat mich, zu ihm ins Büro zu kommen, um die Angelegenheit zu besprechen. »In Ordnung«, sagte ich. »Morgen früh bin ich bei Ihnen.« Gene: »Nein, nein. Es eilt sehr. Können Sie nicht sofort kommen?« Ich zögerte nur kurz. »Na schön. Auf dem Heimweg schaue ich bei Ihnen vorbei.«

Im Büro traf ich nicht nur Gene, sondern auch Bob Justman und Herb Solow, Desilus Produktionschef. Sie erklärten mir die Situation. In der Abteilung für Nachbearbeitung wie Schnitt und so weiter herrschte das reinste Chaos, meinten sie. »Ich möchte, daß Sie dort die Sache in die Hand nehmen«, sagte Roddenberry nach einer Weile. Ich schüttelte den Kopf. »Himmel, Sie wissen doch, daß ich ein Cutter bin, nicht mehr und nicht weniger. Ich verstehe mich nicht darauf, Leute herumzukommandieren und eine ganze Abteilung zu organisieren.« Gene winkte ab und lächelte. »Ach, Sie werden schon damit fertig.« Ich lachte, und nach dem Gespräch war ich eingestellt. Am nächsten Morgen begann ich mit der Arbeit.

Eine der ersten Erkenntnisse von Eddie Milkis bestand darin, daß für die Weltraumflüge der *Enterprise* viele Trickaufnahmen erforderlich waren. Und eine solche Arbeitsbelastung erwies sich als zu groß für die Anderson Company. Die Spezialeffekte waren nie rechtzeitig fertig, und dadurch verzögerte sich die gesamte Nachbearbeitung der einzelnen Folgen. Milkis beriet sich mit Bob Justman, und anschließend beauftragte er vier weitere Firmen, so daß die visuellen Spezialeffekte für STAR TREK an mehreren verschiedenen Orten gleichzeitig entstanden.

Das löste *eines* unserer Probleme, aber es gab noch viele andere. Musik, Ton, für besondere Einstellungen bestimmte Miniaturmodelle der *Enterprise* und schließlich der Schnitt – die Verantwortung dafür ruhte nun auf Eddies Schultern.

Die Szenen jeder STAR TREK-Episode in die richtige Reihenfolge zu bringen, für gute Übergänge zu sorgen, erstklassige Aufnahmen von durchschnittlichen zu trennen – das alles erforderte eine Menge Zeit. Doch in dieser Hinsicht brauchte sich Milkis kaum Sorgen zu machen, denn unsere Cutter verstanden ihr Handwerk. Eddie beaufsichtigte sie und beschränkte sich darauf, zu kommentieren, den einen oder anderen nützlichen Rat zu geben. Dieser Aspekt seiner Aufgaben bereitete ihm Freude; immerhin war er selbst einmal Cutter gewesen. Er erklärt dazu:

EDDIE MILKIS:
Die Tätigkeit des Cutters gefiel mir deshalb so sehr, weil sie es mir ermöglichte, in die Rolle des Geschichtenerzählers zu schlüpfen. Ich glaube, wenn Cutter die

Sache aus diesem Blickwinkel sehen, können sie Wunder bewirken. Ich liebte es, die Teile einer Szene zu nehmen und sie zu einem hübschen Ganzen zusammenzufügen. Wenn der gewünschte Effekt ausblieb ... Nun, dann zerlegte man wieder alles in die Einzelteile, in Einstellungen und Aufnahmen, aus denen man anschließend eine neue Struktur formte. Mit ein wenig Glück stellte man dann fest: »He, es klappt! Was für ein Unterschied!« Es handelt sich um einen sehr kreativen und befriedigenden Vorgang.

Wenn der Schnitt einer bestimmten Episode fertig und sowohl von Justman als auch von Roddenberry genehmigt war – dann durfte sich Eddie gleich wieder an die Arbeit machen. Zwar erweckte die Folge nun den *Anschein*, endgültige Gestalt gewonnen zu haben, aber es fehlten noch immer Musik, Ton und visuelle Effekte. Hinzu kam: Vielleicht verlangte das Drehbuch besondere Aufnahmen, die das Raumschiff *Enterprise* im All oder in der Umlaufbahn eines Planeten zeigten.

Diese Dinge erforderten den größten Teil von Milkis' Aufmerksamkeit. Häufig geschah es, daß jene Arbeiten hinter dem Zeitplan zurückblieben. »Warum dauerte es oft so lange?« fragte ich ihn.

EDDIE MILKIS:
Die Spezialisten der einzelnen Trickfirmen, unter ihnen auch die Anderson Company, leisteten gute Arbeit, aber man muß auch berücksichtigen, daß wir damals das Jahr 1966 schrieben. Uns stand nicht die Technik zur Verfügung wie heute. Wir mußten auf Computer und dergleichen verzichten; nach heutigen Maßstäben waren unsere Hilfsmittel und Werkzeuge geradezu primitiv. Darüber hinaus fehlten uns Erfahrungen: Bei vielen visuellen Tricks mußten wir improvisieren.

Wir wollten eine bestimmte Wirkung erzielen und überlegten, auf welche Weise es vorzugehen galt. Anschließend probierten wir verschiedene Lösungen aus. Das war unsere Taktik in neunzig Prozent aller Fälle. Fast alles geschah aus dem Stegreif. Und wenn wir etwas versuchten... Meistens sah das Ergebnis ganz anders aus, als wir dachten. Woraufhin wir einen neuerlichen Versuch unternehmen mußten, und dann noch einen – bis es schließlich klappte.

Nun, während wir die eine Aufnahme perfektionierten, konnten wir uns natürlich nicht der nächsten zuwenden. Und deshalb kam es immer wieder zu Verzögerungen.

Während dieser Zeit begann Milkis seinen Arbeitstag, indem er sich um halb sechs mit Bob Justman beriet. Sie sprachen über den Stand der aktuellen Nachbearbeitung, wandten sich dann den nächsten Episoden zu und erörterten die *dafür* notwendigen Spezialeffekte. Der Grund für das frühe Treffen: Den Rest des Tages über waren beide Männer viel zu beschäftigt. Milkis mußte fast immer die Produktion der Trickaufnahmen im Auge behalten, und am Abend war er beim Filmen der *Enterprise*-Modelle zugegen.

EDDIE MILKIS:
Ich arbeitete von halb sechs morgens bis um Mitternacht und manchmal noch länger. Die Erklärung: Während der ersten Season mangelte es an Filmsequenzen, die das Raumschiff *Enterprise* während des Flugs zeigten. Wir brauchten allgemeine Aufnahmen: das Schiff quer über den Schirm oder auf den Beobachter zu. Hinzu kamen spezifische Einstellungen, die das jeweilige Skript verlangte.

Wir arbeiteten mit zwei verschiedenen Miniatur-Modellen. Das erste war etwa einen Meter lang. Wir benutzten es, wenn das Drehbuch die Explosion einer Triebwerksgondel vorsah oder wenn ein Shuttle starten sollte. Wenn die *Enterprise* auf irgendeine Art und

Weise beschädigt wurde, so verwendeten wir immer das kleine Modell. Das große kam dafür nicht in Frage.

Die größere *Enterprise* verfügte über Positionslichter am Diskussegment und wies mehr Einzelheiten auf. Sie stellte ein ziemlich komplexes Modell dar. Und sie war fast dreieinhalb Meter lang. Mit anderen Worten: Sie eignete sich nur bedingt als Modell für komplette Aufnahmen. Nun, tagsüber eilte ich von Studio zu Studio, um festzustellen, wie die ›normalen‹ Tricks vorankamen, und außerdem sah ich ab und zu im Schneideraum nach dem Rechten. Abends suchte ich einen Raum namens ›Film Effects‹ auf, wo ein gewisser Linwood Dunn mit den *Enterprise*-Modellen arbeitete.

Dort gab es eine Art Bühne, und eine unserer ersten Maßnahmen bestand darin, sie blau zu streichen. Wir wollten den sogenannten ›Blue Screen‹-Effekt nutzen, der im großen und ganzen auf folgendes hinauslief: Wir filmten das Raumschiff, und später ersetzten wir den blauen Hintergrund durch Weltraumszenen.

Nun, die *Enterprise* wurde so aufgehängt, daß sie knapp anderthalb Meter über dem Boden schwebte, und anschließend verlegten wir Schienen für den Kamerawagen. Dann begannen die Aufnahmen. Wenn das Schiff den Eindruck erwecken sollte, dem Beobachter direkt entgegenzufliegen, fuhr die Kamera zum Bug der *Enterprise* und schwenkte im letzten Augenblick zur Seite. Wenn wir im Entwicklungslabor den blauen Hintergrund verschwinden und statt dessen Sterne erscheinen ließen... Dann wirkte das fliegende Schiff sehr realistisch. Diese Methode benutzten wir immer, wenn die *Enterprise* über den Bildschirm sausen mußte. Wenn die Kamera nach links schwenkte, drehte das Raumschiff nach rechts ab – und umgekehrt.

Es war keine neue Tricktechnik, doch in unserem

Zwei Ansichten der rund einen Meter langen *Enterprise*.

Oben: Alles für die Aufnahme bereit.

Rechte Seite: In meinen Händen für ein Standfoto zu Werbezwecken. (© *1993 Paramount Pictures*)

Die fast dreieinhalb Meter lange Enterprise wird vor dem ›Blue Screen‹ aufgenommen. (© *1993 Paramount Pictures*)

Fall steckte sie voller Schwierigkeiten. Wie sich herausstellte, gab es nur zwei Alternativen: Entweder waren die Aufnahmen perfekt – oder sie taugten nichts. Wenn die Farbe der *Enterprise* nicht exakt stimmte, oder wenn es mit der Beleuchtung haperte... dann blieb das erhoffte Ergebnis aus. Ein Fehler, und die Arbeit eines ganzen Abends war zum Teufel.

Da wir gerade bei Fehlern sind: Während der ersten Season von STAR TREK verdankte Eddie seine Kopfschmerzen vor allem uns Schauspielern und gelegentlicher Inkompetenz des jeweiligen Episodenregisseurs. In Hinsicht auf die visuellen Spezialeffekte von STAR TREK mußten bestimmte Regeln beachtet werden, und zu Anfang fiel uns das nicht leicht.

Nehmen wir nur den Transporter der *Enterprise*. Fürs Beamen mußten die betreffenden Besatzungsmitglieder zur Plattform gehen und auf den einzelnen Transferfeldern Aufstellung beziehen. Wenn die darunter installierten Lampen leuchteten, kam es darauf an, möglichst still zu stehen, und zwar fünfzehn Sekunden lang. Dann sollten die Darsteller das Feld sang- und klanglos räumen, damit die Kamera eine leere Transporterplattform filmen konnte.

Die Jungs im Entwicklungslabor nahmen sich den Streifen vor und schnitten jene Stelle heraus, die davoneilende Personen zeigte. Sie fügten einige Bilder hinzu, auf denen es hübsch schimmerte und gleißte, und das visuelle Ergebnis bestand aus einer Landegruppe, die sich vom Transporter fortbeamen ließ.

So *sollte* das Ergebnis aussehen. Aber während der ersten Season verstanden wir die Sache nicht richtig, und deshalb geschah es immer wieder, daß wir alles verpatzten: Wir traten falsch auf die Plattform, standen nicht ruhig genug oder ließen gar die eine oder andere Bemerkung fallen. Damit brachten wir Eddie Milkis fast um den Verstand.

EDDIE MILKIS:
Wenn wir zu Beginn die Aufnahmen sahen, hatten wir immer wieder Anlaß zu folgendem Kommentar: »Sie haben die Sache erneut vermasselt.« Die Schauspieler schlenderten umher, während der Transfer erfolgen sollte, oder ein Regisseur beendete die Szene, ohne die leere Transporterplattform zu filmen. Während der Anfangsphase gab es eine Menge Verwirrung, da niemand so recht wußte, wie die Spezialeffekte funktionierten.

Auch die Phaser bereiteten uns Probleme. Der Schütze mußte die Hand ganz still halten, während er von der Waffe Gebrauch machte – damit wir im Labor den ›Strahl‹ hinzufügen konnten. Aber kaum jemand schien dazu in der Lage zu sein, und deshalb bekamen wir dauernd zitternde Hände, denen in den fertigen Aufnahmen stabile Energiestrahlen gegenüberstanden. Dieser Kontrast entlarvte natürlich den Trick. Manchmal wiederholten wir bestimmte Szenen, doch in den meisten Fällen mußten wir uns mit dem begnügen, was wir im Kasten hatten.

Auf der anderen Seite der Stadt arbeitete Eddie mit Bob Justman und einem Mann namens Doug Grindstaff am Ton für STAR TREK. Auch in diesem Fall sorgten die besonderen Erfordernisse unserer Serie dafür, daß Routineaspekte der Produktion außerordentlich kompliziert wurden. Um nur ein Beispiel zu nennen: Bei den meisten Fernsehsendungen greift man auf Ton-Bibliotheken zurück, die praktisch alles enthalten, von Schüssen und Schreien bis hin zum Paarungsgebrüll von Elchen.

Doch bei STAR TREK ging es häufig um unbekannte Lebensformen, die sich auf eine ganz andere Weise verhielten, und deshalb konnten wir mit ›normalen‹ Geräuschen kaum etwas anfangen. Milkis, Justman und Grindstaff mußten neue schaffen. Ich habe Eddie gefragt, wie sie das bewerkstelligten.

Wir bekamen es richtig hin – manchmal.
(© *1993 Paramount Pictures*)

EDDIE MILKIS:
Wir begannen mit gewöhnlichen Tönen. Wenn wir ein seltsames, metallisch klingendes Geräusch brauchten, so nahmen wir eine Glocke, schlugen mit dem Hammer daran oder traten mit dem Fuß darauf. Dann sagten wir: »Na schön. Jetzt bearbeiten wir das in der Echokammer.« Wir hörten uns das Ergebnis an, fügten hohe und niedere Frequenzen hinzu, vielleicht auch noch einen Nachhall oder Vibrationen – bis es richtig klang. Bei anderen Gelegenheiten stießen wir an ein Stuhlbein, um das gewünschte Resultat zu erzielen.

Mit den Aufzeichnungen der Geräusche vollbrachten Spezialisten wie Fabian Tjordmann, Bob Swanson und Frank Keller ein kleines Wunder. Sie nahmen den ersten Schnitt einer bestimmten Episode, fügten den Ton hinzu und schufen eine fast komplette Version der entsprechenden Folge. Roddenberry schlug fast immer die eine oder andere Änderung vor, und wenn die Cutter anschließend ihre Arbeitszimmer verließen, lag offiziell der ›endgültige Schnitt‹ vor.

Wobei ›endgültig‹ nicht mit ›fertig‹ verwechselt werden darf. Es fehlte nach wie vor die Musik. Ein zuvor ausgewählter Komponist erhielt eine Kopie des Streifens, sah sich die Episode an und schrieb die Musik zu jeder

Szene. Wenn diese enorme Aufgabe bewältigt war, bestellte man ein ganzes Orchester ins Tonstudio, damit es dort das Werk des Komponisten spielte, während gleichzeitig die Episode gezeigt wurde. Auf diese Weise konnte festgestellt werden, ob Musik und Szenen richtig aufeinander abgestimmt waren. Wenn sich irgendein Monstrum an Pille heranschleicht, so soll die Musik Spannung vermitteln und einem akustischen Höhepunkt entgegenstreben, der dann erreicht wird, wenn das Ungeheuer den armen Doktor packt. Falls in solchen Fällen Bild und Ton nicht synchron waren, so ging die Dramatik der Szene verloren.

Nach dem Auftritt des Orchesters faßte man Dialoge, Ton und Musik zum Soundtrack zusammen und fügte ihn jener Version der Episode hinzu, die auf den Negativen der ursprünglichen Aufnahmen basierte. Das Endprodukt wurde noch einmal vom ständig überarbeiteten Milkis geprüft und dann dem Network geschickt.

An dieser Stelle durfte es sich Eddie leisten, erleichtert zu seufzen – um sich dann der nächsten STAR TREK-Folge zuzuwenden.

PREMIERE

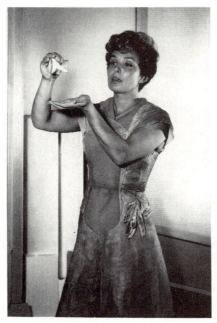

Der Salzklauer, getarnt als Pilles alte Flamme.
(© *1993 Paramount Pictures*)

Als der Sommer des Jahres 1966 zu Ende ging und der Sendetermin für die erste STAR TREK-Folge immer näher rückte, hatten wir alle das Gefühl, etwas Besonderes zu schaffen. Gleichzeitig spürten wir jene Art von Nervosität, wie sie für Erstaufführungen typisch ist.

Roddenberry bildete da keine Ausnahme. Ganz im Gegenteil: Vielleicht war er sogar noch nervöser als wir anderen. Er unternahm endlose Wanderungen in seinem Büro und ähnelte den Eisbären im Zoo von San Diego. Wenn die Bären geraucht und Strickjacken getragen hätten, so wäre es kaum möglich gewesen, sie von Gene zu unterscheiden.

Bei Roddenberry gesellten sich der Unruhe in Hinsicht auf die Premiere noch die üblichen Produktionssorgen hinzu, und schließlich wurde es ihm zuviel. Am Labor Day-Wochenende beschloß er, sich eine Abwechselung zu gönnen. Er nahm Kopien der beiden Pilot-Episoden, fügte ihnen eindrucksvolle STAR TREK-Kostüme hinzu, flog nach Cleveland und besuchte dort den größten SF-Con der Welt.

Der sogenannte Tricon stellt einen unwiderlegbaren Beweis dafür dar, daß Science Fiction-Conventions nicht mit STAR TREK begannen. 1966 konnte die jährlich stattfindende Veranstaltung bereits auf eine fünfundzwanzig Jahre alte Tradition zurückblicken. Am Freitagmorgen des langen Wochenendes rief Gene die Organisatoren des Tricons an und stellte in Aussicht, den Besuchern einen ersten Eindruck von der neuen SF-Serie bei NBC zu gewähren. Die Veranstalter waren begeistert und baten ihn, auch einige Kostüme mitzubringen, da eine Art ›futuristische Modenschau‹ stattfinden sollte.

Die dafür verantwortliche Frau hat einen schrecklichen Tag. Sie ist von Los Angeles nach Cleveland *gefahren* und natürlich müde. Darüber hinaus sieht sie sich unerwartetem Streß ausgesetzt: Sie muß die ›Modenschau‹ allein vorbereiten, da ihre Partnerin mit Blinddarmentzündung im Krankenhaus liegt. Zwar gibt sie sich alle Mühe, die vielfältigen Organisationsprobleme zu lösen, aber es kommt zu immer neuen Schwierigkeiten, die Ärger und Verdruß schaffen. Die Frau heißt Bjo Trimble. Später wird aus ihr der wichtigste Fan in der Geschichte von STAR TREK, aber ihre ersten Kontakte mit der Serie und Gene Roddenberry sind nicht gerade sehr herzlicher Natur.

BJO TRIMBLE:
Bei der ›futuristischen Modenschau‹ ging es nicht nur darum, wer das beste Kostüm trug. Die Sache war weitaus komplexer, hatte mehr Tiefe und Struktur. Die Veranstalter des Tricons zeigten in dieser Hinsicht nur wenig Entgegenkommen. Sie sagten mir: »Du hast genau eine Stunde für die Show, nicht mehr und nicht weniger. Sie beginnt um genau sieben Uhr und endet um exakt acht Uhr. Sie dauert nicht eine Sekunde länger oder weniger.«

Ich hatte insgesamt zwanzig Kostüme, und bei der logistischen Planung stellte ich fest: Wenn mein Timing richtig war, konnte ich im Rahmen von einer Stunde bleiben. Dreißig Sekunden später kam einer der Tricon-Organisatoren zu mir und meinte: »Wir haben vergessen, dir folgendes mitzuteilen: Zu den Gästen gehört ein Produzent aus Hollywood, und er hat drei Kostüme mitgebracht, die in deiner Show gezeigt werden sollten.«

Zu jenem Zeitpunkt brodelte bereits eine Menge Ärger in mir, und ich erwiderte: »Kommt nicht in Frage! Ausgeschlossen!«

»Wir haben ihm versprochen, daß du auch seine Kostüme berücksichtigst«, sagte der Typ.

»Und wenn schon«, entgegnete ich. »Es ist meine Show. Allein ich bestimme, was dabei gezeigt wird und was nicht!«

»Der Bursche steht da drüben. Und er hat die Sachen extra für uns mitgebracht.«

Ich rollte mit den Augen. »Wer ist er?«

»Gene Roddenberry«, lautete die Antwort.

»Gene wer?« fragte ich. »Hab noch nie von ihm gehört. Und ich bleibe dabei: Er bekommt keinen Platz in meiner Show.«

Kurze Zeit später erschien ein großer Mann mit unschuldigem Gesicht neben mir und sagte: »Hallo, ich bin Gene Roddenberry. Darf ich Sie zu einem Kaffee einladen?«

»Meinetwegen«, grummelte ich.

Ich wollte nicht nachgeben, aber Gene war sehr beharrlich und charmant. Er zeigte mir die Kostüme, indem er sie von drei Mannequins vorführen ließ. Ich weiß noch, daß Sherry Jackson eins davon in ›What Are Little Girls Made Of?‹ trug. Über einen Mangel an Verehrern konnte sich das entsprechende Modell an jenem Abend nicht beklagen. Selbst Harlan Ellison machte einen Annäherungsversuch.

Nach dem Kaffee war Bjo nicht nur bereit, die STAR TREK-Kostüme in ihrer Show zu zeigen. Sie hatte außerdem zugesagt, STAR TREK und die bevorstehende Premiere zu erwähnen. Sie erklärte: »Es gibt einen speziellen irischen Charme, dem man nicht widerstehen kann, und Gene war voll davon.«

Nach der ›Modenschau‹ zeigte Gene den Con-Besuchern ›Where No Man Has Gone Before‹. Er stand hinter der letzten Sitzreihe im vollen Zuschauerraum, und Nervosität prickelte in ihm, als das Licht gelöscht wurde und die ersten Bilder auf der Leinwand erschienen. Kurze Zeit später bemerkte er einen recht großen Mann, der mit lauter Stimme plauderte und die in der Nähe sitzenden Personen unterhielt. Er erzählte Geschichten, lachte und schenkte dem Film überhaupt keine Beachtung. Verärgert trat Roddenberry auf ihn zu, klopfte ihm auf die Schulter und sagte: »He, seien Sie endlich *still,* verdammt! Hier wird ein von mir produzierter Pilotfilm vorgeführt!«

Daraufhin schwieg der Mann. Als Gene zu seinem Platz hinter den Sitzreihen zurückkehrte, näherte sich ihm ein Con-Ordner und flüsterte voller Sarkasmus: »Herzlichen Glückwunsch. Sie haben gerade Isaac Asimov beleidigt.« Roddenberry war natürlich bestürzt.

Während der Vorstellung schwitzte Gene immer stärker, wischte sich dauernd die schweißfeuchten Hände ab und sah mit wachsender Besorgnis dem Ende der Episode entgegen. Wie mochte das Publikum reagieren? Als die Ereignisse auf der Leinwand einem dramatischen Höhepunkt entgegenstrebten, soll Gene die Augen geschlossen haben – die Wahrheit stand unmittelbar bevor, und er fürchtete sie. Schließlich begann der Nachspann, und Roddenberry hielt unwillkürlich den Atem an, erwartete die Reaktion des Publikums. Erstaunlicherweise blieb alles mucksmäuschenstill im Saal. Entsetzt öffnete Gene die Augen – er war sicher, daß die Zuschauer nichts von seinem Werk hielten.

Er irrte sich. Die Zuschauer waren so sehr beeindruckt, daß es ihnen zunächst die Sprache verschlug. Sie lasen die Namen im Nachspann, um zu wissen, wem sie dieses großartige Science Fiction-Spektakel verdankten. Schließlich standen sie auf, spendeten donnernden Applaus, stampften mit den Füßen und verlangten mehr. Die Begeisterung des Publikums veranlaßte Gene, auch ›The Cage‹ zu zeigen.

Als jene Episode den gleichen Enthusiasmus hervorrief, erschien Isaac Asimov plötzlich an Genes Seite, entschuldigte sich in aller Form für sein unhöfliches Verhalten und lobte, was er gerade gesehen hatte. Eine Freundschaft entstand, und Roddenberry atmete erleichtert auf.

Er konnte sich nun entspannen und sicher sein, daß STAR TREK gut ankam. Der überwältigende Beifall des Publikums veranlaßte Gene, Desilus Produktionschef Herb Solow ein Telegramm zu schicken:

```
756P PDT SEP 3 66 LB367 CTA271 CT CLB506 NL PD
CLEVELAND OHIO 3 HERB SOLOW, VP TV, DESILU
STAR TREK GROSSER ERFOLG BEI CONVENTION.
BEGEISTERTES PUBLIKUM. HAT BEIDEN
PILOT-EPISODEN OVATIONEN DARGEBRACHT.    GENE R.
```

8. September 1966: Genes unglaublichem Erfolg in Cleveland folgte eine Enttäuschung. Die NBC-Typen hatten sich alle von uns produzierten Episoden angesehen (unter ihnen so ausgezeichnete Folgen wie ›Mudd's Women‹, ›Charlie X‹ und ›The Naked Time‹), und für die Erstsendung wählten sie ausgerechnet unsere schlechteste Leistung: ›The Man Trap‹. Darin geht es um einen Vampir, der Salz benötigt und in McCoys Gestalt an Bord der *Enterprise* gelangt. Niemand von uns war besonders stolz auf diese Episode; sie gehört zu den miesesten überhaupt. Aber das Network vertrat die Ansicht, daß sie den Zuschauern den besten Eindruck von den allgemeinen Konzepten der STAR TREK-Serie vermittelte.

Gene erhob Einwände, die jedoch nichts nützten. ›The Man Trap‹ wurde am 8. September gesendet, und mit Bangen erwarteten wir den nächsten Tag. Es stellte sich folgendes heraus: Unsere Einschaltquoten waren bestenfalls durchschnittlich und die Kritiken lausig. *Variety* meinte zum Beispiel:

»›STAR TREK‹ verläßt sich offenbar auf die Gutgläubigkeit der Zuschauer, aber das wird auf Dauer nicht klappen. Selbst wenn man SF-Maßstäbe anlegt, muß festgestellt werden, daß die erste Folge aus einem einzigen Durcheinander bestand. Eine Stunde lang bot der Bildschirm Chaos, Gewalt, Hypnosedinge und ein gräßliches, abscheuliches Ungeheuer.

Eine derartige Mischung stößt sicher nur bei einem kleinen Publikum auf Interesse...

Die Schauspieler geben sich Mühe, aber Drehbuch, Regie und alles andere schaffen unüberwindliche Hindernisse für sie. William Shatner... erscheint hölzern...«

Einen Augenblick. Moment mal. Ich? Hölzern? *Ich* soll *hölzernen* gewirkt haben? Ein Captain, der so hervorragende Dialoge spricht wie »*Scotty! Spock! In spätestens drei Minuten brauchen wir Warppotential – sonst sind wir tot!*« soll *hölzern* sein?

»...Das gilt auch für Leonard Nimoy, der ebenfalls eine Hauptrolle spielt, und zwar den wissenschaftlichen Offizier Mr. Spock. Sein Haarschnitt (usw.) ist einfach dumm...«

Nun, wenigstens dieser Teil der Kritik ergibt einen gewissen Sinn. Auch ich habe Leonards Haarschnitt (und nicht nur den Haarschnitt, ähem) für ›dumm‹ gehalten. Außerdem hieß es in der Rezension:

»...Das größte Rätsel besteht darin, wie diese lächerlich banale Science Fiction überhaupt den Weg auf die Mattscheibe finden konnte.«

Es kam einer Ironie des Schicksals gleich: Wir hatten eine Schlacht gewonnen und STAR TREK in eine Fernsehserie verwandelt. Doch jetzt stand uns ein weiterer Kampf bevor. Die Besatzung der *Enterprise* mußte sich bemühen, eine Streichung aus dem NBC-Programm zu vermeiden, und dabei standen unsere Chancen eher schlecht.

GRÖSSERE DINGE

Spock in ›This Side of Paradise‹:
Die ›Krankheit‹ zeigt ihre Folgen.
(© 1993 Paramount Pictures)

Als Gene am 9. September sein Büro betrat, erwarteten ihn Nachrichten von niedrigen Einschaltquoten und schlechten Kritiken. Aber er ging einfach zur Tagesordnung über und beschloß, gegen den Strom der Negativität zu schwimmen. Vermutlich hoffte er, daß sich die Situation bald besserte. Nun, er hoffte vergeblich. Kaum hatte er am Schreibtisch Platz genommen, als seine Sekretärin Dorothy Fontana kündigte. Daraufhin gab es niemanden, der ihn vor dem Ansturm diverser Justmans, Coons, ehrgeiziger Autoren und verärgerter Network-Manager schützte.

Dorothy kündigte nicht einfach nur, sondern begann mit einer völlig neuen beruflichen Laufbahn. Sie gab die Pflichten der Sekretärin auf, um sich ganz dem Schreiben zu widmen. Ich habe sie nach dem Grund für diese Entscheidung gefragt.

D. C. FONTANA:
Das Drehbuch zu ›Charlie X‹ stammte von mir, und ich schrieb gerade das Skript für eine weitere Episode namens ›Tomorrow Is Yesterday‹. Dabei stellte ich fest, daß ich keine Sekretärin mehr sein wollte. Ich sagte mir: »Du solltest es einfach mal versuchen. Du hast etwas Geld gespart und deshalb selbst dann kaum was zu befürchten, wenn du nichts verkaufst.« Natürlich hoffte ich dabei, daß Roddenberry mir die Möglichkeit gab, weitere STAR TREK-Folgen zu schreiben.

Ich wahrte die dreiwöchige Kündigungsfrist und sagte: »Gene, ich arbeite sehr gern mit Ihnen zusammen, aber noch lieber schreibe ich. Sie wissen ja, daß ich mir immer gewünscht habe, in erster Linie Schriftstellerin zu sein. Ich kann nun einige erste Erfolge vorweisen, und außerdem verfüge ich über ein Bankkonto. Ich möchte einfach mal probieren, als Autorin zurechtzukommen.« Roddenberry zeigte Verständnis. Auch er hatte einmal eine solche Entscheidung treffen müssen, als er damals den Polizeidienst verließ. Doch er verabscheute es, eine gute Sekretärin zu verlieren.

Dorothy kehrte also heim und dachte mit einem gewissen Unbehagen an die Zukunft. Sie setzte die Arbeit an ›Tomorrow Is Yesterday‹ fort, wartete am Telefon und erhoffte sich mehr. Überraschenderweise kam es nur zwei Wochen später zu ihrem ›großen Durchbruch‹.

Gene rief mich an und meinte: »Ich habe hier ein Skript von Jerry Sohl. Es heißt ›The Way of the Spores‹, und ich kann mich nicht richtig damit anfreunden. Deshalb unterbreite ich Ihnen folgenden Vorschlag. Steve Carabatsos scheidet nach Ablauf seines Vertrages aus, und ich brauche jemanden für die Skript-Beratung. Wenn Sie Sohls Story in kurzer Zeit umschreiben können, so daß sie mir, dem Studio und auch NBC gefällt... Dann sorge ich dafür, daß Sie als Skript-Beraterin engagiert werden.«

Ich erwiderte: »Das ist eine Herausforderung, und ich nehme sie an.« Wenig später nahm ich mir ›The Way of the Spores‹ vor und machte daraus ›This Side of Paradise‹, die Liebesgeschichte um Spock. Im Original standen Sulu und eine junge Frau im Vordergrund, und die Sporen befanden sich irgendwo in einer Höhle. Es bestand also das Problem, daß die Leute aus irgendeinem Grund die Höhle aufsuchen mußten, um sich anzustecken. Die Infektion ließ sich also ganz einfach vermeiden mit »Haltet euch von der Höhle fern...« Ich besuchte Gene in seinem Büro und sagte: »Ich glaube, ich habe eine Lösung gefunden. Wir bringen die Schoten mit den Sporen nicht nur in der Höhle unter, sondern verteilen sie auf dem ganzen Planeten.

Die Dinger wachsen überall, wie Unkraut. Wohin man sich auch wendet: Früher oder später begegnet man ihnen. Es muß also zwangsläufig zu Infektionen kommen.« Gene dachte kurz darüber nach und antwortete: »Sehr interessant. Schreiben Sie's.«

Das klingt seltsam, aber so war Roddenberry eben. Wenn man ihm eine gute Idee präsentierte, so sagte er schlicht: »Arbeiten Sie es aus.« Er vertraute den Einfällen seiner Mitarbeiter und ließ sich von ihnen gern kreative Vorschläge unterbreiten. Natürlich dachte er dabei auch an seinen eigenen Nutzen: Indem er individuelle Problemlösungen förderte, ersparte er sich selbst Arbeit.

D. C. Fontana:
Ich setzte mich an die Schreibmaschine und dachte über die Story nach. »Was funktioniert nicht?« überlegte ich. »Warum ist die Geschichte nicht so aufregend, wie sie es eigentlich sein sollte?« Einer der Gründe bestand darin, daß es ihr an Bedeutung mangelte. Womit ich Sulu keineswegs als unwichtig bezeichnen möchte. Aber alles wäre weitaus interessanter gewesen, wenn jemand wie Spock im Mittelpunkt stand. Man stelle sich vor, wie der Vulkanier endlich imstande ist, die Liebe zu erfahren, wie seine inneren Mauern einstürzen und ihm erlauben, zu empfinden und zu fühlen. Ich dachte an Szenen, die tiefen Einblick in Spocks Charakter und Wesen gewährten. Nichts brauchte aufgesetzt und künstlich zu wirken: Die Infektion erklärte alles, veranlaßte den vulkanischen Ersten Offizier, aus seinem Kokon kühler Rationalität zu schlüpfen.

In ›The Naked Time‹ zeigte Spock ebenfalls Gefühle, aber sie blieben negativer Natur, beschränkten sich auf Kummer und Trauer. Diesmal sollte er Freude und Glück kennenlernen. Gleichzeitig kämpfte Kirk gegen *seine* Gefühle an, gegen die Auswirkungen der

Sporeninfektion. Er wurde dadurch mit ungewöhnlichem Leid konfrontiert, weil er seine große Liebe – die *Enterprise* – nicht verlassen wollte. Daraus ergab sich eine faszinierende Situation: Auf der einen Seite hatten wir einen Spock, der das Phänomen der Liebe erlebte; und auf der anderen stand ein Jim Kirk, der sich sträubte, *seine* Liebe – das Schiff – aufzugeben.

Ich stellte das Manuskript rechtzeitig fertig, und es gefiel. Daraufhin bekam ich den Job.

Dorothy kam Anfang Dezember an Bord. Als Skript-Beraterin arbeitete sie eng mit Roddenberry und Coon zusammen, redigierte Drehbücher und sprach mit den Autoren, um ihnen die speziellen Erfordernisse von STAR TREK zu erklären sowie Tips der beiden Genes zu übermitteln. Als sie damit begann, sich ihren schriftstellerischen Traum zu erfüllen, erzielte auch ein anderes Mitglied des STAR TREK-Teams ebenso beachtliche wie unerwartete Erfolge.

Innerhalb weniger Wochen nach der Premiere stellte sich heraus, daß ›Mr. Spock‹ zu einem nationalen Phänomen wurde. Überall im Land entstanden Spock-Fanclubs, und die Presse rückte ihn ins Zentrum ihrer Aufmerksamkeit. Das Network vollzog eine abrupte Kehrtwendung und erkundigte sich bei Gene, warum Spock nicht in allen Storys eine zentrale Rolle spielte. Zuvor hatten die Programmdirektoren verlangt, den ›Marsianer‹ aus den Drehbüchern zu verbannen. Und jetzt versuchten sie, den Erfolg des immer populärer werdenden Vulkaniers für sich in Anspruch zu nehmen.

Auch Kirk erfreute sich wachsender Beliebtheit, doch bei Spock zeigte die entsprechende Kurve steil nach oben. Um ganz ehrlich zu sein: In mir erwachte Besorgnis. Den größten Teil meiner schauspielerischen Karriere hatte ich als Hauptdarsteller auf der Bühne, in Filmen und im Fernsehen verbracht, und als STAR TREK begann, war ich längst daran gewöhnt, der unumstrittene Star zu

›This Side of Paradise‹: Zuerst wird Spock infiziert.
(© 1993 Paramount Pictures)

sein. Nach zwei Monaten war Captain Kirk noch immer die wichtigste Gestalt, aber Spocks Popularität stieg exponentiell mit jeder verstreichenden Woche. Ich mußte mich plötzlich der Erkenntnis stellen, nicht mehr allein im Zentrum von STAR TREK zu stehen. Ich will auch weiterhin ehrlich bleiben: Es ärgerte mich. Ich bin nicht stolz auf jene Gefühle, aber sie waren Teil einer ganz normalen menschlichen Reaktion.

Es handelte sich um eine sehr sonderbare Erfahrung für mich, denn ich bin nie zuvor auf jemanden neidisch gewesen. Ich habe immer den Standpunkt vertreten, daß es in erster Linie auf die Arbeit des ›Teams‹ ankommt und vor allem das ›Projekt‹ wichtig ist. Meine eigenen Empfindungen verblüfften mich, und ich wußte einfach nicht, wie ich damit fertig werden sollte. Schließlich trug ich mein Problem sogar an Roddenberry heran, woraufhin er mir die klügste aller möglichen Antworten gab. Er sagte: »Fürchten Sie sich nie davor, mit guten und beliebten Leuten zusammenzuarbeiten, denn sie heben auch Ihre Rolle auf ein höheres Niveau. Je mehr Sie auf Ihre Kollegen eingehen...« – damit meinte Gene Leonard, DeForest und die anderen –, »...desto besser wird dadurch die Serie.« Er hatte recht. Die Worte brachten große Weisheit zum Ausdruck.

Ich erinnere mich ganz deutlich daran, wie ich Gene zugehört habe, wie die Bedeutung seiner Antwort bis in meine Seele sank. Doch im Rückblick frage ich mich, ob er mir wirklich helfen wollte oder ob es ihm nur darum ging, einen eifersüchtigen, nervösen Schauspieler zu beruhigen. Wie dem auch sei: Es klappte. Und ganz gleich, welches Motiv hinter Roddenberrys Bemerkung steckte: Sie vermittelte genau die richtige Botschaft zur richtigen Zeit.

Bei dieser Sache gibt es auch einen seltsamen Aspekt. Als Spock berühmt wurde, kam es zu einer Kette von Ereignissen, die in Leonard Zweifel daran entstehen ließen, ob man sich jemals an seinen Namen erinnern würde. Der erste Zwischenfall erfolgte beim Zahnarzt. Besser gesagt: Er blieb aus. Leonard erzählt uns davon.

LEONARD NIMOY:
Zu Beginn der Serie bekam ich ernste Zahnprobleme. Ich war bei einem bestimmten Zahnarzt in Behandlung, doch einmal wurden die Schmerzen während der Dreharbeiten so stark, daß ich nicht weitermachen konnte. Ich rief in der Praxis an und schilderte der Sekretärin meine Situation.

»Der Herr Doktor ist in Urlaub«, sagte sie. »Aber ein anderer Arzt kümmert sich um seine Patienten. Wenn Sie sich von ihm behandeln lassen möchten – er empfängt Sie gern.« Ich war einverstanden, verließ das Studio als Spock, nahm als Spock am Steuer meines Wagens Platz und fuhr als Spock über den Sunset Boulevard. Ich parkte, stieg aus, ging über die Straße und erreichte das Bürogebäude – ohne daß mir jemand mehr als nur beiläufige Beachtung schenkte.

Im Gebäude betrat ich einen Lift mit mehreren Personen – sie gaben keinen Ton von sich. Im richtigen Stock verließ ich den Lift und schritt zur Empfangsdame in der Praxis. Sie saß am Tresen, sah kurz zu mir hoch, blickte dann wieder auf einen Zettel und schrieb einige Worte.

»Kann ich Ihnen helfen?« fragte sie näselnd und monoton. »Ja«, lautete meine Antwort. »Ich bin Leonard Nimoy und möchte mich wegen starker Zahnschmerzen behandeln lassen.« »Der Doktor kümmert sich gleich um Sie«, sagte die Sekretärin. Ich setzte mich als Vulkanier ins Wartezimmer und las in einer Ausgabe von *Newsweek*.

Etwa zwanzig Minuten lang blieb alles still, und dann kam die Sekretärin. »Der Doktor ist jetzt bereit für Sie.« Kurz darauf begegnete ich dem Zahnarzt. »Hallo«, grüßte er. »Ich bin Doktor Soundso.« Ich entgegnete: »Wie geht's? Ich bin Leonard.« Er nickte knapp und sagte: »Bitte setzen Sie sich und erklären Sie mir Ihr Problem.«

Die Behandlung dauerte ungefähr eine halbe Stunde, und im Anschluß daran meinte der Arzt: »So, das wär's. Wenn Sie noch einmal Schmerzen bekommen sollten: Am Montag ist Ihr Hauszahnarzt wieder zurück.«

Nicht ein einziges Mal bekam ich zu hören: »Was hat das zu bedeuten? Wer sind Sie? Haben Sie den Verstand verloren? Ist es gefährlich, Ihnen die Finger in den Mund zu stecken?« Wer weiß, auf welche Weise man nachher über mich gesprochen hat...

Einige Wochen später hatte ich das Vergnügen, zusammen mit Leonard in einem Kabriolett über den Hollywood Boulevard zu fahren. Wir nahmen an der jährlichen Weihnachtsparade teil: In jedem Jahr fahren Stars aus

Film und Fernsehen in offenen Wagen über den Hollywood Boulevard, und Tausende von Schaulustigen säumen die Straße. Mit Mikrofonen ausgestattete Ansager geben zum Beispiel bekannt: »Und da kommt der Star von *Bonanza,* Lorne Green.« Und: »Sagen Sie ›Hallo‹ zu Gilligan – Mr. Bob Denver!« Und die Menge jubelt natürlich.

Leonard und ich saßen Seite an Seite, und als sich unser Wagen dem Ansager näherte, tönte es aus den Lautsprechern: »Und da sind die Stars von STAR TREK, William Shatner und Mr. Leonard *Nimsy!*« Nimoy seufzte und rollte mit den Augen. Ich wandte mich mit zwei Bemerkungen an ihn. Erstens: »Das wirst du nie vergessen.« Was sich als wahr erweisen sollte, wenn auch hauptsächlich deswegen, weil ich ihn deshalb immer wieder verspottete. Zweitens: »Du bist so gut in unserer Fernsehserie, daß du bald nirgends mehr hingehen kannst, ohne daß die Leute auf dich zeigen und rufen: ›He, das ist Lionel Nimoy!‹«

Leonard nahm die letzten Worte zum Anlaß, mich in den Arm zu kneifen. Nun, meine Prophezeiungen bewahrheiteten sich innerhalb weniger Wochen. Einen deutlichen Beweis dafür lieferten die Geschehnisse bei seinem ersten öffentlichen Auftritt. Leonard schildert sie für uns:

LEONARD NIMOY:
Mein erster öffentlicher Auftritt erfolgte in Medford, Oregon, und zwar Ende Januar, als die Serie erst seit gut vier Monaten gesendet wurde. Ich sollte eine Parade leiten, die dort in jedem Jahr abgehalten wird. Man hatte mich gebeten, als Spock in einem offenen Wagen über die Hauptstraße in Medford zu fahren. Nun, bis dahin kamen wir überhaupt nicht.

Man holte mich im Hotel ab und führte mich zum Wagen. Etwa eine Meile weit sollten wir über die Hauptstraße fahren, bis zu einem großen Platz. Aber wir waren erst einen Block weit gekommen, als die Leute aus den Seitenstraßen strömten und das Auto umringten. Nur mit Mühe konnte ich meinen Platz im Wagen behaupten; ein regelrechter Mob umgab uns.

Ich wußte überhaupt nicht, was los war und wie mir geschah. Eigentlich ging es mir um ein Experiment: Ich wollte feststellen, wie es sein mochte, als Mr. Spock in den Straßen einer amerikanischen Stadt unterwegs zu sein. Ich wollte herausfinden, wie die Leute auf ihn reagierten. Ich hoffte, dadurch etwas bezüglich meiner Rolle zu lernen, und außerdem glaubte ich, daß die Leute Gefallen daran finden würden, Spock zu sehen. Die Realität erwies sich als bizarr. Niemand wußte so recht, ob man mich berühren durfte oder nicht. Und *ich* wußte nicht, wie ich reagieren sollte. Ein beunruhigender Gedanke ging mir damals durch den Kopf. »Man kennt mich als Spock, und wenn ich nicht als Vulkanier komme, weiß man überhaupt nichts mit mir anzufangen.« Ich stellte mir vor, wie die Zuschauer auf den Bürgersteigen standen und sagten: »He, wer ist das da? Wir sind gekommen, um Spock zu sehen.«

Im Lauf der Jahre verstand Leonard schließlich, daß seine Fans deshalb in Scharen herbeieilen, weil sie von seiner Arbeit begeistert sind. Es geht ihnen nicht in erster Linie darum, Mr. Spock kennenzulernen. Sie hoffen vielmehr, jemandem näherzukommen, der viel interessanter ist, dem Schauspieler Mr. Leonard Nimoy.

MEINE LIEBLINGS-EPISODE

Mentalverschmelzung mit dem Horta.
(© *1993 Paramount Pictures*)

Seit fast dreißig Jahren fragt man mich immer wieder: »Was ist Ihre Lieblingsepisode?« Und seit fast dreißig Jahren gebe ich eine scherzhafte Antwort: »Meine Lieblingsfolgen sind die, in denen ich Doppelrollen spiele. Sie stellten eine Herausforderung dar, waren anders und brachten doppelt soviel von William Shatner. Sie *müssen* also gut sein.«

Nun, die *ehrliche* Antwort lautet: Meine Lieblingsepisode ist ›The Devil in the Dark‹. Dabei handelte es sich um eine wirklich tolle Story, die zum Nachdenken anregte und all jene Dinge enthielt, durch die sich die besten STAR TREK-Folgen auszeichneten. Doch diese Eigenschaften sind nicht der Hauptgrund dafür, warum ich ›The Devil in the Dark‹ allen anderen Episoden vorziehe.

Sie stellte unsere sechsundzwanzigste Produktion dar, und wir drehten sie Anfang März 1967. Über Monate hinweg hatten wir jede Woche eine Folge produziert und die schwierige Anfangsphase hinter uns gebracht. Inzwischen kannten wir uns recht gut, und es existierten vielfältige Beziehungen, sowohl berufliche als auch persönliche. Wir kamen prächtig miteinander aus.

Früh am zweiten Tag der Dreharbeiten von ›The Devil in the Dark‹ bekam ich die Nachricht vom Tod meines Vaters. Das alles liegt jetzt viele Jahre zurück, und wenn ich mich heute an meinen Vater erinnere, so bin ich froh, jemanden wie ihn gekannt zu haben. Es wohnt kein Schmerz mehr in mir. Ganz im Gegenteil: Voller Glück denke ich daran, daß ich ihn geliebt habe und daß er mich liebte. Aber als ich jene Nachricht kam, bereitete sie eine fast unerträgliche Pein – mein Vater war gestorben.

Er starb in Miami, am frühen Morgen, und ich mußte

bis zum Abend warten, um nach Florida zu fliegen. Wir riefen mehrere Flughäfen an, ohne daß sich etwas an der Situation änderte: Erst in etwa fünf Stunden konnte ich den Großraum Los Angeles verlassen. Es war fast Mittag, als ich meine Reisevorbereitungen beendete. Ich hörte, wie Gregg Peters (ein beteiligter Produzent) sagte: »Wir machen jetzt Mittagspause, und dann ist Schluß. Heute wird nicht mehr gedreht. Bill verläßt uns.« Ich wandte mich an ihn. »Bitte nicht. Meine Maschine startet erst um sechs, und die Wartezeit bis zum Abend erschiene mir wie eine Ewigkeit. Deshalb schlage ich vor, wir setzen die Dreharbeiten wie geplant fort.«

Eine Stunde später, nach dem Mittagessen und der ersten Tränenflut, surrte wieder die Kamera. Wir drehten eine ganz bestimmte Szene, und dabei hatte ich immer wieder Schwierigkeiten mit meinem Text. Die Gefühle gerieten mir in den Weg und sorgten dafür, daß ich einen Teil des Dialogs vergaß. Nun, an viele Einzelheiten jenes Tages erinnere ich mich nicht mehr, aber ich weiß noch, daß mir mein Freund Leonard sehr nahe war. Und zwar nicht nur in emotionaler Hinsicht. Haben Sie jemals Dokumentarfilme gesehen, in denen Elefanten ihre Kranken und Sterbenden mit den Körpern stützen? So ähnlich verhielt sich Leonard.

Auch der für die Kamera verantwortliche Jerry Finnerman – erst vor kurzer Zeit hatte er ebenfalls seinen Vater verloren – blieb in meiner Nähe. Sie wichen nie von meiner Seite, wiesen allein durch ihre Präsenz darauf hin, daß sie bereit waren, mir in jeder Hinsicht Unterstützung zu gewähren. Mit Leonards und Jerrys Hilfe brachte ich den Nachmittag hinter mich, und am Abend flog ich nach Miami, dankbar dafür, zwei so gute Freunde zu haben.

Deshalb ist ›The Devil in the Dark‹ meine Lieblingsepisode.

Ich flog zur Beerdigung meines Vaters, und das Produktionsteam zog einige Szenen vor, an denen ich nicht beteiligt war, zum Beispiel die Mentalverschmelzung mit dem Horta. Nun, jenem Wesen ging es darum, seine Eier zu schützen, die im Bergwerk bedroht waren. Es steckte voller Pein und Leid. Als Spock eine geistige Verbindung herstellte, teilte er diese Empfindungen. Plötzlich wurde er sehr emotional und rief: »Schmerz! *Schmerz!*« Als ich zum Set zurückkehrte, war das alles im Kasten – ohne daß ich die Chance bekam, einen Eindruck davon zu gewinnen.

Ich fühlte mich verpflichtet, dem Team folgendes zu zeigen: Zwar hatte ich gerade meinen Vater zu Grabe getragen, doch das hinderte mich nicht daran, erneut in die Rolle des Captain Kirk zu schlüpfen und mein Bestes zu geben. Um das zu beweisen, scherzte ich am laufenden Band – damit versuchte ich, über den tief in mir verwurzelten Kummer hinwegzutäuschen. Und es klappte auch. Als wir damit begannen, meine Reaktion auf Spocks Mentalverschmelzung mit dem Horta zu filmen... Während die Kamera aufgebaut wurde, erklärte mir Leonard die Szene und meinte: »Ich stand dort drüben und sagte so etwas wie ›Schmerz, Schmerz‹.« Ich spürte Leonards Verlegenheit und erwiderte: »Einen Augenblick. Warte mal.« Ich ging zum Regisseur Joe Pevney und wandte mich mit folgendem Anliegen an ihn: »Wenn Leonard die Szene wiederholen würde – dann wüßte ich genau, worauf es zu reagieren gilt.« Nimoy druckste herum. »Oh, es ist keine große Sache. Ich habe nur ›Schmerz, Schmerz‹ gestöhnt. Mehr steckte nicht dahinter.«

Ich bat ihn auch weiterhin, die Szene für mich zu wiederholen, und schließlich gab er nach. Daraufhin fügte ich der ersten Bitte eine zweite hinzu: »Zeig es mir ganz genau, einverstanden? Beschränk dich nicht nur auf die wesentlichen Elemente. Ich möchte über *alles* Bescheid wissen.« Leonard seufzte, konzentrierte sich und begann mit einer kompletten Mentalverschmelzung.

»Schmerz!« heulte er plötzlich. »Oh, diese *Schmerzen!*«

»Um Himmels willen!« rief ich. »Jemand soll dem Vulkanier ein Aspirin besorgen!«

Das Team lachte, und Leonard schüttelte in gespieltem Ärger den Kopf. Was mich betraf... Ich fühlte mich viel besser.

FAMILIEN-PROBLEME

Während Spock schnell zu einem nationalen Phänomen wurde, wuchs seine Distanz zum Studio und zu Gene. Für Nimoy ergab diese Sache überhaupt keinen Sinn, und er fühlte sich verraten. Immerhin hatte seine Arbeit einen enorm großen Nutzen für die Serie. Doch niemand verlor ein Wort des Lobes oder der Anerkennung. Statt dessen schienen ihm alle anderen aus dem Weg zu gehen. Leonard meint dazu:

LEONARD NIMOY:
Schauspieler suchen immer nach einem Zuhause, und genau dafür hielt ich STAR TREK. Fünfzehn Jahre lang, von 1950 bis 1965, hatte ich immer wieder das Gefühl, am Drehort kaum mehr zu sein als ein geduldeter Besucher: Für zwei oder drei Tage arbeitete er zusammen mit den anderen, und dann sagte man ihm: »Alles klar, Sie sind fertig. Bitte gehen Sie jetzt.« Dann verließ ich die Gruppe und beneidete jene Leute, die zum ständigen Team gehörten. Ich glaube, daß sie ein wesentlich besseres Leben führten. Die Gemeinschaft aus Hauptdarstellern, Autoren, Produzenten, Technikern und so weiter – man könnte sie tatsächlich mit einer großen Familie vergleichen.

Als Gaststar wird man für wenige Tage Mitglied einer solchen Gemeinschaft. Man nimmt gemeinsam Mahlzeiten ein, dreht einige Szenen – und dann geht man, muß den Platz im vermeintlichen Paradies aufgeben und die Suche nach einem ›Heim‹ fortsetzen.

Ich sehnte mich sehr nach Halt und Stabilität einer derartigen ›Familie‹. Nach den ersten Erfahrungen mit STAR TREK dachte ich: »Donnerwetter! Hier entsteht eine neue Familie, und ich gehöre dazu! Hier bin ich nicht mehr nur zu Gast!« Es bildete sich eine Gruppe von Leuten, die zusammen arbeiteten und zusammen lernten, die gemeinsam etwas Neues schufen und dadurch eine Einheit bildeten. Das hielt ich für wundervoll.

Hier schrieb man nicht den Namen eines Schauspielers mit Kreide an die Garderobentür, um ihn drei Tage später wegzuwischen. Hier nahm man nicht auf einem Klappstuhl Platz, der mit leicht zu lösendem Klebeband gekennzeichnet war. Bei STAR TREK reservierte man mir einen Parkplatz, indem man meinen Namen auf den Asphalt malte. Das gefiel mir. Es mag komisch klingen, aber für mich bedeutete es, daß in diesem Fall die Arbeitsbeziehungen länger von Bestand blieben als sonst. Immerhin kostete es eine gewisse Mühe, die Farbe vom Boden zu kratzen.

Um im Kontext der Familie zu bleiben: Bill und ich waren wie Brüder, während Roddenberry eine Art Vaterfigur darstellte, ebenso wie die Produktionschefs von Desilu. Der Umstand, daß Mr. Spock im Verlauf der Wochen immer besser beim Publikum ankam, erfüllte mich mit Stolz. Ich kam mir fast vor wie ein Kind, das Daddys Wünschen gerecht wurde oder den Eltern ein gutes Zeugnis vorlegte. Ich schätze, irgend etwas in mir erhoffte sich Worte wie »Gut gemacht, Sohn« und vielleicht auch noch einen Klaps auf den Rücken.

Statt dessen entwickelten die Vaterfiguren von STAR TREK Verhaltensmuster, mit denen ich ganz und gar nicht gerechnet hatte. Sie zeigten plötzlich eine besondere Art von Paranoia. »Der Kerl will bestimmt mehr Geld«, dachten sie. »Bald schreibt er uns vor, wie die einzelnen Szenen gedreht werden müssen.« Sie glaubten sich von Spocks wachsender Popularität bedroht, und dadurch geriet ich in erhebliche emotionale Schwierigkeiten. Ich mußte sogar die Hilfe eines Psychotherapeuten in Anspruch nehmen.

Nach fünfzehn langen Jahren der Einsamkeit hatte

ich endlich eine Familie gefunden und bemühte mich, gute Beziehungen mit allen ›Verwandten‹ herzustellen, doch jetzt gab man mir zu verstehen: »Sie sind ein Problem für uns.« Und: »Wir lehnen Sie ab.«

Ich verstand es nicht. Ich meine, jeden Tag kam ich pünktlich zur Arbeit; ich kannte meinen Text und achtete darauf, möglichst keine Fehler zu machen. Außerdem gefiel ich dem Publikum. Mit anderen Worten: Ich leistete einen wichtigen Beitrag für die Serie. Deshalb erwartete ich Anerkennung und Unterstützung. Statt dessen begegnete ich Feindseligkeit und Neid.

›Feindseligkeit und Neid‹ – diese beiden Worte eigneten sich gut, um die Einstellung der ›Vaterfiguren‹ Leonard gegenüber zu beschreiben. Ich möchte hier darauf verzichten zu schildern, wie die ablehnenden Gefühle in Hinsicht auf Leonard entstanden. Wichtiger erscheint es mir, sie zu illustrieren. Es gibt viele Beispiele, und zwei sollen hier präsentiert werden.

Das erste betrifft Leonards schlichte Bitte nach einem Telefon in seiner Garderobe. In diesem Zusammenhang muß ich folgendes erklären: Während der Dreharbeiten von STAR TREK gab es im Hauptstudio nur *ein* Telefon, und deshalb war es fast unmöglich, jemanden anzurufen oder angerufen zu werden. Die Situation nervte uns alle, und nachdem Leonard häufig vergeblich auf eine Gelegenheit gewartet hatte, mit jemandem zu telefonieren, formulierte er seine Bitte.

LEONARD NIMOY:
Eigentlich war die Situation absurd. Vierzig Personen mußten den ganzen Tag über mit einem Telefon auskommen, und niemand von uns hatte einen Anschluß in der Garderobe. Als ich die allgemeine Hektik nicht mehr ertragen konnte, wandte ich mich an jemanden von der Produktion: »Ich brauche ein Telefon in meiner Garderobe, und ich bezahle selbst dafür.«

»Klar, kein Problem«, lautete die Antwort. Doch die Tage verstrichen, ohne daß etwas geschah. Mehrmals fragte ich nach dem Telefon. »Wir arbeiten daran«, hieß es. Eine Woche verging, dann eine zweite, und allmählich wurde ich wirklich sauer.

»Wo bleibt das verdammte Telefon?« rief ich.

»Nun, äh, Mr. Solow möchte darüber mit Ihnen reden.«

Herbert Solow, verantwortlich für die Produktionsleitung, kam ins Studio. Wir suchten meine Garderobe auf, und dort fand ein geradezu lächerliches Gespräch statt. »Ich brauche eine Telefon«, betonte ich noch einmal. »Der Anschluß im Studio ist dauernd besetzt.«

»Ihr Vertrag sieht so etwas nicht vor.«

»Ich weiß. Es liegt mir fern zu verlangen, daß Sie für die Kosten aufkommen. Ich bezahle sowohl die Installation als auch die späteren Gebühren.«

»Nein, kommt nicht in Frage.«

»Warum nicht?«

»Wenn Sie ein Telefon bekommen, möchten die anderen ebenfalls eins.«

»Und?«

»Bestimmt glauben Ihre Kollegen, daß wir alles bezahlen.«

»Ich sage ihnen, daß das Geld aus meiner eigenen Tasche stammt.«

»Man wird Ihnen nicht glauben. Es bleibt beim Nein.«

Solows Argumente waren natürlich irrational, aber sie veranschaulichen, auf welche Weise das Studio auf Spocks – und Leonards – wachsende Popularität reagierte. Desilu ging sogar so weit, Nimoy eine offizielle Nachricht zu schicken, in der man ihm die Benutzung der Studio-Stifte untersagte. Leonard hatte ›Schreibwerkzeuge‹ beantragt, um die Fanpost zu beantworten, und man teilte ihm mit, solche Dinge seien in seinem Vertrag nicht vorgesehen. Solow lehnte jeden Kompromiß ab. Vermutlich wollte er die Situation für den Fall unter Kontrolle halten, daß Spocks Beliebtheit beim Publikum noch weiter zunahm. Sie kennen das sicher: »Man gibt ihm den kleinen Finger, und er nimmt die ganze Hand.«

Wenn es Leonard schon erhebliche Probleme bereitete, vom Studio so banale Dinge wie Bleistifte, Kugelschreiber, Büroklammern und ein Telefon zu bekommen... Dann können Sie sich bestimmt vorstellen, auf welche Schwierigkeiten er stieß, als es ihm um eine Klimaanlage für sein heißes Büro ging. Zwischen der ersten und zweiten Season von STAR TREK war es ihm gelungen, einen neuen Vertrag zu vereinbaren, der mehr Geld und auch noch einige andere Dinge vorsah, darunter ein zum Büro umfunktioniertes Ankleidezimmer.

Nimoy stellte eine junge Frau namens Theresa Victor ein, die sich den ganzen Tag über um Fanpost, Reisevorbereitungen und persönliche Verpflichtungen kümmern sollte. Sie arbeitete im neuen Büro, während Leonard am Drehort vor der Kamera agierte. Während der Pausen zwischen den einzelnen Szenen erkundigte er sich bei Theresa nach dem aktuellen Stand der Dinge, signierte Fotos und kümmerte sich um Persönliches, sofern sich eine Gelegenheit dazu bot. Diese Situation schien perfekt zu sein, doch es stellte sich schon bald heraus, daß Probleme existierten. Zwar hatte Desilu alle vertraglichen Verpflichtungen erfüllt, indem es Leonard ein Büro zur Verfügung stellte, doch von ›Luxus‹ konnte in dieser Hinsicht sicher nicht die Rede sein. Das Zimmer war klein und schäbig eingerichtet. Es wies nur zwei winzige Fenster auf, die kaum frische Luft hereinließen. Schlimmer noch: Bis zum Mittag wurde es in der Kammer unerträglich heiß, und deshalb brachte die Arbeit darin große Belastungen mit sich.

Leonard beklagte sich immer wieder darüber, und mehrere Tage lang hielt man ihn hin. Anschließend stieß er einmal mehr auf Feindseligkeit anstatt auf Verständnis. Er mußte sich anhören: »Ihr Vertrag sieht ein Büro vor. Von einer Klimaanlage ist darin nicht die Rede.« Das Studio bot einen Kompromiß an, der Nimoy keineswegs zufriedenstellte: Es machte gerade genug Geld locker, um das Büro – beziehungsweise die Sauna – mit einem im Fenster installierten Ventilator auszustatten.

Zwei Tage später begann in Los Angeles eine für den Juli typische Hitzewelle. Die Temperatur stieg auf über vierzig Grad, und im Büro war es wirklich nicht mehr auszuhalten. Leonard entwickelte einen Verzweiflungsplan. »Legen Sie sich auf den Boden«, sagte er zu Theresa, und sie kam der Aufforderung verwundert nach. »Gut«, fuhr er fort. »Und jetzt: Ganz gleich, was auch geschieht – rühren Sie sich nicht von der Stelle.« Leonard rief den Studioarzt an und stieß panikerfüllt hervor: »Ich bin gerade zum Büro zurückgekehrt und habe meine Sekretärin ohnmächtig vorgefunden! Sie hat aufgrund der Hitze das Bewußtsein verloren! Schnell! Sie braucht sofort Hilfe!« Er legte auf, und Theresa lachte. Nun, bis zum Eintreffen des Arztes und seiner Helfer hatte sie sich wieder gut genug unter Kontrolle, um die Ohnmacht überzeugend vorzutäuschen. Sie bekam kalte Umschläge, und kurz darauf gab sie erste ›Lebenszeichen‹ von sich. Unterdessen schritt Leonard unruhig durchs Büro, offenbarte dabei eine Mischung aus Empörung und Besorgnis. »Dem Himmel sei Dank, daß ich hierhergekommen bin. Wer weiß, was sonst geschehen wäre.« Die Nachricht von der Fast-Katastrophe erreichte auch die Desilu-Direktoren, und es dauerte nicht lange, bis eine funkelnagelneue Klimaanlage installiert wurde und herrliche Kühle im Zimmer schuf. Nimoy hatte einen Erfolg erzielt, doch seine Beziehungen zu dem Studio verschlechterten sich weiter.

Ein anderes Besatzungsmitglied der *Enterprise* hatte ebenfalls Schwierigkeiten mit STAR TREK, und in diesem Fall kam es zu drastischeren Konsequenzen. Grace Lee Whitney war seit der ersten Folge dabei und spielte

Unteroffizier Rand. Doch nach dreizehn Episoden verschwand sie plötzlich. Angeblich gab es in der Crew keinen Platz mehr für sie: Janice Rand hatte sich sofort in Kirk verliebt, und dadurch hinderte sie ihn an Affären mit anderen Frauen. Nun, diese Erklärung stimmt zum Teil, aber dabei handelt es sich nicht um den wahren Grund für ihr Ausscheiden. Es ist eine traurige und auch schmerzliche Geschichte.

Grace war als Kind adoptiert worden und litt immer unter einem ausgeprägten Minderwertigkeitskomplex. Sie glaubte dauernd, nicht genug zu leisten und ein Außenseiter zu sein. Unsicherheit und Selbstzweifel dehnten sich immer mehr in ihr aus und veranlaßten sie zu Arzneimittel- und Drogenmißbrauch. Außerdem war sie – nach eigenen Angaben – vom Sex regelrecht besessen.

Diese Probleme gab es bereits, als Grace zum erstenmal wegen STAR TREK vorsprach. Mit dem für Süchtige typischen Geschick verstand sie es, über ihre Sucht hinwegzutäuschen. Eins konnte sie allerdings nicht verbergen: Alkohol und eine ungesunde Ernährung hatten sie stark zunehmen lassen.

Bill Theiss bat sie, etwa zehn Kilo abzuspecken, damit die Starfleet-Uniform besser saß. Daraufhin begann Grace sofort damit, Abmagerungspillen zu schlucken. Es gelang ihr tatsächlich, zwanzig Pfund zu verlieren, aber unglücklicherweise entwickelte sie dabei auch eine Abhängigkeit von dem Mittel. Während der nächsten Wochen versuchte sie fast verzweifelt, dünn zu bleiben; es wurde so schlimm, daß sie die Pillen fast ständig nahm. Sie enthielten Amphetamine, die Nervosität verursachten, und um sich zu beruhigen, trank Grace noch mehr als vorher.

Im Verlauf der Dreharbeiten fiel es ihr immer schwerer, sich zu konzentrieren, und darunter litten natürlich ihre Leistungen. Als wir die zehnte Episode produzierten, hatte sich Grace' Zustand so sehr verschlechtert, daß ihre Szenen umgeschrieben oder ganz gestrichen wurden. In ›Dagger of the Mind‹ sollte Janice Rand zusammen mit Captain Kirk im Mittelpunkt stehen, aber die Umstände zwangen Roddenberry und Justman, das Drehbuch zu ändern, Dr. Helen Noel auftreten zu lassen und Grace' Part ganz zu streichen. In ihrer letzten Folge, ›The Conscience of the King‹, betrat Unteroffizier Rand nur einmal kurz die Brücke, um einen raschen Blick auf ein Instrument zu werfen und den Kontrollraum dann wieder zu verlassen. Am nächsten Tag ging sie.

Grace' Zeit bei STAR TREK war auch deshalb schwierig, weil es zu zwei für sie sehr unangenehmen sexuellen Erlebnissen kam, die fast als Vergewaltigungen bezeichnet werden müssen. Für die erste war ein vollkommen betrunkener Network-Manager verantwortlich, der Grace schlug, weil er durch Alkoholmißbrauch impotent geworden war. Der zweite Zwischenfall dieser Art ging auf jemanden zurück, der zum STAR TREK-Team gehörte. Es fiel Grace sehr schwer, über diese speziellen Erfahrungen zu sprechen. Sie bat mich ausdrücklich, weder die Namen der beiden Männer noch Einzelheiten jener Geschehnisse zu nennen. Ich respektiere diesen Wunsch und möchte nur bemerken: Der Glanz von STAR TREK mag makellos erscheinen, aber es fehlt nicht an Flecken und Schattenseiten.

Wie dem auch sei: Die Entlassung bestärkte Grace in ihrem Minderwertigkeitskomplex; sie kam sich noch wertloser vor. Es ging bergab mit ihr, und zwar auf eine so drastische und schreckliche Weise, daß sie schließlich im Milieu der Penner und Prostituierten endete.

Zum Glück bekam Grace Mitte der achtziger Jahre Hilfe, die es ihr ermöglichte, ›trocken‹ zu werden und ihr Leben in Ordnung zu bringen. Sie riß sich zusammen, zog einen Schlußstrich. Heute lebt sie glücklich mit ihrer Familie in einem kleinen Ort von Nordkalifornien. Ihre Geschichte ging gut aus, obwohl sie leicht ein tragisches Ende hätte nehmen können. Sie ist noch immer in Behandlung, folgt dabei einem aus zwölf Punkten bestehenden Programm. Außerdem hält sie Vorträge in Gefängnissen, an Schulen und sogar bei STAR TREK-Conventions, um mit ihrem eigenen Beispiel auf die Gefahren des Drogenmißbrauchs hinzuweisen. Mit Entschlossenheit und guten Absichten ist es ihr gelungen, die dunklen Kapitel ihrer Vergangenheit zu beenden und sich einer Zukunft zuzuwenden, die ihr viel Licht und Sonnenschein in Aussicht stellt.

Ich halte Grace für eine bemerkenswerte Frau.

BLEIBEN ODER NICHT BLEIBEN

Während zwischen Leonard und Gene die Spannung wuchs, dachte jemand von uns ernsthaft daran, das Team zu verlassen. Die betreffende Schauspielerin war unzufrieden mit der Bedeutung ihrer Rolle, und vielleicht sind Sie überrascht, wenn Sie ihren Namen hören: Nichelle Nichols. Sie erklärt:

NICHELLE NICHOLS:
Ich empfand es wirklich als frustrierend. Ich las die verschiedenen Skript-Versionen – für jede STAR TREK-Folge gab es drei oder vier –, und dabei wiederholte sich ein Muster, das ich inzwischen schon zur Genüge kannte. Ich überflog den ersten Entwurf, um festzustellen, welche Aufgaben Uhura erwarteten. Vielleicht gab es die eine oder andere akzeptable Szene, vielleicht auch etwas mehr. Beim zweiten Entwurf schrumpfte Uhuras Präsenz in der Episode, und bei der dritten Version gab es weitere Kürzungen. Schließlich hatte ich die Nase voll und kam zu dem Schluß, daß ich die neuen Drehbücher eigentlich gar nicht zu lesen brauchte. Ich wußte bereits, wie man »Grußfrequenzen offen, Sir« sagte, und darauf lief es meistens hinaus. Es gab kaum anspruchsvollere Szenen für mich.

Ich gewann den Eindruck, daß alle dort dicke Striche durch den Text zogen, wo ›Uhura‹ über einem Dialog geschrieben stand. Schließlich brachte ein Tropfen das Faß zum Überlaufen: Bei einer Episode durfte ein weiblicher Gaststar einen Planeten besuchen, während Uhura auf ihrem Posten blieb und eine Stunde lang nichts zu tun hatte. Ich ging zu Gene und beschwerte mich.

»Was soll das bedeuten?« fragte ich ihn. Roddenberry gab sich alle Mühe, mir seinen Standpunkt zu erklären, und er sprach in diesem Zusammenhang mehrmals vom Konzept der Serie. Doch inzwischen war ich so verärgert, daß ich ihm gar nicht zuhören wollte. »Mir reicht's. Ich kündige. Ich steige aus.«

Gene sah mich ernst an und erwiderte: »Bitte bleiben Sie.«

»Mein Beschluß steht fest.«

Nun, diese Konfrontation fand an einem Freitagabend statt, unmittelbar nach den Dreharbeiten. Später wollte Nichelle an einer Versammlung der NAACP* teilnehmen. Erregt kehrte sie heim, zog sich um und brach auf, um das Meeting zu besuchen. Dabei kam es zu einem seltsamen Erlebnis.

NICHELLE NICHOLS:
Ich saß an meinem Tisch und unterhielt mich mit einigen Leuten, als sich plötzlich ein Mann näherte und sagte: »Bitte entschuldigen Sie die Störung, Miß Nichols, aber dort drüben ist jemand, der Sie gern kennenlernen möchte.« Woraufhin ich antwortete: »Na schön, meinetwegen.« Der Mann führte mich durch den Saal und zu einem anderen, von vielen Personen umgebenen Tisch, meinte dabei: »Übrigens ... Er ist ein großer Fan von Ihnen, ein wirklich großer Fan.«

Daraufhin dachte ich: »Das kann ja heiter werden.« Mein Begleiter zwängte sich irgendwie durch die Menge am Tisch, und wenige Sekunden später bildete sich plötzlich eine Lücke vor mir, und ich sah, *wer* meine Bekanntschaft machen wollte: Dr. Martin Luther King.

Meine Verblüffung war natürlich enorm. Dr. King

---

* NAACP: National Association for the Advancement of Colored People – *Anm. d. Übers.*

sollte ein *Fan* von mir sein? Wir begrüßten uns, und er sagte mir, wie sehr ihm STAR TREK gefiele und wie glücklich er darüber sei, daß ich zur Brückencrew der *Enterprise* gehörte.

Ich erzählte ihm von der Schwierigkeit mit den Drehbüchern, dem Gespräch mit Gene und meiner Entscheidung, die Serie zu verlassen.

Dr. King musterte mich und erwiderte: »Überlegen Sie sich das noch einmal, Nichelle. Begreifen Sie denn nicht, daß uns die Welt zum erstenmal als Gleichrangige sieht? Sie spielen eine Frau, die sich an Bord eines Raumschiffs befindet und an einer fünf Jahre langen Forschungsmission teilnimmt. Uhura ist intelligent, stark, tüchtig – und eine Schwarze. Ihre Rolle hat immens große Bedeutung, und ich würde es sehr bedauern, wenn Sie beschließen sollten, eine so gute Gelegenheit nicht zu nutzen.«

Diese Hinweise stimmten mich sehr nachdenklich, und ich begriff plötzlich, daß eine ganz besondere Verantwortung auf meinen Schultern lastete. Am Montagmorgen kehrte ich in Genes Büro zurück, erzählte ihm von der Begegnung mit Dr. King und verkündete meine Entscheidung, bei STAR TREK zu bleiben. Von jenem Zeitpunkt an wurde Uhura etwas deutlicher herausgestellt, und die Skripte enthielten bessere Szenen für sie – nicht immer, aber häufiger als vorher.

Der Rat eines großen Mannes sorgte dafür, daß Nichelle Nichols auch weiterhin zum Team gehörte. Eins steht fest: Ohne Uhura wäre STAR TREK nicht das, was es heute ist.

EINE PROBLEMATISCHE EPISODE

Kirk gewinnt die Liebe
von Edith Keeler (Joan Collins).
(© *1993 Paramount Pictures*)

Die Produktionswochen wurden zu Monaten, und wir drehten einige ausgezeichnete Folgen. Gene Coons Touch war nun in jedem Skript zu fühlen, und das blieb nicht ohne konkretes Ergebnis. Sehen Sie sich nur die Liste der Episoden an, die in der zweiten Hälfte unserer ersten Season entstanden. ›Space Seed‹ (in der zum erstenmal Khan erschien), ›This Side of Paradise‹, ›The Devil in the Dark‹ und ›Errand of Mercy‹ waren wundervoll, zeichneten sich durch einen besonderen Schwung aus. Während jener Zeit produzierten wir eine Folge, die später als beste der ganzen Serie galt: ›The City on the Edge of Forever‹. Dahinter verbirgt sich eine lange, komplexe und auch recht seltsame Geschichte. Ich habe Bob Justman gebeten, uns davon zu berichten.

BOB JUSTMAN:
Bevor wir mit der Produktion begannen, noch vor den Dreharbeiten der ersten Folge, setzte sich Gene mit bekannten und sehr talentierten SF-Autoren in Verbindung, um sie zu bitten, für STAR TREK zu schreiben. Einer der berühmtesten Namen auf dieser Liste lautete Harlan Ellison. Gene traf sich mit ihm und ließ ihn einen Vertrag unterschreiben, in dem sich Harlan verpflichtete, ein zehn Seiten langes Exposé für uns zu schreiben.

Es vergingen Wochen, bevor wir das Konzept von Harlan bekamen, und ich weiß noch, daß es mich zutiefst beeindruckte. »Ein hervorragender Stoff«, dachte ich damals. Harlan nahm noch einige Änderungen vor, und NBC akzeptierte die Story, woraufhin Gene sagte: »In Ordnung, Harlan. Schreiben Sie uns ein Drehbuch, und denken Sie daran: Wir brauchen es so schnell wie möglich.«

Sechs Monate später waren wir voll in der Produktion, und die Drehbücher wurden allmählich knapp. Von Ellison hatten wir seit dem Exposé nichts mehr gehört. Nun, damals kannte ich ihn recht gut – wir hatten bei *The Outer Limits* zusammengearbeitet – und wußte daher, daß er ein echter Zauderer war, wenn es darum ging, die Einzelheiten eines Drehbuchs zu schreiben. Es fiel ihm vor allem schwer, den richtigen Anfang zu finden. Warum? Weil das Schreiben eine gräßliche, ungeheuer schwere Arbeit sein kann. Nun, er hatte noch nicht geliefert, und wir brauchten das Skript dringend. Deshalb setzte ich ihn unter Druck, rief mehrmals an und sagte: »Wir benötigen das Drehbuch, Harlan. Warum ist es noch nicht fertig?«

Natürlich bekam ich nie zufriedenstellende Auskünfte. Schließlich bat ich Harlan, mich im Büro zu besuchen, und schloß ihn dort ein. »Ich lasse Sie erst gehen, wenn Sie das verdammte Manuskript fertiggestellt haben«, drohte ich.

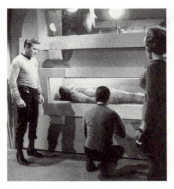 

Aus ›Space Seed‹. Ein Wandfach für Montalban, und eine Grimasse für Madlyn Rhue. (© *1993 Paramount Pictures*)

Harlan wußte, daß wir das Skript tatsächlich dringend brauchten, da wir sonst mit der Produktion in Verzug gerieten. Deshalb fügte er sich Justmans drastischem Plan und ließ sich in Bobs Büro einschließen. Den ganzen Abend über arbeitete er, bis spät in die Nacht, um schließlich auf der Couch zu schlafen. Es gelang ihm, das Drehbuch zu beenden, und am Morgen gab er es Bob.

Bob Justman:
Harlan stellte das Skript fertig, aber um sich für den ›Arrest‹ in meinem Büro zu rächen, verspeiste er die Topfpflanze auf Sylvias Schreibtisch. Im Ernst. Es war ein ziemlich großes grünes Ding, und Harlan ließ nur einige Stengel davon übrig.

Am Morgen bekam ich das Skript, lächelte und begann zu lesen. Schon nach kurzer Zeit verschwand das Lächeln von meinen Lippen. Harlans Drehbuch war erstklassig geschrieben – doch für uns taugte es nichts. Ich erkannte auf den ersten Blick, daß es zu viele Kosten verursachte. Die Dialoge stimmten nicht, und außerdem verhielten sich die Protagonisten falsch. Die ehrenvollen und tugendhaften Besatzungsmitglieder der *Enterprise* wurden plötzlich zu Drogendealern und dergleichen. Hinzu kam: Das Drehbuch war zu lang; es enthielt zu viele Szenen. Und einige Elemente hätten die Produktion stark verteuert. In einer frühen Version hieß es zum Beispiel: »Tausend Personen verfolgen den Hauptdarsteller.« Ich wandte mich an Harlan und sagte: »Tausend Statisten können wir uns nicht leisten. Das ist völlig ausgeschlossen. Vielleicht wären wir imstande, sieben Komparsen auftreten zu lassen, aber mehr auf keinen Fall.«

Die nächste Version des Skripts traf ein, und darin war nicht mehr von ›tausend Personen‹ die Rede, sondern von einer großen Menge. Auch in diesem Fall handelte es sich um ein außerordentlich gut geschriebenes Drehbuch. Und auch in diesem Fall konnten wir nichts damit anfangen.

Gene versuchte, vernünftig mit Harlan zu reden, aber wir befürchteten beide, daß solche Bemühungen ohne Erfolg bleiben mußten. Ellison wußte, daß er ein gutes Skript geschrieben und die vertraglich vereinbarten zwei Entwürfe vorgelegt hatte. Er lehnte es ab, weitere Veränderungen vorzunehmen. Harlan war nun verärgert und schaltete auf stur.

Als Justman und Roddenberry schließlich glaubten, aufgeben zu müssen, schickte mich Gene zu Harlan – in der

Ricardo Montalban als Kirks gefährlichster Gegner – der genetisch manipulierte Übermensch Khan Noonian Singh. (© *1993 Paramount Pictures*)

Kirk zwingt sich, Edith sterben zu lassen.
(© 1993 Paramount Pictures)

Hoffnung, daß es mir gelang, Ellison zur Vernunft zu bringen. Ich versagte. Damals war ich mit Harlan befreundet; Gene glaubte bestimmt, daß er auf mich hörte, wenn *ich* ihn auf die Mängel des Manuskripts hinwies. Ich fuhr mit dem Motorrad, stellte die Maschine auf der Zufahrt von Ellisons Haus ab – und wurde fast während meines ganzen Besuchs angeschrien. Harlan war wütend, blind vor Zorn auf Justman, Roddenberry und Coon; schon nach kurzer Zeit warf er mich raus. Ich kam nur als Überbringer der Nachricht, doch er schien auch mich für schuldig zu halten.

BOB JUSTMAN:
Gene wollte Harlans Manuskript nicht einfach in den Mülleimer werfen und begann damit, es gründlich umzuschreiben. Er paßte es den Notwendigkeiten einer SF-Fernsehserie an, die mit einem geringen Etat auskommen mußte.

An dieser Stelle sollte ich vielleicht eine kleine Pause einlegen und auf folgendes hinweisen: Es ist nicht ganz klar, *wer* Ellisons Drehbuch umschrieb, Roddenberry oder Gene Coon. Ich habe mir die entsprechende Episode noch einmal angesehen und dabei insbesondere auf die Dialoge geachtet, auf die Art, in der die Protagonisten miteinander sprachen und aufeinander reagierten. Ich vermute – und es ist wirklich nur eine *Vermutung* –, daß einige Änderungsvorschläge in Hinsicht auf ›The City on the Edge of Forever‹ von Roddenberry stammten, während das eigentliche Umschreiben von Coon erledigt wurde. Wie dem auch sei: Das Skript diente schließlich als Grundlage für eine Episode, die nicht nur meiner Meinung nach die beste aller STAR TREK-Folgen ist. Justman fährt fort:

> BOB JUSTMAN:
> Harlan verzieh es uns nie, daß wir sein Manuskript änderten. Aus reiner Boshaftigkeit legte er die ursprüngliche Fassung der Writers Guild vor und gewann einen Preis für ein Drehbuch, das nie den Weg auf den Bildschirm oder die Leinwand fand. Coon, Roddenberry und ich waren bei der Preisverleihung zugegen, und als Ellison vom Podium trat, das Manuskript in der einen und den Preis in der anderen Hand, warf er uns einen triumphierenden Blick zu. »Das soll euch eine Lehre sein«, verkündete sein Gesichtsausdruck.
>
> Gene und ich sahen uns an, und er zuckte mit den Schultern. »So ist das eben im Showgeschäft«, meinte er. Wir lachten. Immerhin: Wenn wir das Skript nicht geändert hätten, wäre jene Episode nie gedreht worden.

So seltsam es auch erscheinen mag: Harlan Ellison mochte einerseits sehr enttäuscht von und sogar sauer auf Gene Roddenberry und STAR TREK sein; doch andererseits gebührt ihm zumindest ein Teil des Verdienstes, die Serie gerettet zu haben, als sie am Ende der ersten Season auf eine Streichung aus dem NBC-Programm zusteuerte. Einige Wochen vor dem Streit mit Gene Roddenberry und Bob Justman – Ellison hatte gerade mit der Arbeit an ›The City on the Edge of Forever‹ begonnen –, kursierten in den Büros von Desilu Gerüchte, die besagten, das Network sei nicht an weiteren STAR TREK-

Folgen interessiert. Ellison traf sich zu jenem Zeitpunkt mit Gene (zu ihrer Auseinandersetzung kam es erst später), hörte davon und fürchtete, daß sein SF-Meisterwerk einfach in der Versenkung verschwand (wodurch er vielleicht keinen Scheck erhielt). Er setzte sich mit seinen Kollegen in Verbindung und bat sie, ihm dabei zu helfen, die Fernsehserie zu retten. Die Sache sprach sich schnell herum, und NBC bekam Tausende von Briefen und Telefonanrufen, in denen eine Fortsetzung von STAR TREK verlangt wurde. Bei Cal Tech und MIT gab es sogar Demonstrationen zugunsten der Serie. Veranstaltet wurden sie von Studenten, die eingefleischte Science Fiction-Fans waren; Ellison oder andere SF-Autoren hatten ihnen von STAR TREKs schwieriger Situation berichtet.

Im Lauf der Jahre ließ diese Art von Unterstützung nach und wich dem gewaltigen Phänomen, das STAR TREK sogar eine *dritte* Season bescherte. Trotzdem ist es mehr als nur sonderbar, daß die Serie ihre weitere Existenz zu einem großen Teil Harlan Ellison verdankt, der später zu einem ihrer größten Gegner werden sollte.

DIE ZWEITE SEASON

Ich habe Schwierigkeiten mit Tribbles.
(© *1993 Paramount Pictures*)

Ich habe nicht etwa STAR TREK für dumm gehalten, sondern mich selbst. Man gab mir eine Perücke, in der Schwalben zu nisten versuchten.

WALTER KOENIG

Vielleicht kennen Sie diese Geschichte. Anfang 1967 befaßte sich ein Leitartikel der sowjetischen *Prawda* mit STAR TREK und wies auf folgendes hin: Die UdSSR war als erste Nation der Erde in den Weltraum vorgestoßen, doch an Bord des Raumschiffs U.S.S. *Enterprise* gab es keinen Russen. Gene Roddenberry bekam eine Übersetzung des Artikels, las ihn mehrmals und mußte zugeben, daß die angeführten Argumente durchaus etwas für sich hatten. Er begab sich in sein Büro und fügte Kirks Crew den Fähnrich Pavel Chekov hinzu.

Doch diese Story entspricht nicht der Wahrheit und ist nichts weiter als das Produkt einer übereifrigen Werbeabteilung. Das wichtigste Motiv für die Erweiterung der Brückencrew zu Beginn der zweiten Season waren nicht irgendwelche Leitartikel in der sowjetischen Presse, sondern die Monkees.

Als STAR TREK eine noch kleine, aber sehr treue Anhängerschaft gewann, erschienen überall im Land die Monkees auf den Fernsehbildschirmen. Diese ›Beatles-Epigonen‹ wurden innerlich kurzer Zeit zu einem nationalen Phänomen, und ihre Fans waren jung, zahlreich und außerordentlich begeistert. Bei jedem öffentlichen Auftritt der Band fanden sich Tausende ein, und Waren, die mit den Monkees in Zusammenhang standen, fan-

Walter Koenig nimmt das letzte Raumschiff nach Clarksville.* (© *1993 Paramount Pictures*)

den reißenden Absatz. Sie bekamen eine eigene TV-Show, die immer höhere Einschaltquoten erzielte. Gene Roddenberry dachte an dieses große, Kaugummi kauende Publikum, als er Pavel Chekov schuf, und zwar so, daß der Fähnrich große Ähnlichkeit mit dem Monkee Davy Jones aufwies. Sicher, er gab ihm einen russischen Akzent, aber man braucht sich nur Chekovs erste Episoden sowie seine struppige Perücke anzusehen, um festzustellen, daß er wie ein Monkee aussehen sollte.

Trotz der albernen Haartracht fand Walter praktisch problemlos einen Platz an Bord der *Enterprise*, spielte einen sehr lebendigen und humorvollen Chekov. Ich habe ihn gefragt, wie er zu STAR TREK kam.

---

* Anspielung auf einen Song-Titel der Monkees: ›Last Train to Clarksville‹ – *Anm. d. Red.*

WALTER KOENIG:
Ich hatte das Glück, daß mich Joe D'Agosta in einer Folge der Serie *Mr. Novak* auftreten ließ: Ich spielte dabei einen russischen Studenten, der sich in die Vereinigten Staaten absetzen wollte. Ich habe auch bei einer von Joe Pevney geleiteten Episode von *Alfred Hitchcock Presents* mitgewirkt, und hinzu kam ein kurzes Gastspiel bei Gene Roddenberrys *The Lieutenant*. Damit sind drei der insgesamt vier Personen genannt, denen Chekov sein TV-Leben verdankt. Die vierte hieß Gene Coon. Er brachte jemanden ins Team, den *er* kannte, und deshalb betraf die Sache eigentlich nur uns beide.

Wir probten zusammen einige Szenen; anschließend wartete ich etwa vierzig Minuten lang, und dann kam Bill Theiss herein und meinte: »Folgen Sie mir.« Er führte mich zur Garderobe, und dort begann er damit, meine Maße zu nehmen. »Was soll das bedeuten?« fragte ich ihn. Und Theiss antwortete: »Ich brauche Ihre Maße für die Uniform. Sie sind gerade engagiert worden.« Im Ernst: Auf diese Weise erfuhr ich, daß ich die Rolle bekommen hatte. Es fand keine Zeremonie irgendeiner Art statt; es kam nur jemand mit einem Maßband. Nichts wies darauf hin, welche Bedeutung STAR TREK später für mein Leben gewinnen sollte.

Nach einer Weile teilte man mir folgendes mit: Das Engagement betraf jeweils nur eine Folge, doch es gab die Möglichkeit, daß man Pavel Chekov als ständiges Mitglied in die *Enterprise*-Crew aufnahm. Nun, zu jener Zeit war George Takei fort – zusammen mit John Wayne drehte er *The Green Berets* –, und manchmal konnte er nicht rechtzeitig zu den Dreharbeiten von STAR TREK zurückkehren. Wenn das geschah, rief man mich – es sollte nicht ständig ein neues Gesicht an den Navigationskontrollen der *Enterprise* sitzen. Zwölf oder dreizehn Folgen lang ging es so weiter, und meine Fanpost schwoll immer mehr an. Bei den Acht- bis Vierzehnjährigen kam ich erstaunlich gut an. Zwischen sechs- und siebenhundert Briefe erhielt ich pro Woche. Es war eine so neue Erfahrung für mich, daß ich zuerst tatsächlich versuchte, sie alle zu lesen. Eine Zeitlang hatte ich großen Spaß daran.

Während sich der Neuling Koenig allmählich an seine Pflichten auf der Brücke gewöhnte, kehrten wir Veteranen zu unseren Rollen zurück, die wir inzwischen ebenso gut kannten wie die technische Ausrüstung und Terminologie von STAR TREK. Die daraus erwachsende Selbstsicherheit kam auch in den einzelnen Folgen zum Ausdruck. Wenn Sie sich die Episoden der ersten Season ansehen – insbesondere die ganz am Anfang –, so werden Sie folgendes feststellen: Leonard und ich begegneten der *Enterprise*-Technik mit großer Vorsicht. Fast ehr-

Der Veteran Takei zeigt dem Grünschnabel Koenig, wie alles funktioniert. (© *1993 Paramount Pictures*)

fürchtig benutzten wir die Kommunikatoren und den Transporter. Und häufig *riefen* wir Befehle. In den Folgen der zweiten Season wich dieser Respekt dem Technischen gegenüber einer weitaus sachlicheren und normaleren Einstellung.

Ganz gleich, wie modern die Ausstattung der *Enterprise* auch sein mochte: Für die Besatzungsmitglieder stellte sie etwas Selbstverständliches dar. Für uns bedeutete das: Captain Kirk klappte seinen Kommunikator ganz lässig auf, und bezüglich der Kontrollen ließen wir unsere bisherige Zurückhaltung fallen – wir streckten nicht mehr zögernd die Hand nach Tasten oder Schaltern aus, sondern langten beherzt zu. In einigen Fällen schob sich Kirk seinen Phaser einfach hinter den Hosenbund.

Allerdings: Durch das größer werdende Selbstbewußtsein entstanden auch Probleme. Ich weiß noch, daß Irving Feinberger und De Kelley Zweck, Funktion und Handhabung von McCoys medizinischen Instrumenten besprachen. Und ich erinnere mich daran, daß Jimmy Doohan verzweifelt versuchte, einem neuen und begriffsstutzigen ›Techniker‹ der *Enterprise* den Unterschied zwischen Transfer und Retransfer zu erklären. George Takei gehört zweifellos zu den nettesten Leuten auf diesem Planeten, aber einmal stritt er sich mit einem Regisseur darüber, welche Knöpfe für den Einsatz der Phaserkanonen gedrückt werden mußten.

Der Regisseur hatte die Szene seinen Vorstellungen gemäß vorbereitet und George aufgefordert, ganz bestimmte Tasten zu betätigen, um die Bordgeschütze der *Enterprise* zu aktivieren. Takei lehnte mit dem Hinweis ab, nicht gegen die technischen Spezifikationen verstoßen zu wollen, deren Grundlagen während der ersten Season entstanden waren. Die beiden Männer zankten sich regelrecht, und keiner von ihnen zeigte Kompromißbereitschaft. George weigerte sich hartnäckig, die Phaserkanonen so abzufeuern, wie es der Regisseur von ihm verlangte. Nun, die Uhr tickte erbarmungslos, und als die

Zeit immer knapper wurde, setzte Takei schließlich seinen Willen durch.

Unterdessen wurden die Arbeitsbeziehungen zwischen Roddenberry und Coon mit jedem verstreichenden Tag besser und kreativer. Leider befand ich mich fast immer am Drehort und sah deshalb nicht, wie die ›schöpferischen Funken‹ stoben. Noch viel bedauerlicher ist, daß uns jene so begabten und talentierten Männer nicht mehr von ihrer Kooperation berichten können. Nun, Bob Justman hat mit ihnen beiden zusammengearbeitet und ist gern bereit, davon zu erzählen.

Bob Justman:
Als unsere zweite Season begann, kamen die beiden Genes wirklich prächtig miteinander zurecht. Auch weiterhin nahmen sie an Besprechungen mit neuen Autoren teil, und in dieser Hinsicht ergaben sich nun viel weniger Probleme als vorher. Immerhin wurde Star Trek schon seit einer ganzen Weile gesendet. Die Skriptautoren wußten also, worum es ging. Sie hatten Folgen im Fernsehen gesehen. Und wenn nicht... Dann konnten wir ihnen die eine oder andere Episode zeigen.

Außerdem lief es im Grunde genommen auf folgendes hinaus: Die neuen Autoren kamen zu uns und präsentierten mehr oder weniger grobe Ideen. Angesichts völlig klarer Richtlinien fiel es Roddenberry und Coon nicht schwer, sofort die Spreu vom Weizen zu trennen. Sie sagten schlicht: »Nein, nein, nein, ja, nein, nein.« Wenn eine bestimmte Idee ein Ja bekommen hatte, so setzten sich die Genes mit dem betreffenden Autoren zusammen, um der Story erste Gestalt zu geben. Im Anschluß daran verabschiedeten sie sich, und der Schreiber eilte fort, um das Exposé zu verfassen.

Der etwa zehn Seiten umfassende Storyüberblick traf nach rund zwei Wochen ein, um sofort von Coon, Roddenberry und Justman geprüft zu werden. Nun, bis zur zweiten Season hatten sich auch noch zwei andere Köche einen Weg in die STAR TREK-Küche gebahnt. Einer symbolisierte die NBC-Programmdirektoren: Sie lasen jedes Manuskript, um sicherzustellen, daß die Geschichte ›akzeptabel‹ war, und sie fügten den Beurteilungen Ratschläge hinzu, mit denen niemand etwas anfangen konnte. Zum Beispiel lasen sie einmal ein von Gene selbst stammendes Skript, in dem ein Montiereisen Erwähnung fand, das auf einem Stapel Zeitungen lag. Roddenberry erhielt folgende Mitteilung: »Bitte ersetzen Sie das Montiereisen durch einen Ziegelstein, um zu vermeiden, daß besagtes Eisen unsere Werkzeuge herstellende Sponsoren verärgert. Sie könnten die Präsenz des Instruments so interpretieren, daß es auf die Unzulänglichkeit ihrer Produkte hinweist.«

Der zweite ›Koch‹ waren die *Zensoren* des Networks. »Bitte streichen Sie McCoys Ausruf ›O mein Gott!‹« schrieben sie zum Beispiel, entsetzt von einer solchen Blasphemie. »Bitte gewährleisten Sie, daß der Mugatu auf die Zuschauer nicht zu grotesk oder schockierend wirkt.« – »Bitte vermeiden Sie unter allen Umständen einen Kuß mit offenem Mund.« Das waren natürlich sehr nützliche, progressive und hilfreiche Anregungen.

Nach Überwindung dieser ärgerlichen Hürden machte sich der Autor wieder an die Arbeit und schrieb zwei Entwürfe des Drehbuchs. In beiden Fällen handelte es sich nicht um komplette, fertige Versionen des Skripts. Ein Mitglied des STAR TREK-Teams mußte den Text redigieren, und häufig erwiesen sich umfangreiche Änderungen als erforderlich. Während der zweiten Season überließ Roddenberry einen großen Teil dieser Arbeit Gene Coon. Bob Justman beschreibt es uns auf diese Weise:

BOB JUSTMAN:
Zu Beginn der zweiten Season hatte sich Gene Coon bestens eingearbeitet. Als schnellster Tipper im gan-

zen Westen erledigte er den größten Teil des Umschreibens. Wenn er fertig war, bekam Roddenberry die Manuskripte, und in den meisten Fällen nahm er nur noch einige geringfügige Änderungen vor.

Roddenberry arbeitete noch immer hart, war bei den Dreharbeiten zugegen, sah sich die Aufnahmen einzelner Szenen an und schaute auch den Cuttern über die Schulter. Aber sein Leben gehörte jetzt wieder ihm. Mit anderen Worten: Er brauchte nicht mehr rund um die Uhr zu schuften. Die Umstände verlangten nicht mehr von ihm, daß er wochenlang bis spät in die Nacht Manuskripte umschrieb, persönlich mit allen Autoren zusammenarbeitete und sich selbst um sämtliche Probleme der Nachbearbeitung kümmerte. Jene Aufgaben verteilten sich nun auf drei Personen. Gene Coon nahm an den häufigen Autorenbesprechungen teil, besuchte die von den Programmdirektoren veranstalteten Konferenzen und suchte nach Lösungen für die immer wieder entstehenden Probleme bei der Produktion. Der Motor namens Eddie Milkis lief ebenfalls auf vollen Touren und sorgte dafür, daß die für STAR TREK notwendigen Spezialeffekte schneller fertig wurden als früher. Und schließlich Dorothy Fontana: Als neue Skript-Be-

Links: Der spitzbärtige böse Spock aus ›Mirror, Mirror‹.
Rechts: Harry Mudd. (© *1993 Paramount Pictures*)

raterin schrieb sie eigene Drehbücher und redigierte die der anderen Autoren.

Wenn Sie sich die Produktion während jener Phase von STAR TREK ansehen, so stellen Sie fest, daß damals einige der besten Folgen gedreht wurden: ›Mirror, Mirror‹, ›The Trouble with Tribbles‹, ›I, Mudd‹, ›The Doomsday Machine‹, ›Wolf in the Fold‹ und ein halbes Dutzend andere. Die STAR TREK-Protagonisten erschienen wirklich lebendig, und unsere Storys waren aufregend, intelligent und oft auch lustig. Ich habe Dorothy Fontana nach dem kreativen Prozeß gefragt, der hinter den Kulissen von STAR TREK stattfand und dafür sorgte, daß so gut strukturierte Geschichten entstanden.

D. C. FONTANA
Es ist komisch, aber bei den STAR TREK-Manuskripten konnte ich allein auf der Grundlage von Intuition und mit meiner eigenen Logik schreiben. Ich bin praktisch von Anfang an dabei gewesen und habe erlebt, wie Gene die einzelnen Personen schuf. Ich kannte jede Szene, sah mir sowohl die Dreharbeiten als auch später den ersten Schnitt an. Daher hatte ich eine ziemlich klare Vorstellung davon, wie die einzelnen STAR TREK-Protagonisten agierten und reagierten, welche Charaktereigenschaften ihnen von den Darstellern verliehen wurden. Jeder Schauspieler leistete einen diesbezüglichen Beitrag. Bill kam mit der Karate-Sache für den Captain, weil es sich dabei um etwas Physisches handelte, das sich für Kirk eignete. Leonard ließ sich den vulkanischen Nervengriff einfallen: Es war etwas Gewaltloses, das Spocks Philosophie und Wesen entsprach. Ich genoß das Privileg, alle Personen so gut zu kennen, daß ich intuitiv über sie schreiben konnte. Wenn man so viel über die Eigenheiten der einzelnen Figuren weiß, hat man die Möglichkeit, dramaturgische Probleme im Skript ohne das Hinzufügen fremder Elemente zu lösen. Die Antworten auf entspre-

Die gut konstruierten Zwillings-Androiden aus ›I, Mudd‹.
(© *1993 Paramount Pictures*)

chende Fragen lassen sich in den Interaktionen der Protagonisten finden.

Während der zweiten Season kam es auch zu häufigeren Streichen. Ich nutzte die Gelegenheit zu einem der größten und längsten Scherze überhaupt, und dabei ging es um ein Fahrrad. Als ich Leonard von meiner Absicht erzählte, in diesem Buch darüber zu berichten, bestand er sofort darauf, daß ich auch seinen Standpunkt darlege. Deshalb füge ich den Schilderungen immer wieder Leonards Kommentare hinzu. Sein erster lautet:

LEONARD NIMOY:
Bill ist gemein, richtig gemein. Das sage ich den Leuten schon seit Jahren. Glauben Sie mir. Ich meine es ernst. Er ist wirklich gemein, durch und durch. Er stahl mein Fahrrad. Er hat mich verletzt, zutiefst verletzt. Das sollen Sie wissen. Das soll hier schriftlich festgehalten werden, damit es alle erfahren.

Natürlich lag es mir fern, Leonard zu verletzen. Aber es gab da ein Problem: Wenn die Mittagspause begann, lief Leonard immer zu seinem Fahrrad, schwang sich auf den Sattel, fuhr zur Kantine und brauchte sich dadurch nicht anzustellen.

LEONARD NIMOY:
Das war doch nur vernünftig! Es stimmt, ich hatte tatsächlich ein Fahrrad. Es war sogar mit meinem Namen gekennzeichnet. Ja, er stand vorn auf einem Schild: Leonard Nimoy. Und zwar richtig geschrieben: N-I-M-O-Y. Ich brauchte das Rad, weil die Mittagspause nur eine Stunde dauerte: Es ging darum, die Kantine zu erreichen, dort zu essen, anschließend zurückzukehren, um Spocks Ohren in Ordnung bringen zu lassen und rechtzeitig im Studio zu erscheinen. Deshalb habe ich ein Fahrrad benutzt.

Nun, eines Tages, zu Beginn der Mittagspause, eilte ich zum Rad – und es fehlte. Sofort machte ich kehrt und fragte die Jungs im Studio: »Wer hat mein Fahrrad genommen? Na los, rückt es wieder raus!« Daraufhin lachten sie und gaben mir das Rad zurück. Am nächsten Tag schnappte sich Bill – mein alter Freund Bill – das Fahrrad. Er kam auf die ›tolle‹ Idee, es mit einem Seil bis zur hohen Studiodecke emporzuziehen und dort festzubinden. Als die Pause begann, eilte ich einmal mehr dorthin, wo ich das Rad abgestellt hatte – um gleich darauf zurückzukehren. »Na schön! Wer hat es diesmal genommen? Wo ist es? Kommt schon, jetzt reicht's.« Und während ich mich noch aufregte, grinsten Schauspieler, Techniker und Beleuchter, sahen nach oben. Schließlich neigte ich ebenfalls den Kopf nach hinten – um festzustellen, daß die Jungs das Fahrrad langsam herabgelassen hatten. Es hing nun direkt über mir, gerade außerhalb meiner Reichweite. Einige Leute schienen das für sehr lustig zu halten; sie lachten laut. Ich konnte der Situation jedoch keine komischen Aspekte abgewinnen. Wenn das Humor sein soll...

Nun, ich unterbreche Leonard hier, um festzustellen, daß er die Wahrheit sagt. Allerdings: Er präsentiert nur die Hälfte davon. Ich möchte Ihnen den Rest erzählen. Als sich Nimoy das Rad besorgte, radelte er zu Beginn jeder Mittagspause wie ein Irrer los, besorgte sich in der Kantine das Essen, mampfte und lächelte süffisant, während wir armen Fußgänger noch in der Warteschlange hungerten. Der Kerl machte sich über uns lustig! Deshalb beschloß ich, Leonard eine Lektion zu erteilen. Außerdem gefällt es mir, ihn zu ärgern. Am nächsten Tag kaufte ich eins von den Schlössern, die selbst dann blockiert bleiben, wenn man auf die Dinger schießt, und ich besorgte auch eine schwere Kette. Während Leonards letzter Szene vor der Mittagspause schlich ich fort und kettete sein Fahrrad an einen Hydranten.

Fünfzehn Minuten später sprintete er aus dem Studio, um erneut zur Kantine zu radeln, doch sein Drahtesel wollte sich einfach nicht von dem Hydranten trennen. Er schlug sich mit der flachen Hand an die Stirn und zeigte Emotionen, wie sie einem Vulkanier, der etwas auf sich hielt, sicher nicht gebührten. *»Wer ist dafür verantwortlich?«*

»Wofür?« erwiderte ich und trug meine beste Unschuldsmiene zur Schau.

»Irgendein Idiot hat mein Rad an den Hydranten gekettet«, klagte mein Freund und ahnungsloses Opfer.

»Lieber Himmel«, stöhnte ich. »Wie abscheulich. Und es soll Leute geben, die etwas so Dämliches für lustig halten.« Ich brauchte meine ganze Selbstbeherrschung, um nicht zu grinsen. »Komm, gehen wir zur Kantine.«

Am nächsten Tag erschien Leonard mit einem Bolzenschneider. Während wir anderen eine Szene drehten, versuchte er, die dicke Kette zu durchtrennen. Es kostete ihn eine Menge Schweiß, aber schließlich erzielte er einen Erfolg.

Fünfundvierzig Minuten später... schnappte ich mir das Rad erneut. Bevor ich fortfahre, muß ich darauf hinweisen, daß ich Dobermänner und Pferde züchte. Dobermänner sind hervorragende Hunde, sehr intelligent. Sie schützen ihren Herrn und ihr Territorium...

LEONARD NIMOY:
Bills Hunde sind noch gemeiner als er, und das ist nicht einfach.

Als ich die gelöste Kette von Leonards Rad sah, erkannte ich auf den ersten Blick die Gefahr eines Diebstahls und rollte das Fahrrad in meine Garderobe. Um sicherzustellen, daß es auf keinen Fall entwendet werden konnte, ließ ich einen meiner besonders zuverlässigen Hunde zur Bewachung zurück. Kurze Zeit später mußte Nimoy einmal mehr feststellen, daß sein Rad verschwunden war, und inzwischen argwöhnte er, daß ich dahintersteckte. Er kam zu mir und fragte: »Na schön, wo ist es?«

»Was meinst du?« entgegnete ich.

»Das weißt du genau«, sagte er. »Mein Fahrrad.«

»Oh, dein *Fahrrad*«, kam es mir über die Lippen. »Nun, du hast es einfach so da draußen gelassen, wo es gestohlen werden konnte. Ich habe dir einen Gefallen getan und es in meiner Garderobe untergebracht.« Dann ging ich fort zur Kantine.

Leonard traf zwanzig Minuten später ein. Er kam zu Fuß, mit zerzaustem Haar und ziemlich verärgert – weil ihm mein Hund an die Kehle gegangen war. Ich meinte, es sei ganz einfach einen angreifenden Dobermann außer Gefecht zu setzen. »Du brauchst nur zu warten, bis er auf dich zuspringt. Wenn er dann mitten in der Luft ist, steckst du ihm die Hand ins Maul, packst die Zunge und wendest den vulkanischen Nervengriff an.«

Leonard Nimoy:
Der nächste Tag brach an, und inzwischen wußte ich, daß ich extreme Maßnahmen ergreifen mußte, um mein Fahrrad zu schützen. Damals fuhr ich einen großen Buick, den ich jeden Tag vor dem Studio parkte. Ich beschloß, das Fahrrad nicht mehr irgendwo abzustellen, sondern statt dessen im Fond des Wagens unterzubringen und den Buick dann abzuschließen. Auf diese Weise glaubte ich das Rad sicher. Doch ich irrte mich. Bill schreckte nicht einmal davor zurück, mein Auto abschleppen zu lassen.

Es war eins von den Radio Flyer-Fahrrädern, und ich habe es noch immer. Heute sind die Dinger eine Menge Geld wert. Nun, die Sache mit der Mittagspause und so erinnert mich an eine andere komische Geschichte, die sich ungefähr zur gleichen Zeit abspielte.

Die Dreharbeiten begannen immer im Juni, und wir setzten sie den ganzen Sommer über fort. Schon ganz zu

Anfang lernten wir, daß es besser war, mittags nicht zuviel zu essen. Wer sich vollstopfte, mußte damit rechnen, am Nachmittag im warmen Studio sehr müde zu werden.

Einmal drehten wir eine Szene, in der Leonard und ich mit einigen Bösewichtern fertig werden mußten. Es kam zu einem wilden Kampf mit Schwingern und Kinnhaken und dergleichen. Leonard schickte jemanden mit dem vulkanischen Nervengriff ins Reich der Träume, und meine Fäuste erledigten zwei andere. Nachdem schließlich alle Gegner besiegt waren, sollte ein Dialog folgen, der etwa drei Minuten dauerte, in der Art von:

»Was unternehmen wir jetzt, Captain?«

»Keine Ahnung. Was schlagen Sie vor, Spock?«

»Nun, Captain, es gibt da einige interessante Möglichkeiten ...«

Auf diese Weise unterhalten sich Kirk und Spock eine Zeitlang, bis Jim sagt: »Ich habe eine Idee. Sie gehen dorthin, und ich sehe mich da drüben um. Wir treffen uns später.«

Damit endete die Szene. Kein Problem. Ein Kinderspiel. Wir probten ein wenig, brachten die Kameras in Position und drehten. Leonards vulkanischer Nervengriff funktionierte auch diesmal. Ich ließ mehrere Burschen die Kirk-Faust spüren, und alles klappte perfekt. Als die Stuntmen besinnungslos auf dem Boden lagen, begann der Dialog.

Zunächst gab es auch dabei keine Schwierigkeiten. Doch irgendwann zwischen »Was unternehmen wir jetzt, Captain?« und »Ich habe eine Idee« hörte ich ein Geräusch, das wie SNNNNNNXXXXXXX klang.

Wer die für Bewußtlose bestimmten Sprechblasen von Dagwood Bumstead nicht kennt: ›SNNNNNNXXXXXX-XX‹ ist die offizielle, von Webster anerkannte Schreibweise für jenes Geräusch, das ein besonders hingebungsvoller Schnarcher verursacht. Sie ahnen es sicher: Einer der Stuntman hatte beim Mittagessen nicht die angebrachte Zurückhaltung walten lassen und büßte nun dafür. Er war unter dem Tisch eingeschlafen und schnarchte lauter, als es einem Menschen möglich sein sollte.

Wir hörten es beide. Leonard wußte, daß ich das Geräusch gehört hatte. Und *ich* wußte, daß es auch *seiner* Aufmerksamkeit nicht entgangen war.

Nimoy und ich gaben uns alle Mühe, die Dialogszene so zu beenden, wie sie im Drehbuch stand. Ob Sie es glauben oder nicht: Es gelang uns tatsächlich, bis »Sie gehen dorthin, und ich sehe mich da drüben um. Wir treffen uns später« ernst zu bleiben. Unmittelbar im Anschluß an die letzten Worte traten wir auseinander. Doch als wir beide den Aufnahmebereich der Kamera verlassen hatten, konnten wir uns nicht mehr beherrschen und lachten so laut, daß die Wände wackelten. Die anderen Personen im Studio stimmten mit ein, und dadurch erwachte unser Dornröschen – der Bursche war mehrere Tage lang verlegen.

Zwar blieb Gene Roddenberry inzwischen von den alltäglichen Problemen der Produktion weitgehend verschont, aber er arbeitete noch immer sehr intensiv und konzentrierte sich vor allem auf die STAR TREK-Skripte. Während der vergangenen vier Jahre hatte er mit seinen Kräften Raubbau getrieben, und das machte sich allmählich bemerkbar. Doch STAR TREK war dem Network gegenüber verpflichtet, und hinzu kam bei Gene ein ausgeprägtes Verantwortungsbewußtsein. Deshalb gönnte er sich keine Ruhe und schaffte es irgendwie, die eigene Erschöpfung immer wieder zu überwinden und auf eine wahrhaft erstaunliche Weise kreativ zu sein. Dorothy Fontana nennt uns ein Beispiel.

D. C. FONTANA:
Wir arbeiteten an einer Episode, die ›By Any Other Name‹ hieß und aus der Feder von Jerry Bixby

stammte. Die beiden Genes waren nicht sehr zufrieden mit dem Manuskript und baten mich, es umzuschreiben. Für gewöhnlich ging es bei solchen Änderungen darum, unsere STAR TREK-Protagonisten mehr in den Vordergrund zu rücken und die Beziehungen zwischen ihnen besser zu gestalten. Wenn ich das erledigt hatte, wandte ich mich dem Plot zu. Doch in diesem Fall ging die Story davon aus, daß sechs Personen die *Enterprise* unter ihre Kontrolle brachten. Das erschien mir seltsam. Ich meine, die Besatzung des Raumschiffs *Enterprise* besteht aus etwa vierhundert Personen, und *sechs* Individuen sollen alles unter Kontrolle bringen? Eine leichte Lösung wie gottähnliche Macht kam nicht in Frage. Ich sprach mit Gene Coon darüber, und gemeinsam überlegten wir: »Vielleicht halten die sechs Personen Kirk, Spock und die anderen Offiziere auf dem Planeten fest und verlangen, daß auch die restliche Crew das Schiff verläßt.«

Wir entschieden uns dagegen. Zwar sind Kirk, Spock und so weiter unsere Helden und bilden die Kommandogruppe der *Enterprise*, aber sie befinden sich nicht *ständig* auf der Brücke. Andere Besatzungsmitglieder lösen sie ab, wenn sie essen und schlafen, und die entsprechenden Leute sind kaum weniger tüchtig als der Captain und seine Getreuen. Woraus folgte: Wenn die sechs Fremden eine Art Geiselaustausch versuchten, so würde Kirk ablehnen und der *Enterprise* befehlen, aus der Umlaufbahn zu schwenken, ihn und die anderen Offiziere zurückzulassen. Kirks Charakter erlaubt keine Verhandlungen. Er wäre nie bereit gewesen, seine eigene Sicherheit der des Schiffes voranzustellen. So etwas kam also nicht in Frage.

Gene Coon und ich zerbrachen uns den Kopf, ohne einen Ausweg aus dieser verzwickten Situation zu finden. Schließlich gingen wir zu Roddenberry und sagten: »Wir haben da ein echtes Problem. Wie bringen sechs Aliens die vierhundert Besatzungsmitglieder der *Enterprise* unter ihre Kontrolle?« Gene dachte einige Minuten lang darüber nach, und während er überlegte, betastete er ein Souvenir, das ich von einem Wochenende in Tijuana mitgebracht hatte. Es handelte sich um ein schwarzes, achteckiges Stück Onyx.

Roddenberry drehte es hin und her. »Angenommen, die Aliens haben eine Waffe, mit der sie eine Person auf die Essenz ihres Seines reduzieren können – die etwa so aussieht?« Mit einem genialen Science Fiction-Trick hatte Gene die Lösung gefunden – in nur fünf Minuten.

Wir demonstrierten die Macht der Waffe gleich in der ersten Szene dieser Episode, und dann brachten wir sowohl Kirk und seine Gefährten als auch die Fremden an Bord. In der *Enterprise* zeigten wir hier und dort kleine, vieleckige Objekte, die darauf hindeuteten, daß viele Besatzungsmitglieder ›auf ihre Essenz‹ reduziert worden waren. Eine Strukturumkehrung des betreffenden Energiestrahls konnte die Verwandlung rückgängig machen, und dadurch hatten die Aliens ein wirkungsvolles Druckmittel in der Hand. In dramaturgischer Hinsicht klappte das alles wunderbar, und es gab auch noch einen weiteren Vorteil: Wir sparten viel Geld für die Spezialeffekte.

Zwar lief STAR TREK jetzt ganz gut, aber Gene Coons Verantwortung für die Skripte führte bei ihm zu einer enormen Arbeitsbelastung. Er riskierte einen Nervenzusammenbruch, so wie Roddenberry zwölf Monate vorher. Bob Justman schildert die Situation:

BOB JUSTMAN:
Ich schrieb eine Mitteilung für jedes Exposé und für jeden Story-Entwurf, der auf meinem Schreibtisch landete. Oft waren meine Anmerkungen recht detailliert und umfangreich, denn ich ging darin auf alles ein,

das meiner Ansicht nach Änderungen erforderte. Ich wies auf Dinge hin, die zu hohe Kosten verursachten, auf Widersprüche bei den Charakteren, logische Fehler und so weiter. Ich ließ keinen Punkt aus, durch den das Manuskript besser werden konnte.

Einmal bekam ich ein acht Seiten langes Exposé, das *wirklich* schlecht war: konfus, langweilig, für STAR TREK unangemessen. Ich fand es so mies, daß meine schriftliche Kritik zwanzig Seiten beanspruchte – einzeilig geschrieben.

Nun, in meinen Mitteilungen nahm ich nie ein Blatt vor den Mund: Ich benutzte einen recht scharfen, sarkastischen Tonfall. Mit Coon und Roddenberry war ich übereingekommen, daß sie darauf verzichteten, den betreffenden Autor meine Anmerkungen lesen zu lassen. Andernfalls wäre ich gezwungen gewesen, mich vorsichtiger auszudrücken, um niemanden in seinem Stolz zu verletzen. Und dadurch hätte mich das Schreiben der Kritik weitaus mehr Zeit gekostet. Mir ging es in erster Linie darum, auf mögliche Probleme bei der Produktion hinzuweisen; ich wollte vermeiden, irgendwelche rhetorischen Kompromisse eingehen zu müssen.

Nun, was diese Story betrifft: Gene Coon las meine ausführlichen Anmerkungen und stimmte fast allen zu. Aus diesem Grund machte er den Fehler, dem Autor meine Mitteilung zu zeigen. Vielleicht glaubte er, das sei einfacher, als ihm alles Punkt für Punkt zu erklären.

Gene meinte einfach nur: »Lesen Sie das hier.« Der Besucher las nur einige Seiten, zerknüllte sein Manuskript, warf es auf den Schreibtisch, verfluchte Coon und ging.

Ich betrat das Büro kurze Zeit später und sah, daß Gene die Hände vors Gesicht geschlagen hatte und weinte. Der Autor war als Freund gekommen, doch als er ging, war er tief verletzt, und Zorn erfüllte ihn. Das bescherte dem sehr empfindsamen und sensiblen Coon seelischen Schmerz.

Außerdem begriff Gene, daß die Story nur dann in ein brauchbares Drehbuch verwandelt werden konnte, wenn sie vollkommen umgeschrieben wurde. Der Autor selbst kam dafür nicht mehr in Frage, und das bedeutete für den armen Coon: Ihm standen erneut einige schlaflose Nächte bevor. Er war bereits so erschöpft, daß er glaubte, sich kaum mehr auf den Beinen halten zu können. Er spielte mit dem Gedanken, das Handtuch zu werfen...

Nach dem Thanksgiving Day warf er es tatsächlich. Er verließ uns, und das war sehr bedauerlich. In den vergangenen fünfundzwanzig Jahren sind die Gründe für Coons Entscheidung, STAR TREK aufzugeben, in Vergessenheit geraten. Ich halte es für sehr wahrscheinlich, daß die Arbeitsbelastung schließlich zu groß für ihn wurde, daß es ihm ähnlich erging wie zwölf Monate vorher Justman und Roddenberry.

Majel Barrett hat mich gebeten, darauf hinzuweisen, daß Roddenberry Coons Talenten als Autor mit dem größten Respekt begegnete. Darüber hinaus erinnert sie sich nicht an irgendwelche ernsten Kontroversen zwi-

Roddenberrys Lösung in ›By Any Other Name‹.
(© *1993 Paramount Pictures*)

schen den beiden Genes. Aber gewissen Gerüchten zufolge hatten Coon und Roddenberry damit begonnen, um die Kontrolle über STAR TREK zu kämpfen. Coon wollte mehr Humor, mehr Action und weniger ›Aussage‹. Roddenberry hingegen strebte ernstere, dramatischere Episoden an. Es heißt auch, daß die diesbezüglichen Spannungen zwischen den beiden Männern schließlich ein solches Ausmaß gewannen, daß kein Kompromiß mehr erreicht werden konnte und Roddenberry Coon die Kündigung nahelegte. Vielleicht stimmt das. Eines steht fest: Die Rivalität zwischen den Genes hatte immer mehr zugenommen. Bill Campbell beschreibt die Situation:

BILL CAMPBELL:
Meine Frau und ich kamen oft mit Roddenberry, Majel, Gene Coon und Jackie zusammen. Wir plauderten oder spielten Karten, und mir fiel auf, daß Roddenberry und Coon fast in allen Dingen zu Rivalen geworden waren.

Nun, eines Abends spielten wir ›Penny ante‹*, und die beiden Genes nahmen alles sehr ernst. Normalerweise sollten die Einsätze niedrig bleiben, aber Roddenberry und Coon trieben alles immer mehr auf die Spitze, und plötzlich enthielt der Pot mehrere hundert Dollar. Das beunruhigte Majel und Jackie, aber ihre Männer ließen nicht locker, erhöhten und erhöhten, auf eine sehr aggressive Weise. Von einem ›Spiel‹ konnte nicht mehr die Rede sein. Coon war von Natur aus zurückhaltend, und Roddenberry verbarg sich immer hinter einer Maske der Freundlichkeit. Doch der Schein trog: Zwischen den Genes spielte sich mehr ab, als man zunächst glauben mochte.

Zwar gerieten die beiden Männer häufig aneinander, aber Coons Witwe Jackie hält nichts von den oben genannten

---

* Penny ante: eine Form des Pokerspiels, bei dem der erste Einsatz einen Cent beträgt – *Anm. d. Übers.*

Standfotos von der beißenden STAR TREK-Satire ›Bread and Circuses‹.
Coon und Roddenberry schrieben Entwürfe für diese Folge, und
hinsichtlich der Gestaltung kam es immer wieder zu Auseinandersetzungen. Das mag einer der Gründe dafür sein, warum uns Coon
schließlich verließ. (© *1993 Paramount Pictures*)

Gerüchten. Sie hat eine eigene Erklärung für Genes Entscheidung, STAR TREK zu verlassen.

JACKIE COON:
Gene [Coon] sprach nie von STAR TREK, sah sich auch nicht die Folgen im Fernsehen an. Nur selten erzählte er von den Vorgängen im Studio, und ich kann mich nicht daran erinnern, daß er jemals Streit mit Roddenberry erwähnte. Wenn es tatsächlich zu einem Konflikt kam, so blieb er privater Natur, denn mein Mann hat nie etwas Schlechtes über Roddenberry gesagt.

Ich bezweifle sehr, daß die Auseinandersetzungen zwischen ihnen tiefgreifend waren und über Meinungsverschiedenheiten in bezug auf Drehbücher hinausgingen. Bestimmt blieben sie gute Freunde, bis zum Tode meines Mannes. Wir verbrachten fast jedes Wochenende gemeinsam: Die beiden Genes schwammen, spielten Billard oder Karten und so. Nie gab es ernsten Krach zwischen ihnen. Ich glaube, Gene [Coon] stieg aus, weil der Streß zuviel für ihn wurde, weil er sich ausgebrannt fühlte und etwas schreiben wollte, das nichts mit STAR TREK zu tun hatte. Es gibt keine Möglichkeit, einen Beweis dafür zu erbringen, aber ich glaube, mein Mann litt bereits an Krebs, als er kündigte. Vielleicht zehrte die Krankheit bereits an seinen Kräften. Er lebte noch fünf Jahre, aber ich nehme an, schon damals wucherte der Krebs in ihm.

Die Nachfolge von Coon trat John Meredyth Lucas an. Lucas berichtet uns, wie er den Job bei STAR TREK bekam, und seine Schilderungen stützen die These, daß Coons Ausstieg zumindest teilweise auf die Krankheit zurückging.

JOHN MEREDYTH LUCAS:
Ich hatte zwei STAR TREK-Folgen geschrieben (›Patterns of Force‹ und ›The Changeling‹) und bei mehreren

Mannix-Episoden die Regie geführt. *Mannix* wurde auf dem gleichen Filmgelände gedreht wie STAR TREK, und wie es der Zufall wollte, befand sich mein Parkplatz direkt unter dem Fenster von Coons Büro. Ab und zu sah er mich, wenn ich ausstieg. Dann beugte er sich aus dem Fenster, und wir unterhielten uns eine Zeitlang, sprachen über die Produktionsarbeiten und so. Eines Tages erwähnte er die Kündigung und meinte: »Warum übernehmen Sie den Kram nicht? Immerhin haben Sie *The Fugitive* und *Ben Casey* produziert.« Natürlich war ich sofort bereit, die gute Chance zu nutzen – Science Fiction hatte mir immer sehr gefallen. Ich fragte Coon, warum er ging, und er erklärte seine Entscheidung nie richtig, sprach in diesem Zusammenhang nur von ›Müdigkeit‹. Ich gewann den Eindruck, daß es ihm nicht sehr gut ging.«

Was auch immer der Grund sein mochte: Coon verließ uns, und Lucas gesellte sich unserem Team hinzu. Ich fragte ihn, welche Situation er vorfand.

JOHN MEREDYTH LUCAS:
Die größten Probleme hatten wir mit dem Network – weil man dort versuchte, STAR TREK in eine Art *Lost in Space* zu verwandeln. Die Programmdirektoren wollten, daß jede Woche ein gewaltiges grünes Ungeheuer erschien und versuchte, das ganze Raumschiff *Enterprise* zu verschlingen. Deshalb kam es einem ständigen Kampf gleich, dem bisher eingeschlagenen Weg zu folgen und auch weiterhin gute, intelligente Folgen zu drehen.

Gene Coon hatte sich sehr für die Verteidigung des bisherigen STAR TREK-Konzepts eingesetzt, und das galt auch für Roddenberry. Nun, wenn irgendwelche Anweisungen von NBC kamen, so achteten wir meistens nicht darauf. Ich empfand es als großartig, für STAR TREK zu arbeiten, denn das SF-Genre gab uns größere Freiheit. Wir konnten zum Beispiel Aussagen gegen den Vietnamkrieg treffen oder uns für die Bürgerrechte einsetzen. Es genügte, die entsprechende Story in der Zukunft anzusiedeln, weit draußen im All – dann kamen wir praktisch mit allem durch. Wenn trotzdem jemand Kritik übte, so lautete unsere Antwort einfach: »He, wir meinen doch gar nicht die Probleme von heute. Unsere Geschichte betrifft imaginäre Ereignisse in der Zukunft.« Natürlich logen wir, aber auf diese Weise gelang es uns, bestimmte Episoden an den Network-Typen vorbeizuschmuggeln.

So war's auch bei ›Patterns of Force‹, der Folge mit den Nazis. Es machte Spaß, über einen wohlmeinenden Nazi zu schreiben, der sich für die ›richtige Sache‹ einsetzte und dadurch alles durcheinanderbrachte. Wir begannen mit der Frage: »Wie gelang es dem Nazismus, vom Straßenpöbel auf die ›normalen‹, anständigen Leute überzugreifen? Wie kamen vernünftige Erwachsene dazu, derartige Einstellungen und Meinungen zu teilen?« Die Antwort lautete: Der Wahnsinn *funktionierte*. Und er schien notwendig zu sein in einer von vielen Problemen geplagten Gesellschaft. Die Leute suchten nach einer Lösung, und ihre Hoffnungen konzentrierten sich auf die Nazis. Ähnliche Erwartungen mögen 1992 viele amerikanische Wähler dazu bewogen haben, ihre Stimme Perot zu geben.

Nun, im normalen Fernsehen hätten wir so etwas kaum bringen können, doch durch STAR TREK bekamen wir zusätzliche Freiheit.

In der Mitte unserer zweiten Season schien es fast sicher, daß STAR TREK abgesetzt würde. Die Einschaltquoten waren nie sehr hoch gewesen, und nun sanken sie einem neuen Tiefstand entgegen – was NBC zum Anlaß nahm, in Hinsicht auf weitere Pläne für die Fernsehserie zu schweigen. Schon während einer recht frühen Phase entstanden Gerüchte in Hinsicht auf die letzten Flüge des

Raumschiffs *Enterprise*. Ich weiß noch: Bei den Dreharbeiten einer ganz besonderen Episode namens ›The Deadly Years‹ zweifelte ich kaum mehr an einem Ende der Serie.

Jene Folge bescherte dem Maskenbildner mehr Arbeit als sonst. Kirk, Scotty und McCoy alterten schnell, beobachteten dabei entsetzt den eigenen physisch-psychischen Verfall. Jimmy Doohan, De Kelley und ich mußten dafür mehr Zeit als sonst in der Maske verbringen. Freddie Phillips kümmerte sich dort um uns, vollbrachte

Lucas' ›Nomad‹ aus ›The Changeling‹. Er entstand durch die Zusammenarbeit von Jim Rugg und dem Bühnenbildner der zweiten Season, John Dwyer. (© *1993 Paramount Pictures*)

Wunder und schnauzte seine Assistenten an. Eigentlich verbrachte ich den größten Teil der Woche damit, vor dem Spiegel auf einem Stuhl zu sitzen, während man mir schrumpeligen Latex ins Gesicht klebte. Dauernd mußte ich ganz still sitzen, um den Make-up-Job nicht zu ruinieren. Während Schminkspezialisten ihrer Arbeit nachgingen und ein ständiges Kommen und Gehen herrschte, hörte ich viele der oben erwähnten Gerüchte. Einige von ihnen behaupteten sogar, daß ›The Deadly Years‹ unsere letzte Folge sein könnte. Wenn man diesen Stimmen

Aus ›Patterns of Force‹. (© *1993 Paramount Pictures*)

Glauben schenkte, war beim Network bereits alles entschieden: STAR TREK sollte unmittelbar nach der Ausstahlung der letzten Episoden aus dem Programm verschwinden.

Nun, derartige Befürchtungen erwiesen sich letztendlich als unbegründet, aber einige Tage lang waren wir alle davon überzeugt, daß es für STAR TREK keine Chance mehr gab.

Vielleicht leisteten jene falschen Gerüchte einen Beitrag zur Rettung von STAR TREK. Bjo Trimble – im Lauf der Jahre wuchs ihre Freundschaft mit Roddenberry – und ihr Mann John besuchten uns während der Drehar-

Eine der von Lucas produzierten Folgen gefiel mir besonders gut, und zwar ›The Gamesters of Triskelion‹. Es war eine aufregende Episode, voller Action. Und sie erlaubte es mir, eine ganze Woche lang mit der Schauspielerin Angelique Pettyjohn zusammenzusein.
(© 1993 Paramount Pictures)

Oben und auf der rechten Seite unten: Zwei Nahaufnahmen der maskenbildnerischen Bemühungen für ›The Deadly Years‹. (© *1993 Paramount Pictures*)

Oben: Der erste Entwurf des Filmposters für ›STAR TREK XXIV: Reise in die Pension‹. (© *1993 Paramount Pictures*)

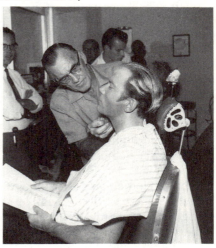

beiten von ›The Deadly Years‹, und dabei kam ihnen das eine oder andere zu Ohren. Bjo erinnert sich:

BJO TRIMBLE:
Alle schienen sicher zu sein, daß STAR TREK bald eingestellt wurde, und dadurch waren die Leistungen der Schauspieler um so beeindruckender. Unter normalen Umständen mag man ihre Tätigkeit für leicht und problemlos halten, aber diesmal vermittelten die Umstände einen deutlichen Eindruck von den besonderen Fähigkeiten der Darsteller. Die Gerüchte schufen Unruhe und Anspannung, doch vor den Kameras glätteten sich plötzlich die besorgten Mienen: Innerhalb weniger Sekunden verwandelten sich die Männer und Frauen in fröhliche Besatzungsmitglieder der *Enterprise*.

Ich erinnere mich daran, daß Nichelle Nichols in ihrer Garderobe vor dem Spiegel saß und weinte. Als man sie zum Drehort rief, nahm sie ein Papiertaschentuch, wischte damit die Tränen fort, sammelte ihre Gedanken und trat als Uhura auf die Brücke. Ich empfand es als sehr faszinierend zu beobachten, wie diese überaus kreativen und talentierten Personen mit einer so schwierigen Situation fertig wurden.

Als die Trimbles an jenem Nachmittag gingen, glaubten sie, daß ihre Lieblingssendung in den letzten Zügen lag – und das war gut so. Während der langen Heimfahrt dachten Bjo und John nach und ärgerten sich darüber, daß STAR TREK eingestellt werden sollte. Sie hielten diese Entscheidung der Programmdirektoren von NBC für falsch. Im Norden von Los Angeles gerieten sie in einen Verkehrsstau, und John Trimble sagte zu seiner Frau: »Die Sache gefällt mir nicht. Gibt es denn gar keine Möglichkeit, Roddenberry und den anderen zu helfen?«

Daraufhin hatte Bjo eine Idee. Sie lächelte, und innerhalb weniger Stunden setzte sie jene Ereignisse in Gang, die ihr schließlich folgenden ›Titel‹ beibrachten: »der Fan, der STAR TREK rettete«.

BJO TRIMBLE:
Während der Heimfahrt kam mir die Idee, möglichst viele STAR TREK-Fans zu benachrichtigen und sie zu bitten, NBC zu schreiben und gegen die Einstellung der Serie zu protestieren. Nun, eine derartige Aktion wollte ich nicht ohne Genes Einwilligung starten, und deshalb rief ich ihn an und erzählte ihm von meinem Fall. »Großartig! Ich schlage vor, wir fangen sofort an!«

Roddenberry hatte ebenfalls nach einer Möglichkeit gesucht, etwas zur Rettung der Serie zu unternehmen, und deshalb bot er sofort seine Hilfe an. Ich kehrte nach Los Angeles zurück, und wir trafen uns in seinem Büro, um dort Pläne zu schmieden.

Bjo und Gene beschlossen, zunächst einmal die Adressen möglichst vieler STAR TREK-Fans in Erfahrung zu bringen. Anschließend sollte Bjo ihnen ein Rundschreiben schicken, in dem sie gebeten wurden, sich an NBC zu wenden und zu fordern, daß die Fernsehserie ihren Platz im Programm behielt.

Bjo Trimble setzte sich sofort mit ihren Freunden der World Science Fiction Convention in Verbindung und bat um Adressenlisten. Sie bekam schließlich Namen und Anschriften von etwas viertausend Fans. Weitere tausend stellte ein auf SF spezialisierter Buchhändler zur Verfügung. Gene Roddenberry unternahm einen Raubzug durch die Postabteilung von Paramount, und seine Beute bestand aus mehreren Säcken mit STAR TREK-Fanpost, wodurch Bjo zweitausend weitere Adressen bekam. Nur in dieser Hinsicht gab Roddenberry ganz deutlich zu erkennen, an Bjos Plan beteiligt zu sein.

Gene wollte nicht den Eindruck erwecken, daß die Sache mit den Protestbriefen die ›Masche‹ eines Hollywoodproduzenten war, und deshalb nahm er ›offiziell‹

von der Trimble-Offensive Abstand. Während der ganzen *Rettet STAR TREK*-Kampagne behauptete Roddenberry, nichts von einer Koalition aus *organisierten* Fans zu wissen. Er gab sich als erstaunter und amüsierter Beobachter, den die ›völlig spontane‹ Aktion der STAR TREK-Anhänger ›sehr überraschte‹.

Bjo verfügte über eine solide Basis aus etwa siebentausend Fan-Namen. Auf dieser Grundlage machte sie sich an die Arbeit und entwarf einen Brief. Im Anschluß daran stellte sie mit Johns Hilfe Tausende von Kopien her. Sie dienten dazu, den ›harten Kern‹ des STAR TREK-Fandoms – die besonders treuen und begeisterten Fans – zu bewegen, sich für die in Gefahr geratene Fernsehserie einzusetzen. Hier ein Auszug aus dem Brief:

1. Dezember 1967
Oakland, Kalifornien
AN: Star Trek-Fans, Fanzine-Herausgeber und andere interessierte Gruppen
BETREFF: STAR TREK soll weiterhin gesendet werden.

Hallo!
Bitte gebt dieses Info weiter ... Es kommt darauf an, SOFORT zu handeln.

Ich habe gerade einen Anruf von Gene Roddenberry erhalten ... Er meinte, daß bisher noch keine Vereinbarungen für die nächste Season getroffen worden sind. Tatsächlich spricht eine hohe Wahrscheinlichkeit für die Einstellung der Serie ... Wenn Star Trek auch weiterhin existieren soll, muß so schnell wie möglich etwas unternommen werden.

Morton Werner leitet die Programmabteilung von NBC-TV im Rockefeller Center, New York; er gehört zu den Leuten, die entscheiden, ob Star Trek fortgesetzt wird oder nicht. Briefe sollten direkt an ihn adressiert werden ... Wir dürfen auf keinen Fall den Fehler machen zu glauben: »Ach, *meine* Stimme spielt sicher keine Rolle ...« *Ein* kurzer Brief könnte *der* Brief sein und den Ausschlag geben. Wenn Tausende von Fans die Hände in den Schoß legen und das Ende von STAR TREK betrauern, so bekommen sie genau das, was sie verdienen: GOMER PYLE! (Würg!) Aber wenn sich Tausende von Fans an ihre Schreibmaschinen setzen und Briefe S*C*H*R*E*I*B*E*N – und zwar schnell (jetzt SOFORT) –, dann könnte folgendes passieren: Vielleicht ist der fürs Programm verantwortliche Direktor von unseren Briefen mehr beeindruckt als von den verdammten Einschaltquoten. Wir müssen zeigen, daß es viele Leute gibt, die STAR TREK wollen, daß wir stärker sind als die Gleichgültigkeit.

Sprecht mit Freunden und Bekannten darüber. Und schreibt einige Briefe. Es liegt an uns, dafür zu sorgen, daß STAR TREK auch weiterhin gesendet wird. Wenn wir untätig bleiben, gibt es keine dritte Season!

Bjo Trimble

Bjos Nachricht veranlaßte die Empfänger zu reger Aktivität. Überall im Land riefen Fanclubs und Fanzines dazu auf, Mort Werner zu schreiben und eine Fortsetzung der Fernsehserie zu fordern. Bei SF-Cons erfolgten ähnliche Appelle. Zahlreiche Personen boten Bjo Hilfe an, spendeten Material wie Briefmarken, Umschläge und dergleichen oder zeigten Bereitschaft, ihre Zeit einer so guten Sache zu widmen.

Jeder STAR TREK-Fan, der einen Brief erhielt, wurde gebeten, seinerseits mit mindestens zehn anderen Fans Kontakt aufzunehmen. Bjo versäumte es nicht, in ihren Mitteilungen Namen und Adressen lokaler SF-Enthusiasten zu nennen, und dadurch kam es zu einer Art Schneeballeffekt: Die Anzahl der Briefeschreiber stieg sprunghaft an, denn jeder Empfänger sorgte dafür, daß sich zehn andere Personen an die Schreibmaschinen setzten. NBC bekam immer mehr Post. Die Protestschreiben der Fans trafen sackweise ein, und bei den Programmdirektoren bildeten die Briefe nicht nur große Haufen, sondern hohe *Berge*. Der Posteingang des Networks wuchs exponentiell. Wenn man sich dieses Geschehen bildlich vor Augen führt... Bjos Aufruf war vielleicht die erfolgreichste Kettenbriefaktion aller Zeiten.

Während die Schreib-einen-Brief-an-NBC-Aktion lief, beschlossen Bjo und Roddenberry eine spezielle Guerillataktik. Gene ließ Tausende von Aufklebern drucken, die zwei verschiedene Botschaften verkündeten: I GROK SPOCK und STAR TREK LEBT. Die meisten verteilte er bei Conventions und anderen Veranstaltungen. Es dauerte nicht lange, bis sie sich an Autostoßstangen auf allen Highways der USA zeigten, doch das genügte Gene nicht: Um den Kampf zur Rettung von STAR TREK zu gewinnen, mußten diese strategischen Waffen hinter die feindlichen Linien geschmuggelt werden. Roddenberry nahm die NBC-Zentrale aufs Korn.

Gene, Majel, Bjo und John trafen sich bei einem Drink, und Roddenberry erläuterte seine Idee, die Aufkleber ins Zentrum des NBC-Reiches zu bringen. Im großen und ganzen ging es darum, einige Helfer zu finden, die den Angriff auf die Burbank-Büros des Networks führten. Darüber hinaus brauchten die Verschwörer einen besonders mutigen Fan, der nach New York flog, um in die Festung des Rockefeller Center einzudringen. Dort sollte er die Flure und Zimmer durchstreifen, vom drohenden, vollkommen unverdienten Ende des Star Trek-Phänomens berichten und unter den Angestellten Verbündete rekrutieren – um sie mit Aufklebern und Flugblättern zu versorgen.

Bjo lächelte, ging zum Telefon und rief einige besonders enthusiastische Fans bei Cal Tech an, die sich sofort bereit erklärten, die NBC-Säle zu stürmen. Sie erklärte die Aktion und gab den Einsatzbefehl. Einige Minuten später waren mehrere Cal Techers über den Freeway zum Stützpunkt des Feindes – den Burbank-Büros – unterwegs.

Kurze Zeit später sprach eine gewisse Wanda Kendall mit Roddenberry und wurde von ihm auf die Mission in New York vorbereitet. Sie erfuhr, auf welche Weise es hinter den feindlichen Linien zu operieren galt. Nach den Instruktionen erhielt sie ihre Waffen – Aufkleber und Protestschriften –, fuhr zum Flughafen und ging dort an Bord einer Maschine, die nach Osten flog.

Unmittelbar nach der Landung in Manhattan begab sie sich zum Rockefeller Center. Die öffentlichen Bereiche des Gebäudes konnte sie ganz nach Belieben durchstreifen, aber große, kräftig gebaute und sehr ernste Wächter hinderten sie daran, die Büros des Networks zu erreichen. Enttäuscht kehrte Wanda nach draußen zurück und glaubte sich besiegt.

Sie wollte gerade ein Taxi rufen, um sich zum Flughafen bringen zu lassen, als ihr plötzlich eine Idee kam. Der Einfall war genial und erforderte eine Menge Wagemut, um in die Tat umgesetzt zu werden. Wanda hatte inzwischen mehrere große Limousinen beobachtet, die zu dem für Manager reservierten Parkplatz rollten. Sie besaß noch immer einige hundert Aufkleber und gelangte zu dem Schluß, daß sie ihren Zweck am besten an den Stoßstangen jener Wagen erfüllten – immerhin gehörten die Luxusschlitten den Leuten, die bald über Sein oder Nichtsein der Fernsehserie STAR TREK befanden.

Daraufhin entwickelte sie einen Plan. Eine Zeitlang erkundete sie die Lage und beobachtete, daß die Chauffeure gelegentlich Besorgungen erledigten. Wenn sie zurückkamen, um ihre Arbeitgeber abzuholen, hielten sie am Tor des abgesperrten Bereichs, um eine kurze Zigarettenpause einzulegen. Sie ließen den Motor laufen, schlenderten zum Wachhaus, um dort mit dem Sicherheitspersonal zu plaudern und den Lungen eine Dosis Teer und Nikotin zu bescheren. Wanda schloß beide Hände um die Aufkleber, schnitt eine grimmige Miene und beschloß, aktiv zu werden.

Sie versteckte sich und wartete auf den nächsten Wagen. Schon bald hielt erneut eine Limousine, und wieder stieg der Fahrer aus, um zum Wachhaus zu gehen und dort eine Filterlose zu qualmen. Wanda zögerte nicht und kroch in den großen Fond des Autos. Der Chauffeur bemerkte sie nicht, und wenige Minuten später befand sie sich auf dem großen Parkplatz. Einmal mehr stieg der Fahrer aus und ging zum Gebäude, um seine Ankunft zu melden. Der blinde Passagier verließ den Wagen ebenfalls und schmückte die hintere Stoßstange mit einem grüngelben I Grok Spock-Aufkleber. Anschließend sah er sich um und ließ seinen Blick über die vielen Cadillacs, BMWs, Mercedes-Benz und Jaguars schweifen. Wanda handelte sofort und zierte alle Luxuskarossen mit Aufklebeschildern, bis der Parkplatz aussah wie eine Werbepräsentation für Star Trek. Es heißt, daß Mort Werner, Grant Tinker und sogar Johnny Carson an jenem Abend als Star Trek-Fans nach Hause fuhren.

Jetzt fiel es Wanda nicht schwer, die NBC-Büros zu erreichen. Die Uniformierten in der Empfangshalle hatten spezielle Ausweise verlangt, doch die hier postierten Wächter hielten Wanda für eine VIP – immerhin kam sie vom Manager-Parkplatz –, ließen sie passieren und wünschten ihr einen guten Morgen. Wandas Aufregung wuchs, während sie den Weg fortsetzte.

Als sie die Vorstandsetagen von NBC erst einmal erreicht hatte, genoß sie dort volle Bewegungsfreiheit. Einige Stunden lang war sie unterwegs, ließ überall Flugblätter zurück, suchte Star Trek-Fans und gab ihnen Aufkleber. Bevor sie ging, nahm sie einigen NBC-Angestellten das Versprechen ab, die Star Trek-Botschaft weiterzugeben, wenn ihre Vorgesetzten nicht zugegen waren.

Im Verlauf der nächsten Tage erhielt Roddenberry mehrere Anrufe, in denen sich NBC-Manager über Klebstoffreste beschwerten, die sich einfach nicht von den Stoßstangen lösten. Gene grinste und versuchte, nicht zu lachen, als er seine Unschuld beteuerte. Immer wieder behauptete er, nichts von den Aktionen der Fans zu wissen. »Jene Leute mögen die Fernsehserie«, sagte er. »Sie *lieben* Star Trek. Wer weiß, *wie* weit sie gehen würden, um eine Fortsetzung der Serie zu gewährleisten ...«

Inzwischen waren beim Network mehr als *eine Million* Briefe eingetroffen. NBC erstickte regelrecht in Post, und es war völlig ausgeschlossen, in jedem Fall schriftliche Antwort zu geben – der Post-Etat ließ das gar nicht zu, vom zeitlichen Aufwand ganz zu schweigen. Schließlich gaben die Verantwortlichen bei NBC nach: An einem Freitagabend im späten Winter erschien während des Nachspanns einer STAR TREK-Episode der inzwischen berühmt gewordene Hinweis darauf, daß es eine dritte Season geben würde. Er lautete folgendermaßen:

»Und nun eine wichtige Mitteilung für alle STAR TREK-Zuschauer. Wir freuen uns, hiermit ankündigen zu können, daß STAR TREK auch weiterhin einen Platz im NBC-Programm hat. Auch während der kommenden Monate können Sie einmal pro Woche Abenteuer im Weltraum erleben.«

Bjo Trimbles Idee führte zur größten und umfangreichsten Publikumsaktion in der Geschichte des Fernsehens. Dadurch gelang es STAR TREK, eine weitere Hürde zu nehmen und auch im Herbst-Winter-Programm 1968/1969 präsent zu sein. Zahllose prall gefüllte Postsäcke wiesen NBC darauf hin, daß die Fernsehserie viele hingebungsvolle Anhänger hatte. Daher sprachen die Direktoren in aller Öffentlichkeit davon, sich der erfolgreichen Fernsehserie ›mit neuem Engagement‹ zu widmen. Sie gaben uns auch eine viel bessere Sendezeit – Montagabend um 19.30 Uhr – und baten Roddenberry, sich wieder um die Produktion zu kümmern. Gene willigte ein. Alles deutete darauf hin, daß STAR TREK einem wahren Triumph in Hinsicht auf Kreativität und Einschaltquoten entgegenstrebte.

Doch dazu kam es nicht.

DIE DRITTE SEASON

Bei den Dreharbeiten von ›Plato's Stepchildren‹.
(© *1993 Paramount Pictures*)

Wir haben einige wundervolle Episoden mit starken Aussagen gedreht. Auf andere Folgen bin ich nicht ganz so stolz, aber das liegt in der Natur der Sache. Der Produzent bekommt immer die Schuld, nie die Anerkennung.

FRED FREIBERGER
STAR TREK-Produzent 1968–69

STAR TREK strebte mit neuer Kraft und gestärktem Enthusiasmus der dritten Season entgegen, und dafür gab es zwei wichtige Gründe. Erstens: Alle Episoden wurden nun wieder von Gene Roddenberry höchstpersönlich produziert. Zweitens: Die von Bjo Trimble ausgelöste Briefflut schien das Network zur Vernunft gebracht zu haben. Zwischen den Seasons kroch NBC zu Kreuze und sprach ganz offen von einer »besonderen Zuversicht der STAR TREK-Fans«. Anschließend verkündeten sie die neue Sendezeit: Montagabend um halb acht. Das hielten wir für perfekt. Immerhin bestand unser Publikum hauptsächlich aus Schülern, Studenten und jungen Erwachsenen. Solche Leute verbringen den Montagabend meistens daheim und langweilen sich. Man präsentiere ihnen das Raumschiff *Enterprise*, für das sie sich ohnehin begeisterten... Es *mußten* bessere Einschaltquoten dabei herausspringen.

Erneut stieg der Adrenalinspiegel im Blut des müden Gene Roddenberry, und der Glanz kehrte in seine trüben Augen zurück. Das Feuer der Begeisterung brannte wieder heißer in ihm, und fast sofort begann er mit der Arbeit an den Storys der dritten Season. Doch schon nach wenigen Tagen kam es zu einer bitteren Enttäuschung: Die Sendezeit wurde erneut geändert. Majel erklärt dazu:

MAJEL BARRETT:
Als wir das Okay für die dritte Season erhielten, fuhren wir nach Palm Springs. Gene nahm acht Manuskripte mit, an denen er arbeiten wollte. Ich weiß noch, daß er sagte: »Dies soll unsere beste Season werden. Die beste Season mit den besten Folgen.« Dann begann er zu schreiben.

Zwei Tage später klingelte das Telefon. Mort Werner vom Network meldete sich mit: »Gene, Baby.« Gene meinte immer: »Ich hätte gleich wissen müssen, daß sich Unangenehmes anbahnte. Immerhin nannte er mich ›Baby‹.«

»Gene, Baby«, sagte Werner, »ich habe eine tolle Nachricht für Sie. Wir haben die Ausstrahlung von STAR TREK auf einen anderen Zeitpunkt verschoben. Bestimmt sind Sie begeistert: Die Folgen der dritten Season werden am Freitagabend um zehn gesendet.« Gene wußte: Dabei handelte es sich um ein Todesurteil.

Am Freitagabend um zehn saß nur Tante Maude in Iowa vor der Glotze, und die hätte sich STAR TREK nicht einmal dann angesehen, wenn die *Enterprise* durch ihr Wohnzimmer geflogen wäre. Den Termin um halb acht am Montagabend bekam eine Show namens *Laugh-In*.

Wir packten unsere Sachen und kehrten heim. Gene wußte genau: STAR TREK war erledigt.

Laugh-In, eins der erfolgreichsten Programme von NBC, war bisher am Montagabend um acht gesendet worden, doch während der Season 1968-69 sollte die Show um halb neun beginnen, nach STAR TREK. Als der betreffende Produzent, George Schlatter, davon hörte, geriet er ganz aus dem Häuschen und lehnte eine solche Änderung strikt ab. Er verlangte, daß *Laugh-In* wie bisher um acht über die Mattscheiben flimmerte. Beim Network verglich man die Einschaltquoten von *Laugh-In* und STAR TREK miteinander, zog die offensichtlichen Schlüsse daraus und traf eine Entscheidung. Rowan und Martin behielten ihr weiches Sendezeitkissen, während Kirk und Spock in die harte, bittere Fernsehrealität des Freitagabends verbannt wurden.

Gene befürchtete das Schlimmste und ließ sich auf eine letzte Auseinandersetzung mit NBC ein, um STAR TREK vor einem unrühmlichen Schicksal zu bewahren. Um durchzusetzen, daß die Sendezeit wieder auf den Montagabend verlegt wurde, griff Roddenberry zu einem verzweifelten Mittel: Er drohte dem Network, nicht die Pflichten des Produzenten wahrzunehmen, wenn es beim Termin am Freitagabend blieb. NBC witterte eine Art ›Corbomite Maneuver‹, ließ es darauf ankommen und war regelrecht schockiert, als sich Gene tatsächlich weigerte, die Episoden der dritten Season zu produzieren. Roddenberry blieb STAR TREKs Executive Producer, aber mit den alltäglichen Aufgaben der Produktion hatte er nichts mehr zu tun; im Grunde genommen waren seine direkten beruflichen Beziehungen mit der Fernsehserie beendet.

In der Öffentlichkeit wies Roddenberry nun darauf hin, ihm seien die Hände gebunden. In Hinsicht auf die Drohung konnte er keinen Rückzieher mehr machen, denn sonst hätte er seine Glaubwürdigkeit verloren – und damit die Möglichkeit, bei zukünftigen Verhandlungen mit dem Network seinen Forderungen Nachdruck zu verleihen. Wenn er jetzt nachgab, so konnte er sich nie wieder auf die Hinterbeine stellen, weder bei STAR TREK noch bei irgendwelchen anderen Projekten.

Bei privaten Gesprächen gestand Gene, daß es auch noch einen anderen Grund für seinen Ausstieg gab: Ihm reichten vier Jahre voller Konflikte und Konfrontationen mit NBC. Roddenberry fühlte sich ausgebrannt und glaubte, nicht mehr genug Kraft zu haben, um jeden Tag mit den sturen, engstirnigen Typen vom Network fertig zu werden. Manchmal gab er zu, daß sein Beschluß, nicht mehr als Produzent zu arbeiten, von derartigen Erwägungen beeinflußt worden war. Wenn er die Chance bekommen hätte, sich noch einmal zu entscheiden, so wäre er vermutlich auch während der dritten Season bei STAR TREK geblieben. Wie dem auch sei: Gene gehörte plötzlich nicht mehr zum Team, und der schlechte Sendetermin ließ die Zukunft der Fernsehserie recht düster erscheinen. Bob Justman meint dazu:

BOB JUSTMAN:
Als Gene aufgab, sah's echt finster für uns aus. Das wußte er natürlich. STAR TREK tauschte eine gute Sendezeit am Donnerstagabend gegen eine noch bessere am Montag ein, um dann auf dem Freitagabend-Abstellgleis zu enden. Damit waren miese Einschaltquoten geradezu vorprogrammiert. Warum? Nun, der größte Teil unseres Publikums bestand aus jungen Leuten zwischen vierzehn und fünfunddreißig. Diese Altersgruppen sind am Freitagabend überhaupt nicht zu Hause.

Solche Leute vergnügen sich draußen und geben sich alle Mühe, miteinander ins Bett zu steigen. Schüler, Studenten und junge Ehepaare haben einfach bessere Dinge zu tun, als am Freitagabend daheim zu hocken und in die Glotze zu starren. Woraus folgte: Unser Publikum bestand nur noch aus kleinen Kindern. Aus jenen kleinen Kindern wohlgemerkt, die lange genug aufbleiben durften, um die nächste STAR TREK-Folge zu sehen. Ganz gleich, aus welcher Perspektive man die Sache betrachtete: Wir steckten in großen Schwierigkeiten.

Roddenberry verließ das sinkende Schiff, bezog ein Büro bei Metro-Goldwyn-Mayer und arbeitete an einem Filmprojekt mit dem Titel *Pretty Maids All in a Row*. Gene produzierte den Film, und die Regie führte Roger ›Barbarella‹ Vadim; die Hauptrollen spielten Rock Hudson und

Angie Dickinson. Ein großer Erfolg blieb aus. Zwar wurde Roddenberry während der ganzen dritten Season als Executive Producer im Nachspann von STAR TREK genannt, doch *Pretty Maids* beanspruchte den größten Teil seiner Aufmerksamkeit. STAR TREK wurde von einem ›Neuen‹ produziert – sein Name lautete Fred Freiberger.

Freiberger war von Roddenberry engagiert worden, und es mangelte ihm nicht an Erfahrung. Er hatte bei Programmen wie *The Wild, Wild West*, *Slattery's People* und *Ben Casey* mitgewirkt. Vermutlich hinderte ihn nur ein langer Urlaub in Europa daran, STAR TREK sofort von der ersten Season an zu produzieren.

FRED FREIBERGER:
Als Gene Roddenberry Vorbereitungen für die zweite STAR TREK-Pilotepisode traf, rief er mich an und bat mich, in die Rolle des ›kreativen Produzenten‹ zu schlüpfen... Er zeigte mir ›The Cage‹, und ich war davon begeistert.

Dann berichtete ich ihm von der Absicht, mit meiner Frau in Europa Urlaub zu machen, und er meinte: »Ich brauche Sie hier. Wollen Sie sich nicht als Produzent um die Serie kümmern?« Ich antwortete: »Eine solche Aufgabe nähme ich gern wahr. Aber ich möchte meine Frau nicht enttäuschen.«

Gene schnitt eine Grimasse, und ich sagte: »Wenn der Job nach meiner Rückkehr noch immer zur Verfügung steht, so greife ich gern auf Ihr Angebot zurück.« Nun, nach meinem Urlaub war John D. F. Black gekommen und gegangen, und Gene Coon arbeitete sich gerade ein. Deshalb sah ich mich nach einer anderen Beschäftigung um.

Als für STAR TREK die dritte Season begann, rief mich Gene an und fragte, ob ich noch immer daran interessiert sei, Produzent zu werden. Ich besuchte ihn in seinem Büro, und wir unterhielten uns über die Serie. Gene bat mich, ein Test-Skript für ihn zu schreiben, das ihm dabei helfen sollte, eine Entscheidung zu treffen. Ich erwiderte: »Wollen Sie mich auf den Arm nehmen? Ich bin nicht als ehrgeiziger Autor hier, sondern als angehender Produzent. Wenn Sie Manuskripte von mir wollen, gehe ich wieder.«

Daraufhin lächelte Gene, verzichtete auf den ›Test‹ und engagierte Fred als neuen Produzenten. Freiberger unterschrieb den Vertrag noch vor dem Ende der Woche, und schon bald wurde ihm klar, daß er es bei STAR TREK mit besonderen Produktionsproblemen zu tun bekam. Bevor er seinen Abschied nahm, hatte Roddenberry die ersten zwölf Drehbücher der neuen Season in Auftrag gegeben und dabei Ideen für Storys akzeptiert, die in den Rahmen des gewohnten Etats paßten. Doch nach Genes Entscheidung, die neuen Episoden nicht selbst zu produzieren, schrumpfte das Budget – das Studio stellte weniger Geld zur Verfügung, weil es befürchtete, ohne Roddenberrys direkte Mitarbeit sei die dritte Season der Serie zu einem Mißerfolg verurteilt.

Aus diesem Grund sah sich Freiberger sofort mit einem Dilemma konfrontiert. Er fühlte sich hin und her gerissen zwischen der Integrität der Manuskripte einerseits und den viel zu knappen Mitteln eines stark gekürzten Budgets andererseits. Fred arbeitete mit dem neuen Skript-Berater Arthur Singer zusammen – Dorothy Fontana ging kurz nach Roddenberry – und war gezwungen, ein Dutzend Drehbücher so zu ändern, daß sie in den neuen finanziellen Rahmen paßten.

Der geringere Etat übte natürlich einen erheblichen Einfluß auf die Storys der dritten Season aus. Um nur ein Beispiel zu nennen: In ›Spectre of the Gun‹ sollte sich die Crew der *Enterprise* in einer Stadt des wilden Westens wiederfinden. Nun, wir konnten es uns nicht mehr leisten, Schießereien stattfinden zu lassen oder die Straßen unserer Version von Dodge City zu bevölkern. Freiberger und Bob Justman veränderten die betreffenden Szenen

Matt Jefferies wurde dem geringeren Etat gerecht, indem er diese eindrucksvollen Kulissen für ›Spectre of the Gun‹ schuf. (*Freundlicherweise zur Verfügung gestellt von Walter M. Jefferies*)

Das Innere des Marshal-Büros – ›The Last Gunfight‹

so, daß die von der Story verlangten Ereignisse vor dem Hintergrund sehr surrealistischer und vor allem billiger Kulissen stattfinden konnten, die keine hohen Kosten verursachten.

›Spectre of the Gun‹ war eigentlich nicht schlecht, aber bei anderen Episoden wirkten sich die notwendigen Veränderungen negativer aus: Sie waren ganz deutlich auf dem Bildschirm erkennbar. Bald klagten die Zuschauer über eine Verschlechterung der allgemeinen Qualität von STAR TREK, und man richtete anklagende Zeigefinger auf Freiberger. Noch heute gibt man ihm einen großen Teil der Schuld am Mißerfolg unserer dritten Season, und das ist unfair. Freiberger gab sich alle Mühe unter den Bedingungen eines völlig unzureichenden Budgets, ungeeigneter Drehbücher und des ständig fehlenden Executive Producers. Fred meint dazu:

FRED FREIBERGER:
Während meiner ersten Woche bei der Serie rief mich Gene Roddenberry an und lud mich zu einer Besprechung mit den Leuten vom Network ein. Er wollte mich ihnen vorstellen, und anschließend sollten sowohl die nicht sehr zufriedenstellenden Einschaltquoten als auch unsere Pläne für die dritte Season erörtert werden. Es schockierte mich geradezu, daß Gene den Managern mit Verachtung begegnete, und ich spürte auch, daß NBC weder ihm noch STAR TREK große Sympathien entgegenbrachte.

Einige Tage später erhielt ich einen Anruf von jener Network-Abteilung, die Nachforschungen in Hinsicht auf Verhalten und Angewohnheiten des TV-Publikums anstellt. Dort glaubte man, einen wichtigen Grund für unsere geringen Einschaltquoten festgestellt zu haben: Angeblich jagte STAR TREK Frauen Angst ein. Natürlich gab es auch viele weibliche Fans, aber die meisten Mädchen und Frauen sahen sich unsere Episoden nicht an, weil die Handlung in den unendlichen Weiten des Weltraums stattfand. So hieß es jedenfalls. Offenbar brauchten die weiblichen Zuschauer etwas, das ihnen ein Gefühl der Sicherheit vermittelte. Ich bat um Vorschläge dafür, auf welche Weise wir das Interesse der Frauen stimulieren konnten, doch leider bekam ich keine konkrete Antwort. Nun, die Sache sah übel aus. In der Fernsehgeschichte gibt es viele Beispiele dafür: Wenn die Einschaltquoten erst einmal sinken, so entsteht damit ein Trend, der sich kaum mehr aufhalten läßt. Wenn es uns nicht bald gelang, die Situation zu unseren Gunsten zu verändern, würde es keine vierte Season geben.

Ich überlegte plötzlich, auf was ich mich eingelassen hatte. Das Network verabscheute die Serie; der Executive Producer glänzte durch Abwesenheit; und der Etat war lächerlich gering. Der einzige positive Aspekt bestand darin, daß Bob Justman als Co-Producer tätig wurde.

Vielleicht fragen Sie sich, warum Roddenberry nicht einfach Justman zu seinem Nachfolger machte, und ich muß gestehen: Darauf kann ich keine Antwort geben. Freiberger verfügte zweifellos über die notwendigen Qualifikationen, aber Justman war von Anfang an dabei, und eigentlich schien es gar keinen geeigneteren Kandidaten für die Rolle des Produzenten zu geben. Ich habe Bob Justman gebeten, uns seine ersten Reaktionen auf die Einstellung von Freiberger zu schildern. Bob zögerte zunächst, doch schließlich gab er Auskunft.

BOB JUSTMAN:
Ich fühlte mich ziemlich mies. Weil ich davon überzeugt gewesen war, während der dritten Season der allein verantwortliche Produzent zu sein. Statt dessen schlug das Studio Fred Freiberger vor, und Gene gab seine Zustimmung. Nun, Fred ist nicht nur ein sympathischer Bursche, sondern auch ein guter Freund

von mir, und deshalb spreche ich nicht gern von diesen Dingen.

Ich habe erwartet, für zwei Jahre Knochenarbeit belohnt zu werden, und als das nicht geschah ... Daraufhin war ich sauer, allerdings nicht auf eine bestimmte Person. Mein Ärger galt eher der Situation im großen und ganzen. Den Grund für die Entscheidung verstand ich. Gene und das Studio wollten einen Produzenten, der auch einen guten Ruf als Autor erworben hatte. Die Direktoren wußten nicht, daß ich auch schrieb und kreativ sein konnte. Sie hielten mich für jemanden, der in erster Linie ans Budget, Zeitpläne und dergleichen dachte.

Als mich das Studio zum ›Co-Producer‹ beförderte, glaubte es vielleicht, mir einen Gefallen zu erweisen, aber eigentlich war das Gegenteil der Fall. Ich hatte Kreativität bewiesen und gewann nun den Eindruck, daß meine Arbeit keine Anerkennung fand. Ich fühlte mich übergangen und ungerecht behandelt.

Ich wandte mich an den Studiochef Doug Cramer, den ich recht gut kannte und der wußte, daß ich schrieb. »Ich möchte Schluß machen«, sagte ich ihm. Woraufhin er erwiderte: »*Wir* möchten, daß Sie bis zum Schluß dabeibleiben.« Ich betonte, daß ich unter den gegebenen Umständen keine Lust mehr hatte.

Das Studio versuchte, mir eine Fortsetzung meiner Tätigkeit mit Vergünstigungen und dergleichen schmackhaft zu machen. Es bot mir an, irgendeine der neuen Serien zu wählen, die man im nächsten Jahr an die Networks verkaufen konnte.

Schließlich sagte ich: »Wenn Sie mich von meinen Verpflichtungen STAR TREK gegenüber befreien, so verspreche ich Ihnen, für kein anderes Programm zu arbeiten. Ich kehre im nächsten Frühjahr zurück und arbeite dann für eine Serie Ihrer Wahl.« Die Antwort bestand aus einem klaren Nein. Ich hatte mich bereit erklärt, vier oder fünf Monate lang auf jeden Fortschritt in meiner beruflichen Laufbahn zu verzichten, nicht zu arbeiten und kein Geld zu verdienen. Durch die Ablehnung dieses Angebots fühlte ich mich wie ein Gefangener.

Justman bekam auch deshalb Kopfschmerzen, weil einige Episoden der dritten Season aufgrund des geringen Budgets ziemlich schlecht wurden. Das gilt insbesondere für die erste Folge der neuen Season: ›Spock's Brain‹ – sie genießt heute den zweifelhaften Ruf, das schlechteste STAR TREK-Abenteuer überhaupt zu sein. Es geht darin um knapp bekleidete, mit besonderen Fähigkeiten ausgestattete Amazonen, die das Raumschiff *Enterprise* überfallen, jede Menge Unruhe stiften und Spocks Gehirn stehlen – direkt aus seinem Kopf! Erstaunlicherweise bleibt der Vulkanier am Leben. Er verwandelt sich in eine Art Zombie, doch ein spezieller Metallhut bewahrt ihn vor dem Tod. Der größte Teil der Story besteht darin, daß wir nach Spocks Hirn suchen. Als wir es schließlich finden, plaudern wir ein wenig mit der grauweißen Masse – sie ist imstande, telepathische Kontakte mit uns herzustellen. Anschließend kommt es zu einem Wettlauf mit der Zeit, denn das Gehirn muß innerhalb einer bestimmten Frist wieder im Schädel des rechtmäßigen Eigentümers untergebracht werden. Pille operiert – was seltsamerweise ohne jeden Einfluß auf die Frisur des Ersten Offiziers bleibt –, doch die Lage spitzt sich immer mehr zu. Als wir schon sicher sind, daß es für unseren spitzohrigen Freund keine Chance mehr gibt... erwacht Spock plötzlich auf dem Operationstisch und gibt McCoy einige Ratschläge: »Stellen Sie jetzt die Verbindung her, die es mir erlaubt, den Zeigefinger zu bewegen...« Und so weiter.

Kurze Zeit später ist Spock wieder er selbst, und die letzte Szene bringt einen Witz, der uns alle lachen läßt. Dann rollt der Nachspann über die Mattscheibe. Es war eine schreckliche Episode, und schon bei den Dreharbei-

Spock ohne Gehirn, aber mit tadellosem Haarschnitt.
(© *1993 Paramount Pictures*)

ten ahnten wir, daß sie unseren Untergang einleitete. Man hat Fred Freiberger mehrmals vorgeworfen, für den Qualitätsverlust bei den Drehbüchern verantwortlich zu sein. Als ich ganz offen danach fragte, gab er mir eine überraschende Antwort, die beweist, daß ihn keine Schuld trifft am Niedergang von STAR TREK in der dritten Season.

FRED FREIBERGER:
Als ich mit der Arbeit begann, stellte ich zufrieden fest, daß Roddenberry bereits ein Dutzend Skripte in Auftrag gegeben hatte, die meisten davon an unabhängige Autoren. Darüber hinaus versprach er, selbst einige Storys zu schreiben. Ich hielt das für eine gute Sache.

Als ich später die Exposés las, kamen mir in einigen Fällen Bedenken, während mich andere begeisterten. Wie dem auch sei: Ich war nicht anmaßend genug zu glauben, besser als Roddenberry darüber Bescheid zu wissen, welche Storys sich für STAR TREK eigneten. Der Produktionsplan erforderte einen großen Teil meiner

Aufmerksamkeit, und deshalb ließen Bob Justman und ich den Autoren mitteilen, daß sie sich an die Arbeit machen sollten. Wir brauchten dringend Drehbücher.

Die ersten drei eintreffenden Manuskripte hießen ›Spectre of the Gun‹, ›Spock's Brain‹ und ›Elaan of Troyius‹. ›Spock's Brain‹ und ›Spectre of the Gun‹ stammten von Gene Coon (verfaßt unter dem Pseudonym Lee Cronin), und ›Elaan of Troyius‹ bekamen wir von John Meredyth Lucas. Allein deshalb glaubte ich, zuversichtlich sein zu können. Es handelte sich um Storys, deren allgemeine Struktur Roddenberrys Vorstellungen entsprach, und die Namen der betreffenden Autoren standen in unmittelbarem Zusammenhang mit den beiden ersten Seasons. Ich war sicher, daß diese Leute STAR TREK besser kannten als ich. Deshalb produzierten wir die drei Episoden, und ganz offensichtlich wurden ›Spectre of the Gun‹ und ›Elaan of Troyius‹ besser als ›Spock's Brain‹.

Im Verlauf der dritten Season kam es mehrmals zu ähnlich schlechten Folgen wie ›Spock's Brain‹, und daraus ergaben sich Spannungen zwischen Leonard Nimoy und Fred Freiberger. Leonard fühlte sich in seinem Stolz verletzt.

Er hatte lange und hart gearbeitet, um seinen Beitrag für den Erfolg von STAR TREK zu leisten, und der deutliche Qualitätsschwund ging ihm gegen den Strich. Es ärgerte ihn, daß Protagonisten, Storys und allem anderen nicht mehr der verdiente Respekt entgegengebracht wurde. Nach einer Weile lehnte er es ab, auch weiterhin stumm zu leiden. Er versuchte, das Problem zu lösen, indem er mit Freiberger darüber sprach.

LEONARD NIMOY:
Es kam zu einer Auseinandersetzung, die meine Beziehungen mit Fred Freiberger verschlechterte. Von

jenem Zeitpunkt an ging's bergab, und ich konnte nichts daran ändern. Ich schilderte die Situation, und dadurch fühlte sich Freddie beleidigt. Ich mache ihm deshalb keine Vorwürfe – vielleicht war es unvermeidlich.

Der Konflikt zwischen Leonard und Fred begann gleich zu Beginn der dritten Season, mit ›The Last Gunfight‹, woraus später ›Spectre of the Gun‹ werden sollte. Nimoy war nicht zufrieden mit dem Skript und hielt es für unglaubwürdig. Er meinte, die Story sei voller Widersprüche, sowohl bei der Handlung als auch in Hinsicht auf Wesen und Eigenheiten der einzelnen Personen. Darüber hinaus wies er auf ein Übermaß an Gewalt hin. Er schrieb sogar eine offizielle Mitteilung, in der er die Probleme darstellte und Lösungen vorschlug.

In der dritten Season wurden unsere Storys immer schlechter und unglaubwürdiger. Während der Arbeit an

Zwei der seltsamsten und auch dämlichsten Besucher, die sich jemals an Bord der *Enterprise* aufgehalten haben. (© 1993 *Paramount Pictures*)

diesem Buch habe ich mir die Episoden noch einmal angesehen, und eins steht fest: Ob es an der Kürzung des Etats lag oder an einem Kreativitätsschwund – die von uns gespielten Personen wurden zu Karikaturen ihrer selbst, zeigten ein Gebaren, das dem Verhalten in früheren Folgen widersprach. Darüber hinaus agierten sie in Ereignisstrukturen, die sich durch einen immer eklatanter werdenden Mangel an Plausibilität auszeich-

Spock 'n Roll (© *1993 Paramount Pictures*)

neten. Alle waren betroffen. Das Selbst einer Frau dringt in Kirks Leib ein – das ist mal eine Abwechselung. Scotty verliebt sich in eine Frau aus Fleisch und Blut und vergißt dadurch seine wahre Liebe, die *Enterprise*. Pille stellt fest, daß er unheilbar krank ist und findet eine Freundin – in der gleichen Folge. Selbst Chekov bleibt nicht verschont. In einer Episode verlangt das Skript von ihm, sich ganz plötzlich in einen steifen Rush Limbaugh-Typ zu verwandeln. Walter Koenig erinnert sich:

Walter Koenig:
Für mich kam der Tiefpunkt mit ›The Way to Eden‹, einer Episode, in der es viele Szenen für mich gab. Allerdings war ein erhebliches Problem mit ihnen verbunden, wie ich bei der Lektüre des Drehbuchs feststellte. Chekov agierte plötzlich als ein recht unbeugsamer und starrer Typ, als engstirnig denkender Konservativer. Da stimmte etwas nicht: Immerhin sollte der junge Pavel Chekov eine Identifikationsfigur für die Jugend sein. Der Drehbuchautor schien das völlig vergessen zu haben, und daraus zog ich den Schluß: Man gab sich keine Mühe mehr, bei der Serie Kontinuität zu gewährleisten; man begegnete der Zukunft von Star Trek mit Gleichgültigkeit.

Doch während der dritten Season litt vor allem Mr. Spock. Der arme Vulkanier mußte immer mehr Abstand nehmen von ethischen und philosophischen Prinzipien seines Volkes. Außerdem verhielt er sich häufig auf eine recht erstaunliche Weise. In ›The Cloud Minders‹ läßt sich der sonst sehr zurückhaltende Spock in allen Einzelheiten über die sexuellen Traditionen seines Volkes aus, und das auch noch einer Frau gegenüber, die er kaum kennt. In ›All Our Yesterdays‹ ißt er Fleisch, und in ›Plato's Stepchildren‹ schreit er wie ein Esel. Schlimmer noch: In ›The Way to Eden‹ tritt er als eine Art interstellarer Hendrix auf und rockt mit einigen armseligen Weltraumhippies.

Diese Entwicklung blieb Leonard natürlich nicht verborgen, und als wir mit den Dreharbeiten von ›Whom Gods Destroy‹ begannen, beschloß er, seine Kritik schriftlich zu fixieren. Diesmal beschränkte er sich nicht darauf, Freiberger eine Mitteilung zu schreiben. Er wandte sich direkt an Gene Roddenberry und Doug Cramer. Hier ein Auszug:

AN: Gene Roddenberry, Doug Cramer
DATUM: 15. Oktober 1968
KOPIE: Fred Freiberger
VON: Leonard Nimoy

MEINE HERREN,
während der ersten Season von STAR TREK wurde eine
Figur namens Mr. Spock eingeführt. Der Erste Offizier des
Raumschiffs *Enterprise* hat spitze Ohren und eine hohe
Intelligenz, die ihn zu einer wahrhaft genialen Form
deduktiver Lock befähigt. Er kann telepathische Kontakte
mit anderen Personen herstellen, und wenn man kühn um
Informationen bittet, scheint er sich in eine lebende
Enzyklopädie zu verwandeln. Er ist physisch sehr stark,
verfügt über jede Menge Stolz und hat noch einige andere
Fähigkeiten, die ihn im großen und ganzen zu einem
Klugscheißer machen.

Nun, wir wissen natürlich, daß niemand – wirklich
niemand – einen Klugscheißer mag, und hinzu kommt:
Wer zu den Hauptfiguren einer Serie zählt und einmal
wöchentlich auf den Fernsehschirmen erscheint, sollte beim
Publikum nicht nur als sympathisch gelten, sondern *sehr
beliebt* sein. Deshalb verstehe ich durchaus, daß man in
dieser Season versucht, die Art des Mr. Spock zu verändern,
damit er bei den amerikanischen Zuschauern besser
ankommt.

Derzeit drehen wir eine Episode, die ähnlich beschaffen
ist wie ›Dagger of the Mind‹ aus der ersten Season. Da jene
Story recht gut war, haben wir einen großen Teil ihrer
Struktur beibehalten.

Es gibt jedoch einen wesentlichen Unterschied, den wir
vermutlich der Veränderung in Spocks Wesen verdanken.
In ›Dagger of the Mind‹ gewann Spock wichtige
Informationen, indem er eine Mentalverschmelzung mit
einem Geistesgestörten herbeiführte. In *dieser* Folge hat es
Spock mit einer im Vergleich dazu einfach erscheinenden
Situation zu tun. Mit dem Phaser in der Hand betritt er ein
Zimmer und sieht sich dort zwei Kirks gegenüber: Der eine
ist sein Captain, der andere ein Schwindler. Frage: Welches
Mittel setzt Spock ein, um zwischen dem richtigen und
falschen Kirk zu unterscheiden? Benutzt er deduktive Logik,

den Phaser, seine früheren Erfahrungen mit Kirk oder eine Mentalverschmelzung? Läßt sich der Vulkanier vielleicht etwas ganz Neues einfallen? Die Antwort lautet: nein.

Er erweist sich als unfähig, eine interessante, dramaturgisch gute Lösung für das Problem zu finden. Und den Phaser in seiner Hand scheint er ganz zu vergessen. Er schießt nicht, als die beide Kirks gegeneinander kämpfen, verläßt sich offenbar darauf, daß ›der bessere Mann gewinnt‹.

... Ich schreibe Ihnen diese Mitteilung vor allem deswegen, weil ich leider nur wenig Erfahrung darin habe, Idioten zu spielen. Vielleicht können Sie mir dabei helfen, meine Wissenslücken zu schließen. Möglicherweise sollte ich mir einige Folgen der Serie ›Blondie‹ ansehen und mir ein Beispiel an ›Dagwood‹ nehmen, um die Rolle des dämlich gewordenen Mr. Spock besser zu spielen. Oder wie wär's, wenn ich Zöpfe und Federn trage, außerdem die ganze Zeit über dumm grinse?

Haben Sie irgendwelche Vorschläge?

Ich verbleibe voller Hoffnung

Leonard Nimoy

Aus der fraglichen Episode ›Whom Gods Destroy‹.
(© *1993 Paramount Pictures*)

Um beide Seiten zu Wort kommen zu lassen, habe ich auch mit Fred Freiberger gesprochen, und es überrascht kaum, daß er die Sache ein wenig anders sieht. Als Produzent bekam er es von morgens bis abends mit den enormen finanziellen Problemen der dritten Season und vielen anderen Schwierigkeiten bei der Produktion zu tun. Leonards Klagen in Hinsicht auf den Qualitätsverlust verloren sich fast zwischen den vielen Dingen, die Freibergers Aufmerksamkeit verlangten. Das knappe Budget war eine ständige große Belastung für ihn, die bei der Arbeit immer wieder zu Kompromissen zwang. Dies alles führte dazu, daß Fred Leonards Sorgen nur wenig oder gar keine Beachtung schenken konnte.

FRED FREIBERGER:
Nimoy schickte seinen Brief dem Studiochef Doug Cramer, ließ Roddenberry und mir Kopien zukommen. Von Gene habe ich in diesem Zusammenhang nie etwas gehört, aber Doug Cramer reagierte und rief mich an. Er fragte, was los sei, und ich antwortete, es gäbe einen persönlichen Konflikt zwischen Nimoy und mir. Der Brief sei unfair, meinte ich, stellte offenbar den Versuch dar, meine Kündigung zu bewirken. Ich

Yvonne ›Batgirl‹ Craig und ich bei den Dreharbeiten von ›Whom Gods Destroy‹. (© *1993 Paramount Pictures*)

fragte Doug, wie er die Angelegenheit beurteilte. Er sagte, ich könnte nach eigenem Ermessen handeln. Daraufhin schickte ich Nimoy eine Mitteilung und brachte meine Hoffnung zum Ausdruck, in Zukunft eventuelle Differenzen beizulegen, ohne dabei die Direktoren zu bemühen.

Es lief also darauf hinaus, daß sich zwei erfahrene Profis gegenüberstanden: Der eine versuchte, das Beste aus dem geringen Etat zu machen, und der andere behielt den kreativen Aspekt der einzelnen Episoden im Auge. Eigentlich strebten Nimoy und Freiberger das gleiche Ziel an. Beide wollten dafür sorgen, daß jede STAR TREK-Folge so gut wie möglich wurde, und trotzdem gerieten sie immer wieder aneinander. Freiberger meint dazu:

FRED FREIBERGER:
Ich arbeitete erst seit kurzer Zeit für die Serie, als Leonard mir bei einer Besprechung sagte, daß er nicht ganz einverstanden gewesen war mit der Gestaltung von Spocks Charakter während der zweiten Season. Der Produzent und er hätten sehr unterschiedliche künstlerische Standpunkte vertreten, und er nannte ›Amok Time‹ als gutes Beispiel für die Vergeudung des Spock-Potentials. Der Produzent glaubte, den Vulkanier angemessen dargestellt und genutzt zu haben, doch Leonard war ganz offensichtlich anderer Meinung. Nun, ich sah mir die Episode an und gewann dabei den Eindruck, daß Spock beim allgemeinen Geschehen immer wieder in den Vordergrund rückte. Normalerweise sollte sich jeder Schauspieler für eine solche Rolle begeistern. Diese Einschätzung mag es gewesen sein, die Nimoy glauben ließ, daß ich als ›kreativer Produzent‹ nichts taugte.

Ich habe mich oft mit Leonard getroffen, und insbesondere drei Begegnungen sind mir im Gedächtnis geblieben. Einmal klagte er darüber, daß Spock bei einer bestimmten Folge nicht die letzten Worte sprechen durfte. Wir führten eine Art akademische Diskussion über das Wesen des Vulkaniers, den allgemeinen Plot der Story und ihren dramatischen Höhepunkt. Nimoy meinte, alles verlangte danach, daß Spock den letzten Satz formulierte, doch diese Ansicht konnte ich einfach nicht teilen.

Beim zweiten Treffen ging es um die Beziehung zwischen Spock und der von Mariette Hartley dargestellten Zarabeth in der Episode ›All Our Yesterdays‹. Sie sollten sich ineinander verlieben. Leonard wies darauf hin, daß Vulkanier keine derartigen Gefühle kennen, und natürlich hatte er recht.

Die Handlung fand vor vielen Jahrtausenden während der Eiszeit statt. Ich war so sehr von der Story im allgemeinen und von der Beziehung zwischen Spock und Zarabeth im besonderen fasziniert, daß ich die Sache mit den vulkanischen Emotionen vergaß. Nun, ich wollte nicht die ganze Story ändern und suchte nach einer Rechtfertigung für Spocks emotionale Reaktion. Schließlich fand ich eine und erklärte alles auf diese Weise: Die Handlung fand Tausende von Jahren in der Vergangenheit statt, bevor sich die Vulkanier allein auf Rationalität und Logik besannen. Während einer solchen Epoche konnte sich Spock durchaus verlieben. Nimoy schien damit zufrieden zu sein, und seine schauspielerischen Leistungen in der betreffenden Folge waren großartig.

Die dritte Begegnung führte endgültig zum Bruch zwischen uns. Leonard und ich diskutierten über die Serie, und ich wies darauf hin, William Shatner sei der Star... Nimoy betonte sofort, Spock sei ebenso wichtig wie Captain Kirk. Diese Antwort ließ mich zumindest ahnen, worauf das Mißverständnis zwischen uns basierte. Zwar spielte Spock bei fast allen Folgen eine wichtige Rolle, aber ein ›Star‹ stand natürlich immer im Mittelpunkt.

Als jener Arbeitstag zu Ende ging, rief ich Gene Roddenberry an, erzählte von dem Gespräch mit Nimoy und erwähnte die Notwendigkeit einer offiziellen Klarstellung. Als ich zum Produzenten der dritten Season wurde, hatten Gene und ich über die Gewichtung der einzelnen STAR TREK-Protagonisten gesprochen. Dabei gewann ich den Eindruck, daß Pille McCoy und Spock sehr wichtig waren, doch die zentrale Figur blieb der Captain. Wenn ich mich in dieser Hinsicht irrte, so mußte ich mir tatsächlich den Vorwurf gefallen lassen, Nimoy unrecht getan zu haben. Roddenberry bestätigte die Richtigkeit meiner Einschätzung. Ich bat ihn darum, einige klärende Worte an Nimoy zu richten, da er keine Bereitschaft zeigte, auf mich zu hören. Gene versprach es mir.

Freibergers Schilderungen in bezug auf ›All Our Yesterdays‹ vermitteln folgende Botschaft: Wenn es um die

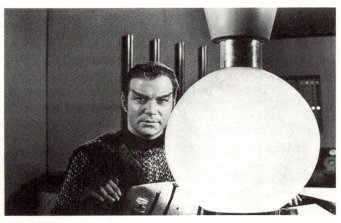

Aus ›The Enterprise Incident‹. Agent Kirk befindet sich mit veränderten Brauen an Bord eines romulanischen Schiffes. (© *1993 Paramount Pictures*)

Links: Der große Häuptling ›Kirok‹. (© *1993 Paramount Pictures*)
Rechts: Miramanee und ich. (© *1993 Paramount Pictures*)

dritte Season von STAR TREK geht, so sollte man nicht nur die persönlichen Auseinandersetzungen und Probleme bei der Produktion sehen, sondern auch den Umstand berücksichtigen, daß wir einige *außerordentlich* gute Folgen drehten – trotz des geringen Etats und aller damit einhergehenden Schwierigkeiten. Ich denke dabei an Episoden wie ›The *Enterprise* Incident‹, ›Day of the Dove‹, ›Is There in Truth No Beauty?‹ ›The Tholian Web‹ und ›The Paradise Syndrome‹ (darin wurde ich zum großen Medizinmann Kirok, der die wunderhübsche Miramanee heiratete). Oder auch die Folge ›And the Children Shall Lead‹, in der einige Kinder unter den Einfluß des ›guten Engels‹ Gorgan geraten, gespielt vom weltberühmten Anwalt Melvin Belli.

Was Bellis Beteiligung an STAR TREK betrifft, gibt es eine Geschichte, die es verdient, hier erzählt zu werden. Kurz nach der Sendung von ›And the Children Shall Lead‹ trafen sich Belli und ein anderer Staranwalt namens F. Lee Bailey in einem Restaurant. Als die Vor-

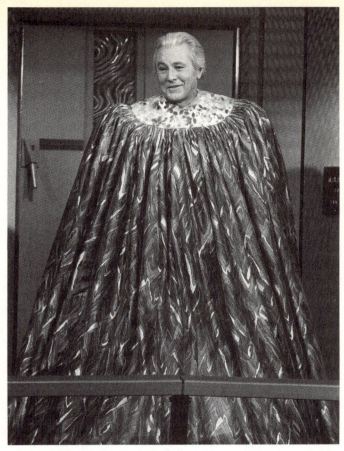

Melvin Belli beweist, daß er nicht nur ein hervorragender Anwalt ist, sondern auch ein guter Schauspieler. (© *1993 Paramount Pictures*)

speise eintraf, stritten sich die beiden Juristen auf eine recht gutmütige Weise darüber, wer von ihnen berühmter war.

Als der Kellner den Hauptgang servierte, führte das freundschaftliche Streitgespräch zu einer Wette, bei der

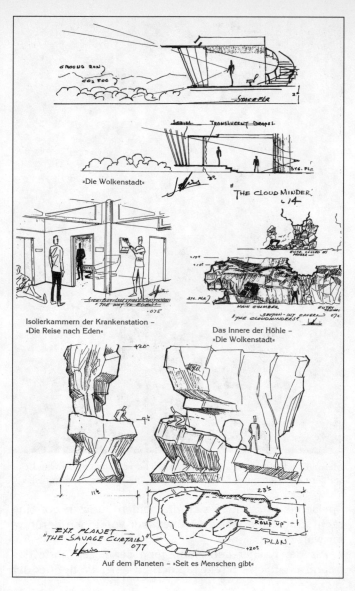

»Die Wolkenstadt«

Isolierkammern der Krankenstation – »Die Reise nach Eden«

Das Innere der Höhle – »Die Wolkenstadt«

Auf dem Planeten – »Seit es Menschen gibt«

Während der dritten Season fuhr Matt Jefferies damit fort, überaus kreative und vor allem billige Wunder zu vollbringen. Deutlich wird das in diesen Zeichnungen, die ›The Cloud Minders‹, ›The Way of Eden‹, ›The Savage Curtain‹ und ›A Handful of Dust‹ (später umbenannt in ›All Our Yesterdays‹) betreffen. (*Freundlicherweise zur Verfügung gestellt von Walter M. Jefferies*)

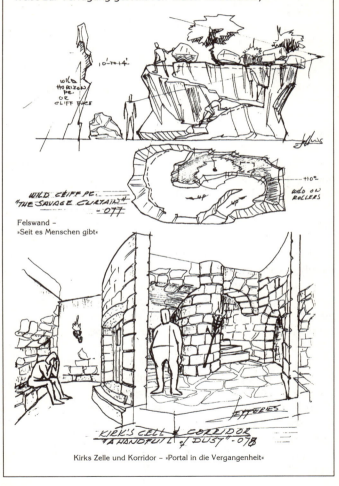

Felswand – »Seit es Menschen gibt«

Kirks Zelle und Korridor – »Portal in die Vergangenheit«

die nicht unbeträchtlichen Kosten für das gemeinsame Abendessen auf dem Spiel standen. Es lief auf folgendes hinaus: Wer als erster von ihnen erkannt wurde, gewann und brauchte nicht zu bezahlen. Einige Minuten später näherte sich ein junges Paar scheu dem Tisch und fragte: »Entschuldigen Sie bitte, aber sind Sie nicht Melvin Belli?«

»Ja, der bin ich«, bestätigte Melvin stolz. »Sind Sie Jurastudenten?«

»Jurastudenten?« wiederholten die jungen Leute verwirrt. »Nein. Wieso fragen Sie?«

»Nun, ich bin ein recht bekannter Anwalt und dachte...«

»Sie sind Anwalt? Meine Güte, wir haben Sie für Gorgan aus STAR TREK gehalten!«

Bailey unterdrückte ein Lachen und erklärte sich bereit, die Rechnung zu bezahlen. Zum Glück. Wer weiß, wie lange zwei so gewiefte Anwälte über eine umstrittene Rechnung diskutiert hätten...

Ich sollte auch folgendes erwähnen: Zwar spürten wir alle, daß die kreativen Aspekte von STAR TREK an Bedeutung verloren, aber die Arbeit an der Fernsehserie machte auch in der dritten Season viel Spaß. Darsteller und Angehörige des Produktionsteams standen sich noch näher. Wir waren immer in erster Linie Profis gewesen, doch jetzt wuchsen wir zusammen, wurden zu mehr als nur zu Freunden – wir bildeten eine große Familie.

Auch zwischen Leonard und mir festigte sich das Band der Freundschaft, aber eine Sache ärgerte mich nach wie vor. Inzwischen kannte ich ihn ziemlich gut, doch am Drehort wirkte er immer sehr ernst, kühl und distanziert. Er lächelte nicht, erzählte nie einen Witz – und vermied es auch, über meine zu lachen. Ich habe Leonard gefragt, ob der Vulkanier den Menschen Nimoy zu beeinflussen begann.

Während der Proben gibt sich Leonard alle Mühe, nicht über einen meiner tollen Witze zu lachen. Es fällt ihm sichtlich schwer, ernst zu bleiben. (© *1993 Paramount Pictures*)

LEONARD NIMOY:
Ich bin sehr isoliert gewesen, was mich belastete. Meine Isolation ging auf die Rolle des Spock zurück, und bei den Dreharbeiten habe ich vermutlich eine Mischung aus Gleichgültigkeit, Intoleranz und Kühle ausgestrahlt. Eines Tages warteten wir darauf, daß die Beleuchter einige Lampen in die richtige Position brachten, und ich saß dort mit steinerner Miene. Eine der Schauspielerinnen meinte: »He, Leonard spielt noch immer den Vulkanier.« Einmal soll sogar einer der Produzenten gesagt haben: »Nehmen Sie sich vor Nimoy in acht. Der Kerl ist eiskalt und berechnend.«

Nun, so etwas war eigentlich zu erwarten, denn die Natur verabscheut das Vakuum. Wenn eine Person nicht zu erkennen gibt, was sie denkt und empfindet, so neigen andere Leute dazu, sich Vermutungen und Spekulationen hinzugeben. Manche Kollegen hielten mich damals wahrscheinlich für kühl, unnahbar, eingebildet und arrogant.

Ich war stolz darauf, der einzige zu sein, der nicht über einen gut erzählten Witz lachte – es bewies, daß ich tatsächlich in der Rolle des Vulkaniers aufging. Wenn ich wie alle anderen gelacht hätte, so wäre dadurch deutlich geworden, daß ich wie alle anderen bin. Aber ich möchte gar nicht wie alle anderen sein.

Ich verwandelte mich schon eine ganze Weile vor den Dreharbeiten in Mr. Spock. Meiner Ansicht nach konnte man nicht vor der Kamera Person A sein, um sofort zu Person B zu werden, sobald nicht mehr gefilmt wurde. So etwas hielt ich für unmöglich. Ich glaubte felsenfest an die Tugend gründlicher Vorbereitungen, an die Zweckmäßigkeit des Prinzips, auch während der Pausen – wenn die Kulissen umgebaut wurden oder so – in der Rolle zu bleiben.

Mit ziemlicher Sicherheit *habe* ich feindselig und überheblich gewirkt, aber es steckte eben Absicht dahinter. Eine so einmalige Gelegenheit *mußte* genutzt werden. Als Captain Kirk war Bill immer voller Tatendrang und überaus dynamisch, manchmal sogar trotzig: »Ich habe eine Entscheidung getroffen und werde meinen Willen durchsetzen!« Derartige Energie kontrastierte zu meiner introvertierten Nachdenklichkeit. McCoy spielte den launischen Störenfried und Nörgler, in der Art von: »Bist du *verrückt*, Jim?« Es paßte gut zu ihm. In diesem Kontext wurde ich zum Ruhepol, fügte bei Dialogen gelassene Bemerkungen wie »Faszinierend« und »Das ist interessant« hinzu. Eigentlich genügten wenige Worte, um die Beziehungen zwischen den Personen deutlich werden zu lassen.

Ich ließ den Spock in mir so sehr dominant werden, daß es mir sogar schwerfiel, mich am Samstag in Leonard Nimoy zurückzuverwandeln. Der Vulkanier steckte fast die ganze Zeit über in mir drin und schien sich auszudehnen. Darunter litten auch meine Frau und insbesondere die Kinder, die mit so etwas nicht fertig werden konnten.

Eine von Leonards unerschütterlichsten Überzeugungen in Hinsicht auf Spock bestand darin, daß der Vulkanier fast völlig gewaltlos sein sollte. Doch es gab immer wieder Szenen, in denen der Erste Offizier des Raumschiffs *Enterprise* seine große körperliche Kraft einsetzte, um irgendwelche Gegner relativ mühelos außer Gefecht zu setzen. Es dauerte nicht lange, bis sich alle Kollegen fragten, *wie* stark Spock eigentlich war. Fünf oder sechs Typen griffen uns an, und Leonard schickte einen von ihnen mit dem vulkanischen Nervengriff ins Reich der Träume. Vielleicht nahm er sich auch noch einen zweiten Burschen vor, aber damit hatte es sich auch schon – mit dem Rest bekam ich es tun. Später gab er sich noch lethargischer und cooler: Meistens beschränkte er sich auf einen kurzen Nackengriff, trat dann zurück und beobachtete, wie mich einige Stuntmen durch die Mangel drehten.

Ich kannte die Stuntmen recht gut, und im Lauf der

Zeit lernte ich eine Menge von ihnen, indem ich sie beobachtete und bestimmte Szenen mit ihnen übte. Dabei entwickelte ich einige eigene Bewegungsmuster. Zum Beispiel: Wenn ein Gegner angriff, so sprang ich ihm mit den Füßen voran entgegen. Die Sache ähnelte den fliegenden Dropkicks der Profi-Wrestler. Ich fand großen Gefallen daran, und natürlich erzielte ich immer einen Erfolg. Der Bösewicht fiel und blieb ›bewußtlos‹ liegen. Ich hatte den Dreh immer besser raus und sah in dieser Kampfmethode einen Aspekt von Kirks Wesen. Kommt nur, ihr Schurken ... Ich warf mich ihnen wie Macho Man Randy Savage* entgegen, und auf diese Weise wurde ich mit allen Angreifern fertig.

An einem der wenigen freien Tage während der dritten Season fuhr ich mit meinen drei kleinen Töchtern zu einem der Orte, wo man in Go-Karts über eine Rennstrecke ›donnern‹ kann, wobei die Höchstgeschwindigkeit etwa fünfzig Stundenkilometer beträgt. Nun, wir brausen also über die Strecke, und als braver Vater bleibe ich dabei hinter meinen Kindern, um sie vor den anderen Go-Karts abzuschirmen. Plötzlich knallt ein Idiot an mir vorbei und rammt meine Tochter Leslie. Ich gerate natürlich ganz außer mir und schreie den Kerl an. Weiß er denn nicht, daß meine Töchter die schönsten, intelligentesten und begabtesten Mädchen sind, die jemals auf dieser Welt wandelten? Weiß er nicht, daß ich ›Daddy‹ bin? Weiß er nicht, daß meine heilige Pflicht darin besteht, Leslie und ihre beiden Schwestern vor Männern zu schützen, die ihnen Schaden zufügen könnten (oder mit ihnen ausgehen wollen)?

Sechs Minuten später geht unsere Zeit auf der Rennstrecke zu Ende. Alle Go-Karts halten. Ich steige wütend aus, wende mich an den Idioten und rufe: »He, du da! Hast du den Verstand verloren, Mann? Was fällt dir ein, andere Leute einfach so anzufahren?«

---

* Ein berühmter Wrestler – *Anm. d. Übers.*

Der Idiot steigt ebenfalls aus – und erweist sich als Riese. Aber Daddy hat zuviel Adrenalin im Blut und läuft noch immer auf Hochtouren. »Jetzt sperr mal die Ohren auf!« fahre ich fort. »Das sind *meine* Kinder, und ich bin verpflichtet, sie zu *schützen,* insbesondere vor Blödmännern, die auf Go-Kart-Rennstrecken wie dieser keine Rücksicht auf andere Leute nehmen. Kapiert?«

Hinter mir schlagen sich meine Töchter mit der flachen Hand an die Stirn und rollen mit den Augen.

Drei oder vier Freunde des ›Idioten‹ tauchen wie aus dem Nichts neben ihm auf, und jeder von ihnen ist noch größer. »Riskierst eine ziemlich dicke Lippe, du Klugscheißer«, knurrt einer von ihnen – ich vergleiche ihn mit einem viel zu groß geratenen und besonders bissigen Dobermann. »Bist wohl auf Ärger aus, was?«

Der väterliche Instinkt (vom Adrenalin ganz zu schweigen) bescherte mir eine sehr riskante Art von Tapferkeit, und irgend etwas in mir rastete aus. Für ein oder zwei Sekunden hielt ich mich für Captain Kirk. Ich wollte gerade meine Geheimwaffe einsetzen – den Dropkick –, als mich eine warnende Stimme in meinem Innern an Newtons Gesetz erinnerte und mir mitteilte: Wenn du jetzt Anlauf nimmst und springst, um einem der Burschen deine Füße an die Brust zu rammen – dann geht es dir vermutlich ähnlich wie eine Möwe, die mit einem Jumbo-Jet kollidiert. Ich stellte mir vor, abzuprallen und zu Boden zu fallen, hilflos vor den Burschen zu liegen, die sich anschickten, mich wie ein lästiges Insekt zu zertreten...

Ich sprach ziemlich schnell und verdanke es allein meinem rhetorischen Geschick, mit dem Leben davongekommen zu sein. Während der Heimfahrt ließen sich meine drei Töchter ausführlich darüber aus, wie unreif Menschen seien, die sich auf Schlägereien und dergleichen einlassen.

Zwei Tage später begannen wir mit den Dreharbeiten von ›Plato's Stepchildren‹. Im großen und ganzen handelt

Bei den Vorbereitungen für eine Szene von ›Plato's Stepchildren‹.
(© 1993 Paramount Pictures)

es sich nicht um eine herausragende Episode. Sie hat nur deshalb Bedeutung, weil sie ein ganz besonderes Element aufweist: den berühmten Kuß von Kirk und Uhura.

Ich bekam das Skript, und fast sofort fragte mich der Produzent: »Hätten Sie was dagegen, Nichelle zu küssen?« Ich erwiderte: »Ob ich etwas *dagegen* hätte? Sie *bezahlen* mich dafür, Nichelle zu küssen? Meine Güte, was für ein Job!« Nichelle saß in ihrer eigenen Garderobe und las eine Kopie des Skripts, um erste Eindrücke zu gewinnen.

NICHELLE NICHOLS:
Ich hielt den Kuß von Schwarz und Weiß für ein sehr interessantes dramatisches Element. Aber die allgemeinen Umstände nervten mich.

Im Drehbuch war die Rede von Leuten, die über telekinetische Kräfte verfügten und uns zwangen, von ihnen unterhalten zu werden. Zwischen dem Captain und Uhura knisterte plötzlich etwas Sinnliches und Sexuelles; sie fühlten sich zueinander hingezogen. Natürlich konnte nichts Ernstes daraus werden. Oder vielleicht doch? Diese Frage mußte ohne eine klare Antwort bleiben. Nun, das Skript präsentierte also zwei erfahrene Offiziere der *Enterprise*, die in eine recht schwierige Situation gerieten. In einer Szene durfte Uhura aufspringen und rufen: »Verdammt! Wie können sie es wagen, mich gegen meinen Willen in eine solche Lage zu bringen?«

Bei der Lektüre des Drehbuchs dachte ich: »Das ist wundervoll.« Es kam mir überhaupt nicht in den Sinn, daß es bei dem Kuß irgendwelche Probleme geben könnte. Das Skript war gut und gab mir die Möglichkeit, Uhura besser zu spielen als sonst, ihr einen Hintergrund zu geben, dem Publikum einen Einblick in ihr Wesen zu gewähren. Alles paßte gut zusammen: Die Struktur der Szenen verlangte geradezu, daß es zu einem Kuß kam. Die Motivationen stimmten; alles erschien vollkommen natürlich.

Nichelle und ich traten vor die Kamera, rechneten jeden Augenblick damit, »Achtung, Aufnahme!« zu hören. Während der Vorbereitungen flirteten und scherzten wir. Ich weiß noch, daß ich Nichelle in die Arme nahm und in einem triumphierenden Tonfall sagte: »Endlich habe ich dich da, wo ich dich immer haben wollte. Gib mir einen Kuß, einen richtigen Schmatzer!« Sie lachte und erwiderte: »O nein, ausgeschlossen, bäh! Alles – aber kein Kuß!« Wir probten die Szene einige Male, und alles schien in bester Ordnung zu sein. Doch dann verkündete der Regisseur David Alexander plötzlich: »Okay, Pause.« Nichelle erinnert sich an die folgenden Ereignissen.

NICHELLE NICHOLS:
Die Pause war nicht vorgesehen, und das erschien uns allen seltsam. Einige Minuten später rief man mich ins Büro, wo einige in feine Anzüge gekleidete Typen saßen. »Hallo, Nichelle«, sagten sie. »Wir haben da ein Problem.«

»Was für eines?« fragte ich, woraufhin sie antworteten: »Es geht um den Kuß. Sie wissen sicher, daß wir in große Schwierigkeiten geraten, wenn wir die Szene mit dem Kuß drehen, oder?« Daraufhin begann ich zu verstehen. Im Ernst: Die Sache wurde mir erst zu jenem Zeitpunkt klar; vorher hatte ich überhaupt keinen Gedanken daran verschwendet. Die Szene betrifft nicht allein Kirk und Uhura, sondern zeigt eine Schwarze, die einen Weißen küßt. Um ganz offen zu sein: Bevor mir die Anzugtypen alle Hintergründe erläuterten, hatte ich nicht die geringste Ahnung, daß es sich um den ersten ›gemischtrassigen‹ Kuß der Fernsehgeschichte handelte. Dadurch könnte diese spezielle STAR TREK-Episode kaum mehr gesendet werden, hörte ich. Die Sendestationen in den Südstaaten würden einfach eine Stunde lang abschalten, um zu vermeiden, ein derart ›anstößiges‹ Programm zu bringen.

»Das ist doch Unsinn!« ereiferte ich mich. »Bei STAR TREK sind wir im dreiundzwanzigsten Jahrhundert. Da gibt es überhaupt nichts Rassistisches mehr.« Doch es gelang mir nicht, die Bedenken der Besucher auszuräumen. Sie spielten sogar mit dem Gedanken, die ganze Szene zu streichen.

Ärger brodelte in mir, ein Zorn, der nicht aus dem dreiundzwanzigsten Jahrhundert kam, sondern das Hier und Heute betraf. Ich vergaß Uhura und wurde zur Schauspielerin Nichelle Nichols, die versuchte, eine für sie sehr wichtige Szene zu retten. Verdammt, diese Burschen wollten mich um einen guten Auftritt bringen! Mein Ärger wuchs immer mehr, verwandelte sich in Wut. Ich spürte, daß ich praktisch von einem Augenblick zum anderen explodieren könnte. Die Typen in den Anzügen hatten echt Nerven: Sie schlugen sogar vor, Kirk mit Schwester Chapel zusammenzubringen und mich mit Spock. Offenbar hielten sie es für akzeptabel, eine terranische Schwarze von einem Vulkanier küssen zu lassen. Ein Kuß zwischen zwei Menschen mit unterschiedlicher Hautfarbe – das kam natürlich nicht in Frage! Ich fand das alles lächerlich, absolut lächerlich.

Wir setzten die Diskussion fort, die schon nach kurzer Zeit zu einem Streitgespräch wurde, und nach einer Weile kam Gene Roddenberry herein. Ganz offensichtlich wußte er um die Situation, denn er rief sofort: »Das ist doch absurd!« Aber die Gesandten des Networks beharrten auch weiterhin auf ihrem Standpunkt. Bill stürmte in Richtung Garderobe fort. »Was für ein Blödsinn!« entfuhr es ihm unterwegs. »Laßt uns die Szene drehen. Und zum Teufel mit den Südstaaten!«

Die Besucher gerieten allmählich ins Schwitzen, aber sie gaben nicht nach und bestanden noch immer darauf, daß der Kuß aus ›Plato's Stepchildren‹ verschwand. Was Roddenberry strikt ablehnte. »Nein. Die Szene steht im Skript und wird nicht gestrichen.« Dann bot er einen Kompromiß an. »Wir drehen zwei Versionen davon.« Diese Worte glätteten die Wogen, sorgten wieder für Ruhe und ermöglichten es uns, die Arbeit fortzusetzen.

Die beiden von Roddenberry vorgeschlagenen Versionen liefen auf folgendes hinaus. In der ersten Aufnahme küßten wir uns vor der Kamera. Bei der zweiten drehten wir uns, so daß ich der Kamera den Rücken zukehrte, während wir uns ›küßten‹ – wobei sich unsere Lippen nicht einmal berührten. Leider entschied sich das Network später für diese zweite Szene und sendete den simulierten Kuß. Deshalb stimmt die Behauptung gar nicht, daß STAR TREK den ersten ›gemischtrassigen Kuß‹ in der Fernsehgeschichte brachte. Wenn Sie die entsprechende Episode noch einmal sehen, so empfehle ich Ihnen bei dieser Szene besondere Aufmerksamkeit.

Als wir die umstrittene Szene drehten, standen die NBC-Gesandten in der Nähe, behielten alles im Auge und vergewisserten sich, daß wir den Kuß wirklich nur simulierten. Wir gingen auf ihre Wünsche ein, indem wir

Pharmens Salon – Platons Stiefkinder

Eine von Matt Jefferies' Kulissen-Zeichnungen für ›Plato's Stepchildren‹.
(*Freundlicherweise zur Verfügung gestellt von Walter M. Jefferies*)

sichtlichen ›Widerstand‹ leisteten, um das Publikum auf folgendes hinzuweisen: Unter normalen Umständen würden sich Kirk und Uhura nicht auf diese Weise verhalten; sie waren dazu gezwungen. Mit anderen Worten: Die Szene blieb ohne Leidenschaft, ohne ein sexuelles Element. Vermutlich maßen die Burschen sogar den Abstand zwischen unseren Lippen.

NICHELLE NICHOLS:
Es war gräßlich, einfach gräßlich. Unverhüllter Rassismus stand in der Tür, gekleidet in Nadelstreifenanzüge. STAR TREK spielte im dreiundzwanzigsten Jahrhundert, doch wir nahmen den alten Ballast mit in die Zukunft.

Ab dieser Stelle in der dritten Season verschlechterte sich unsere Moral. Die einzelnen Folgen wurden schlechter, was wir vor allem lieblos geschriebenen Drehbüchern verdankten, und eine Einstellung der Serie erschien immer wahrscheinlicher. Hinzu kam, daß Roddenberrys Distanz zu STAR TREK wuchs; nichts deutete darauf hin, daß er jemals wieder kreative Beiträge leisten würde. Als besonders entmutigend erwiesen sich Genes geradezu unverschämten Bemühungen, dem sterbenden Goldesel namens STAR TREK noch einige letzte Cents abzuringen, auch auf Kosten unserer Skripte.

Ein Versandhandel, zu dem Roddenberry gute Beziehungen unterhielt (Lincoln Enterprises; die Firma gehörte Genes Anwalt), begann mit dem Verkauf von STAR TREK-Artikeln. Zur gleichen Zeit begannen wir damit, ›Is There in Truth No Beauty?‹ zu drehen. Diese Folge sollte schon bald zu einem Schlachtfeld werden, auf dem Kreativität und Geschäftemacherei gegeneinander antraten.

Es begann mit einem redigierten Skript, das völlig unerwartet in Fred Freibergers Büro eintraf. Die Änderungen stammten von Gene Roddenberry, der seit Wochen nicht mehr im Studio gewesen war und alle Drehbücher

Der Kuß. (© *1993 Paramount Pictures*)

der bisherigen Season ignoriert hatte. Das neue Engagement des STAR TREK-Schöpfers erstaunte Freiberger, und seine Verwirrung wuchs, als er feststellte: Die Veränderung bestand nur aus einer zusätzlichen Szene, der jeder Zusammenhang mit der Story fehlte.

Captain Kirk preist darin eine Ehrenmedaille namens ›UMUK‹ – Unendliche Mannigfaltigkeit in Unendlicher Kombination –, und diesen Gegenstand reicht er einem entzückten Empfänger. Nun, es muß noch einmal betont werden, daß diese Sache nichts mit dem Plot der Story zu tun hatte. Fred geriet dadurch in eine schwierige Situation.

FRED FREIBERGER:
Gene Roddenberry hatte der Fernsehserie den Rücken gekehrt, und während der ganzen Season bekamen wir ihn kaum zu Gesicht. Als wir das revidierte Drehbuch von ihm bekamen, traf ich mich mit dem Skript-Berater Arthur Singer. »Was stellen wir damit an?« fragte er, und ich erwiderte: »Gene Roddenberry hat STAR TREK geschaffen, und er ist der Executive Producer. Wir müssen uns seinem Willen fügen.«

Ich bekam das geänderte Manuskript, las die neue Szene und wandte mich verwundert an Fred. »Was hat es mit dem UMUK-Etwas auf sich?« Ich wußte, daß Lincoln Enterprises bald mit dem Verkauf der Dinger beginnen wollte, und ich hatte keine Lust, eine gute Story mit Roddenberrys kaum verhohlener Werbung zu ruinieren. Aus diesem Grund lehnte ich die Szene strikt ab. Freiberger sprach von den Problemen in Hinsicht auf neuerliche Änderungen des Manuskripts, aber als ich ihn während der Arbeit an diesem Buch um einige Auskünfte bat, gestand er folgendes: Damals war er froh, daß ich mich weigerte, jene Szene zu drehen. Ein Produzent, der sich über die ›Widerspenstigkeit‹ eines Schauspielers freute – so etwas geschieht sehr selten.

Freiberger gab meine Kritik an Roddenberry weiter, der meine künstlerische Besorgnis in Erwägung zog – und sie einfach über Bord warf, als sich eine neue Gelegenheit für ihn ergab. Er änderte die UMUK-Szene so, daß Mr. Spock die Ehrenmedaille überreichte.

LEONARD NIMOY:
Dieser Zwischenfall führte zu einer weiteren Belastung der Beziehungen zwischen Gene und mir. Das ursprüngliche Skript enthielt eine Szene, die Diana Muldaur und mich betraf. Im Drehbuch zog sie sich über mehrere Seiten hin, und ich fand sie extrem langweilig.

Die entsprechende Sequenz ärgerte mich, weil Diana und ich einen vollkommen sinnlosen Dialog führten. Ich klagte darüber, und einmal mehr zeigte Fred Freiberger an meinen Sorgen nicht das geringste Interesse. Seine Einstellung läßt sich so beschreiben: »Verschwinde, Schauspieler. Ich arbeite bereits an der nächsten Episode. Mit dieser ist alles in bester Ordnung.« Diesen Eindruck gewann ich jedenfalls. Nun, deshalb rief ich Gene an. Als er uns verließ, um für MGM einen Film mit Rock Hudson zu drehen, wies er darauf hin, auch weiterhin großes Interesse an STAR TREK und allen damit zusammenhängenden Dingen zu haben.

Während unseres Telefongesprächs erklärte ich ihm das Problem, doch ich begriff nicht, welchen Abstand zu der Serie er inzwischen gewonnen hatte. Ich ging von der naiven Annahme aus, daß er noch immer am kreativen Prozeß hinter den Kulissen von STAR TREK beteiligt war, daß er Exposés las, Manuskripte redigierte, Vorschläge unterbreitete und so weiter. In Wirklichkeit hatte er einen Schlußstrich gezogen und widmete seine ganze Aufmerksamkeit anderen Angelegenheiten. Nun, ich schilderte ihm das Problem mit dem Skript, und er gab einen Kommentar ab, der mir zu jenem Zeitpunkt sehr rätselhaft erschien. Er sagte: »Sie haben mir einen Ansatzpunkt gegeben, den ich nutzen werde.«

Ich interpretierte diese Bemerkung folgendermaßen: Roddenberry brauchte irgendeinen Vorwand, um zu STAR TREK zurückzukehren. Das fand ich noch seltsamer, denn ganz deutlich erinnerte ich mich an Genes Abschiedsworte: »Nach wie vor lese und überarbeite ich die Drehbücher, und ich bleibe ständig auf dem laufenden, soweit es die Produktion betrifft.« Ich fragte mich, was es mit dem ›Ansatzpunkt‹ auf sich haben mochte.

Wie dem auch sei: Die fragliche Szene sollte am nächsten Tag gedreht werden, und als ich früh am Morgen die Maske betrat, erwarteten mich dort drei neue Skriptseiten, von Roddenberry geschrieben. »Ah, der gute alte Gene«, dachte ich. »Hat bestimmt wieder die Nacht durchgearbeitet, um die Szene für mich zu ändern.« Normalerweise erbrachte so etwas hervorragende Resultate. »Großartig!« freute ich mich. »Die neue Sequenz ist sicher viel besser als die alte.« Dann las ich die Seiten, und meine Enttäuschung wuchs mit jeder Zeile.

Die bedeutungslose Szene war einer noch belangloseren gewichen. Der Dialog begann nun damit, daß Diana Muldaur fragte: »Was tragen Sie da für ein Medaillon, Spock?« Ich erklärte daraufhin, daß es sich um das UMUK-Symbol handelte, und während der nächsten anderthalb Seiten erläuterte ich es in allen Einzelheiten. Meine Verwunderung nahm immer mehr zu, und ich bereute es, Roddenberry um Hilfe gebeten zu haben.

Ich beschwerte mich erneut, und zwar mit genug Nachdruck, um Gene zu veranlassen, von MGM zu uns zu kommen. Sein Gesichtsausdruck wies darauf hin, wie wichtig es ihm war, daß ein UMUK-Medaillon in der Episode erschien.

Leonard und ich hatten Genes Marketing-Trick durchschaut, und wir lehnten es beide ab, in einer solchen Szene vor die Kamera zu treten. Roddenberry ließ nicht locker, und man muß ihm zugestehen, daß er keineswegs versuchte, den ›Werbespot‹ mit irgendwelchen Halbwahrheiten zu tarnen. Ganz offen sprach er davon, daß Lincoln Enterprises bald damit beginnen würde, die Medaillons zu vermarkten. Aus diesem Grund wüßte er es sehr zu schätzen, wenn wir das UMUK-Symbol bei dieser STAR TREK-Folge herausstellen könnten.

Ich überlegte, rang mit mir selbst und erwiderte schließlich: »Tut mir leid, Gene, aber ich lehne es trotzdem ab, eine solche Szene zu drehen.« Roddenberry akzeptierte das und wandte sich Leonard zu.

LEONARD NIMOY:
Gene und ich sprachen darüber, und es gelang mir, einige Änderungen durchzusetzen. Aber ich mußte auch Kompromisse schließen, und dazu gehörte, daß ich das Medaillon trug. Darüber hinaus kam es zu einer weiteren Verschlechterung meiner Beziehungen mit Freddie Freiberger, der sich bestimmt darüber ärgerte, daß ich erneut über seinen Kopf hinweg gehandelt und ›Daddy‹ verständigt hatte.

Noch mehr belastete mich das Gefühl des Verlustes in Hinsicht auf Roddenberry. Gene war imstande, bei den Drehbüchern enorme Hilfe zu leisten, doch leider ging es ihm jetzt vor allem darum, Lincoln Enterprises zu helfen.

Mit diesen Empfindungen stand Leonard nicht allein da. Bob Justman teilte sie. Seine berufliche Laufbahn steckte gewissermaßen in der Sackgasse, und außerdem hinderten ihn die Umstände daran, Kreativität zu entfalten. Schließlich konnte er STAR TREKs Niedergang nicht länger ertragen und kündigte.

BOB JUSTMAN:
Ich wußte, daß unsere Chancen eher schlecht standen, aber mir lag eine Menge an der Serie. Deshalb war die dritte Season so schmerzlich für mich. Während ihrer ersten Hälfte litt ich dauernd, und schließlich wurde es mir zuviel. Ich konnte und wollte nicht mehr mit ansehen, wie STAR TREK dem Ende entgegensteuerte. Deshalb nahm ich meinen Hut und ging.

Im Studio wußten alle, daß es keine weitere Season geben würde. Als diese Erkenntnis auch in den Pfennigfuchsern der Buchhaltung heranreifte, gaben sie bei ihren Sparsamkeitsbestrebungen jede Zurückhaltung auf. Während unserer ersten Season belief sich der Etat für die einzelnen Folgen auf jeweils 193 500 Dollar. Zu Beginn der zweiten Season erfolgte eine Honorarerhöhung. Leonard streckte beide Hände aus und erhielt mehr, als ihm eigentlich zustand. Auch die anderen setzten eine Erhöhung der Gage durch. Selbst ich bekam mehr: Mein ›Lohn‹ stieg von etwa sechshundert auf neunhundert Dollar pro Episode.

Anschließend reduzierte das Studio den Etat für die einzelnen Folgen auf 187 500 Dollar. Angeblich sollte damit ein Ausgleich in Hinsicht auf die von uns verursachten zusätzlichen Kosten geschaffen werden, aber das war natürlich nur eine faule Ausrede. In Wirklichkeit sollte die Gewinnspanne etwas großzügiger gestaltet werden. Die dritte Season bescherte uns eine ausgesprochen schlechte Sendezeit, und auch dadurch wurde klar, daß es für STAR TREK keine vierte Season geben würde. Deshalb wollten die Direktoren noch etwas mehr verdienen, solange sich eine Gelegenheit dazu bot: Sie kürzten das Budget noch einmal, auf 178 500 Dollar.

Aber damit noch nicht genug. Das Studio hatte auch die Frechheit, darauf hinzuweisen, daß wir uns zuviel Zeit nahmen, um die einzelnen STAR TREK-Folgen zu drehen. Nun, inzwischen war das Produktionsteam mit unserer einzigartigen Fernsehserie so sehr vertraut, daß die Episoden in jeweils fünf Tagen gedreht wurden. Das bedeutete einen täglichen Durchschnitt von etwa dreißig Szenen beziehungsweise Einstellungen. Wir hatten eine so gute Routine entwickelt, daß Überstunden Seltenheitswert bekamen. Aus den Aufforderungen des Studios ließ sich also nur ein Schluß ziehen: Es sollte noch möglichst viel Geld mit STAR TREK verdient werden, bevor es zur endgültigen Einstellung der Serie kam.

Die Vorwürfe, wir ließen uns zuviel Zeit, waren natürlich aus der Luft gegriffen, und gerade deshalb verärgerten sie das Team. Um es noch deutlicher auszudrücken:

Spock ist nicht gerade begeistert davon, das UMUK-Medaillon zu tragen. (© *1993 Paramount Pictures*)

Die Jungs von der Produktion waren stinksauer. Fast drei Jahre lang hatten sie hervorragend zusammengearbeitet, als beste Filmcrew auf der ganzen Welt, und nun legte man ihnen Dinge zur Last, die jeder Grundlage entbehrten und nur dazu dienten, den Profit zu erhöhen. Insbesondere George Merhoff fühlte sich dadurch in seinem Stolz verletzt.

George begann sofort damit, Beweise zu sammeln – um zu zeigen, daß die Vorwürfe des Studios tatsächlich ungerechtfertigt waren. Er notierte alle Aktivitäten während unserer Arbeitszeit und hielt schriftlich fest, wann Lampen oder Kameras in eine neue Position gebracht wurden, wann man wo Mikrofone installierte und so weiter. Wenn die Schauspieler probten oder der Regisseur bei einer Szene andere Einstellungen wählte, so schrieb George dies auf. Nach einigen Wochen gelangte er zu dem klaren, ausführlich dokumentierten Schluß, daß es bei den Dreharbeiten nur aufgrund der Regisseure zu Verzögerungen kam. Er legte seine Unterlagen Al Francis vor, der während unserer dritten Season für die Kamera verantwortlich war. Al erinnert sich daran:

AL FRANCIS:
Zwischen der zweiten und dritten Season kaufte Paramount die Desilu Studios. Plötzlich gehörten wir zu einer neuen Firma, und die Typen an der Spitze behaupteten, daß wir zu langsam arbeiteten. Merhoff holte ein schwarzes Büchlein hervor und kritzelte Notizen wie: »Episode 65, Szene 20: 30 Minuten für die richtige Beleuchtung, 10 Minuten fürs Proben, 15 Minuten für den Regisseur, um den richtigen Aufnahmewinkel zu finden...« In dieser Art ging's weiter.

Er lief im wahrsten Sinne des Wortes mit einer Stoppuhr durch die Gegend, und zwar einen ganzen Monat lang. Dann kam er zu mir und meinte: »Al, bitte gehen Sie zu den Direktoren und erklären Sie ihnen, wofür ihr Geld ausgegeben wird. *Wir* vergeuden keine Zeit, im Gegensatz zu den Regisseuren.«

Merhoff hatte den Beweis schwarz auf weiß: Wenn wir hinter dem Zeitplan zurückblieben, so lag es daran, daß die Regisseure der einzelnen Episoden herumalberten, manche Szenen fünf- oder sechsmal drehten und im letzten Augenblick irgendwelche Veränderungen vornahmen. Trotzdem riet ich George davon ab, sich in diesem Zusammenhang an die Direktoren zu wenden – damit forderte er Schwierigkeiten geradezu heraus. Als ich es ablehnte, mit Merhoffs Unterlagen die Chefetage aufzusuchen, begab er sich selbst dorthin.

Der Produktionsmanager warf einen Blick ins Notizbuch, wandte sich sofort an seine Vorgesetzten und meinte: »Wir haben einen Spion am Drehort. Er sollte damit aufhören, solche Aufzeichnungen anzufertigen, denn dadurch stehen wir dumm da, weil wir die entsprechenden Regisseure engagiert beziehungsweise nicht entlassen haben.« Inzwischen drehten wir die letzten Folgen, doch George Merhoff arbeitete nie wieder bei Paramount. Ein Jahr später, als ich bei *Love American Style* mitwirkte, bat ich ausdrücklich darum, George zu engagieren. Man antwortete mir: »Er wird nie wieder für Paramount tätig sein. Seine Notizen haben die berufliche Laufbahn eines Produktionsmanagers ruiniert, und wenn sie die Direktoren erreicht hätten, wären wir alle in große Schwierigkeiten geraten.« George glaubte, seinem Team zu helfen, aber er schadete nur sich selbst. Ehrenvolle Absichten verleiteten ihn dazu, den denkbar größten Fehler zu machen. Er fand nirgends mehr Arbeit als Chef eines Beleuchtungsteams. Wenn er Glück hatte, durfte er irgendwo Lampen zurechtrücken, wurde dadurch zu einem der Namenlosen, die er vorher mit Pfiffen dirigiert hatte.

Während George Merhoff seinen gut gemeinten, aber taktisch unklugen Beobachtungen zum Opfer fiel, wurden die Etatprobleme der STAR TREK-Serie bald unlösbar. 1969 kostete eine ganz normale Serienepisode im Schnitt zweihunderttausend Dollar. STAR TREK hätte eigentlich wesentlich teurer sein müssen, da wir einzigartige Spezialeffekte verwendeten und nur selten bereits zur Verfügung stehende Kulissen verwenden konnten. Es hatte keinen Sinn, in den anderen Abteilungen von Paramount nach geeigneten Kostümen, Requisiten und dergleichen Ausschau zu halten. Wir mußten alles anfertigen und konstruieren. Die damalige Situation ekelte Bob Justman regelrecht an.

BOB JUSTMAN:
Unsere Dreharbeiten verschlangen immer viel Geld, und als der Etat zu Beginn der dritten Season gekürzt wurde, reichten die finanziellen Mittel eigentlich nur noch für die Produktion von Hörspielen. Außenaufnahmen kamen kaum mehr in Frage, und auch die Anzahl der Gaststars mußte drastisch reduziert werden. Ständig galt es, nach Sparmöglichkeiten Ausschau zu halten. Uns blieb nichts anderes übrig, als eine von vier Episoden ganz im Innern der *Enterprise* stattfinden zu lassen. Ich fürchte, das fiel dem Publikum auf.

Gene hatte noch immer sein Büro, aber er war nicht mehr so wie früher an der Serie beteiligt. Ich glaube, er hatte aufgegeben und die ständigen Auseinandersetzungen mit dem Studio satt. Mit Hilfe der Fans gelang es ihm zunächst, STAR TREK zu retten, doch das Network rächte sich für die erlittene Niederlage, indem es unsere Fernsehserie einen langsamen Tod sterben ließ. Für Roddenberry muß das sehr schwer gewesen sein; vielleicht hatte er bereits begonnen, STAR TREK in emotionaler Hinsicht zu Grabe zu tragen. Ich konnte ihn einfach nicht dazu bringen, etwas gegen den immer deutlicher werdenden Qualitätsschwund der Folgen zu unternehmen. Ich appellierte an ihn, schrie und ereiferte mich, doch Gene zuckte nur mit den Schultern. »Mir sind die Hände gebunden«, sagte er, erweckte dabei jedoch den Eindruck, längst kapituliert zu haben. Das fand ich schlimmer als alles andere.

Es gefiel mir nicht, was mit STAR TREK geschah, und noch weniger gefielen mir die Episoden, die wir während der dritten Season produzierten. Den Folgen mangelte es immer mehr an echtem Inhalt, und es gelang uns kaum noch, darüber hinwegzutäuschen. Die Etatkürzungen erdrosselten uns allmählich. Neue Personen in Studio und Network kümmerten sich um die Serie. Besser gesagt: Sie kümmerten sich *nicht* darum. Alle ließen uns im Stich. Schließlich hatte ich die Nase voll, warf alles hin und ging.

Als Justman nicht mehr zum Team gehörte, wurde Eddie Milkis zum rangältesten Mitglied der kreativen Gruppe von STAR TREK. Aber der anscheinend unaufhaltsame Niedergang der Serie frustrierte auch ihn. Milkis traf sich mit Gene, um seinem Ärger Luft zu machen. Etwas Seltsames geschah: Vor dem Ende der Begegnung durfte Eddie noch einen letzten Blick auf den humorvollen Aspekt des ›alten Gene‹ werfen.

EDDIE MILKIS:
Während der dritten Season regte ich mich sehr auf, als mir klar wurde: Bob hatte mich auf dem sinkenden Schiff zurückgelassen. Vom ursprünglichen STAR TREK-Team war nur noch ich übriggeblieben, als Associate Producer. Roddenberry mochte der Executive Producer sein, aber er ließ sich kaum bei uns blicken. Ich sah ihn nur sehr selten.

Eines Tages beschloß ich, mit Gene darüber zu reden. Ich wartete, bis ich ganz sicher sein konnte, daß er in seinem Büro weilte, meldete mich telefonisch an und brach sofort auf. Ich wollte ihm klipp und klar sagen, daß wir uns von ihm vernachlässigt fühlten.

Nun, ich trat ein und begann: »Gene, wir haben große Probleme mit den Drehbüchern, und Fred Freiberger braucht dringend Ihre Hilfe.« Während ich diese Worte formulierte, kam jemand aus dem rückwärtigen Bereich des Büros: Nichelle Nichols. Sie trug eine von Roddenberrys langen Strickjacken *und sonst nichts*. Keine Bluse, keine Hose, nichts.

Nichelle sagte: »Oh, äh... entschuldigen Sie bitte, Eddie. Ich wußte nicht, daß Sie hier sind.« Ich lief rot an und brachte keinen Ton mehr hervor – bis ich bemerkte, daß Gene auch weiterhin in aller Gemütsruhe an seinem Schreibtisch saß und lächelte. Von einem Augenblick zum anderen begriff ich, daß Roddenberry die Sache mit Nichelle in Szene gesetzt hatte, um sich einen Scherz mit mir zu erlauben. Ich ging nicht darauf ein und fuhr damit fort, von den Problemen der Serie zu berichten – bis Nichelle zu lachen begann. Gene stimmte mit ein, und schließlich konnte auch ich nicht länger ernst bleiben. Roddenberry liebte solche Dinge. Er fand großen Gefallen daran, andere Leute auf den Arm zu nehmen.

Diese besondere Story wird noch interessanter, wenn man folgendes bedenkt: Nichelle hatte tatsächlich eine Affäre mit Roddenberry. Sie gab es ganz offen zu. Sie ging sogar so weit, ihn in sexueller Hinsicht als ›unersättlich‹ zu bezeichnen. Um ganz ehrlich zu sein: Diese Enthüllung überraschte mich nicht nur, sondern weckte auch... Eifersucht in mir. Zwar wies Nichelle darauf hin, daß ihr Verhältnis mit Gene lange vor STAR TREK begonnen und auch wieder geendet hatte, aber wenn man diese speziellen Beziehungen bedenkt... Dadurch erscheint der ›Streich‹, den Roddenberry Eddie Milkis spielte, in einem ganz anderen Licht.

So wichtige Leute wie Roddenberry, Coon, Lucas,

Ich schwitze mich durch ›Turnabout Intruder‹. (© 1993 Paramount Pictures)

Fontana und Justman gingen, und die Einschaltquoten konnten kaum noch schlechter werden. Unter solchen Umständen sahen wir der Weihnachtszeit mit gemischten Gefühlen entgegen. Leider kam es in bezug auf STAR TREK nicht zu einem weihnachtlichen Wunder im letzten Augenblick, und diesmal konnte uns keine noch so große Briefaktion der Fans retten. Am 9. Januar 1969 endete STAR TREKs Fernsehexistenz. Ich erinnere mich genau an die Dreharbeiten der letzten Folge namens ›Turnabout Intruder‹ – darin findet ein ›Bewußtseinstausch‹ statt, der Kirk und seine alte Flamme Janice Lester betrifft. So etwas wie Übelkeit entstand in mir, als ich begriff, daß es zu Ende ging. Außerdem: Praktisch die ganze Woche über hatte ich Fieber, wobei es sich vermutlich um eine psychosomatische Reaktion auf meine Zukunftsängste handelte. Für mich ging STAR TREK nicht mit Pauken und Trompeten unter, sondern mit kaltem Schweiß und Magenschmerzen.

Aber nicht alle bedauerten die Einstellung der Serie. Nehmen wir zum Beispiel Leonard. Er ärgerte sich sehr über den deutlichen Qualitätsverlust, und außerdem fiel es ihm sehr schwer, in der Logik und Rationalität des Vulkaniers nicht seine eigene Identität zu verlieren.

LEONARD NIMOY:
Als die dritte Season – und damit auch STAR TREK – zu Ende ging, wußte ich zunächst nicht recht, was ich von der Sache halten sollte. Ich dachte: »Es tut mir leid, daß es keine Fortsetzung gibt. Aber ich bin auch froh, daß die Serie eingestellt wird, bevor sie uns allen die Karriere ruiniert.« Im dritten Jahr ging es ständig bergab mit uns, und als schließlich das Ende kam, fühlte ich so etwas wie Erleichterung. Wenigstens brauchten wir uns keine Sorgen darüber zu machen, daß die vierte Season noch schlimmer wurde als die dritte.

Als STAR TREK aus dem NBC-Programm gestrichen wurde, gab man Fred Freiberger – zu Unrecht – die Schuld am Ende der Serie. Er erklärt dazu:

FRED FREIBERGER:
Als wir die Nachricht erhielten, daß es keine vierte Season geben würde, fragte mich Art Singer nach der Zukunft. Ich antwortete, für eine Weile hätte ich genug davon, Produzent zu sein. Ich wollte wieder schreiben. Arthur kündigte an, zur Theaterszene von New York zurückzukehren. Er verabschiedete sich mit den Worten: »Bereiten Sie sich auf das Massaker vor.« Ich wußte natürlich, was er meinte. Wenn eine Fernsehserie aus irgendwelchen Gründen aus dem Programm verschwindet, so will niemand die Verantwortung dafür übernehmen, und in solchen Fällen wird der Produzent zur Zielscheibe. Ich versicherte Arthur, damit fertig werden zu können. Eine Zeitlang mochte es unangenehm sein, aber dann wuchs sicher Gras darüber.

Wie sehr ich mich irrte! Bis zum heutigen Tag erhebt man ebenso heftige wie ungerechtfertigte Vorwürfe gegen mich. Es spielt dabei keine Rolle, daß die Einschaltquoten der Serie schon zum Ende der zweiten Season nachließen, weil wir erwachsene Zuschauer verloren, und daß ein allgemeines Durcheinander herrschte. Nein, angeblich lag die Schuld allein bei mir und der dritten Season. Dabei schien es sich um ein neues STAR TREK-Gesetz zu handeln: Was auch immer schiefging – Fred Freiberger steckte dahinter. Ganz gleich, wer sich ärgerte, ob Schauspieler, Drehbuchautor oder Regisseur – sie alle luden den Ballast der Verantwortung bei mir ab. Wenn eine der von mir produzierten Folgen positive Erwähnung fand, so geschah das immer in Zusammenhang mit dem Namen Roddenberry. Wurde Kritik geübt, so verschwand Roddenberrys Name auf geheimnisvolle Weise, um dem von Fred Freiberger zu weichen. Ein Beispiel: In der *Los Angeles Time* erschien ein Artikel, der ›Plato's Stepchildren‹ lobte, weil es darin zum ersten ›gemischtrassigen‹ Kuß in der Fernsehgeschichte kam. Dafür pries man Gene Roddenberry, obwohl der überhaupt nichts damit zu tun hatte.

Ich stelle keineswegs das Recht der Kritiker (ob selbsternannt oder nicht) in Frage, ›meine‹ Episoden abzulehnen und auch die Gründe dafür zu nennen. Aber mich nervt, daß sie mich manchmal als gleichgültig und desinteressiert bezeichnen. Nichts könnte weiter von der Wahrheit entfernt sein. Ich bin dankbar dafür, daß Leute wie Bob Justman bestimmte Gelegenheiten genutzt haben, um laut und deutlich für mich einzutreten.

Angeblich soll den Fans keine der von mir produzierten Folgen gefallen haben. Wenn das wirklich stimmt, so ist es eine schmerzliche Angelegenheit. Aber es gibt auch eine andere Wahrheit. Während meiner Reisen durch die Vereinigten Staaten, Kanada und Europa bin ich vielen STAR TREK-Fans begegnet, und sie alle brachten mir Freundlichkeit und Respekt entgegen. Dafür danke ich ihnen.

Nach dem Abschluß der Dreharbeiten von ›Turnabout Intruder‹ versuchten wir alle, zu lächeln und das Beste aus der Situation zu machen. Zum letztenmal verließen wir das Studio, und später am Abend trafen wir uns zu einer Abschiedsparty. Wir aßen, tranken, scherzten und versprachen, miteinander in Verbindung zu bleiben. Immer wieder umarmten wir uns.

Wenn man sich von einer so großen Familie verabschiedet, gibt es meistens viele Küsse, aber es fließen auch Tränen. Drei Jahre lang waren wir zusammengewesen, und es fiel uns allen sehr schwer, nun auseinanderzugehen, zumal NBC einen definitiven Schlußstrich unter STAR TREK gezogen hatte. Die Serie bildete gewissermaßen ein abgeschlossenes Kapitel unserer Vergangenheit – glaubten wir damals.

Nun, innerhalb von wenigen Monaten geschahen drei Wunder. Der erste Mensch wanderte über den Mond; die Amazin' Mets gewannen eine World Series; und STAR TREK erzielte bei den lokalen Sendenetzen große Erfolge. Überall entstanden Fanclubs, die Fanzines und Newsletters herausgaben. Die Geschäfte von Lincoln Enterprises gingen besser als jemals zuvor; STAR TREK-Fotos, Skripte, Bilder und natürlich UMUK-Medaillons fanden immer größeren Absatz. Bald wurden die ersten Conventions veranstaltet, und erste, von Wunschdenken geprägte Gerüchte bezüglich einer ›Wiederauferstehung‹ von STAR TREK kursierten beim ›harten Kern‹ der Fans. Etwa zur gleichen Zeit stellte Gene Roddenberry fest, daß die Nachforschungen von NBC auf folgendes hinausliefen: Es mochte ein Fehler gewesen sein, STAR TREK einzustellen. Majel Barrett meint dazu:

MAJEL BARRETT:
Wir fanden heraus, daß sich unser Publikum während der dritten Season aus jungen Ehepaaren, Intellektuellen, Wissenschaftlern, Möchtegern-Astronauten und so weiter zusammensetzte. Unsere Einschaltquoten waren schlecht, aber man konnte sich kaum eine bessere demographische Struktur wünschen: Alter

von achtzehn bis vierzig, überdurchschnittliche Intelligenz.

Solche Dinge gewannen erst nach und nach an Bedeutung – ein Jahr später begann man damit, die Ergebnisse von demographischen Untersuchungen bei den Programmplanungen zu verwenden.

Wie dem auch sei: Jene Leute, die sich mit diesen Dingen beschäftigten, legten ihre Ergebnisse den Network-Direktoren kurz nach der Einstellung von STAR TREK vor. Alles deutete darauf hin, daß NBC jene Gans geschlachtet hatte, die goldene Eier legte.

Der Tod von STAR TREK schien ein wenig voreilig verkündet worden zu sein. Während der nächsten drei Jahrzehnte stellte sich das heraus, was Majel Barrett damals ankündigte. STAR TREKs Erfolg bei den lokalen Sendenetzen dauerte an. Hinzu kamen: eine Zeichentrickserie; eine sehr einträgliche Vermarktung von Produkten, die irgendwie mit STAR TREK in Verbindung standen, schließlich auch Kinofilme. Die Einstellung der ursprünglichen Fernsehserie war also nicht das Ende, sondern der Anfang einer viel größeren Story, beispiellos und unübertroffen in der bisherigen Unterhaltungsgeschichte.

Bisher hat sie sechs Kapitel, aber vielleicht werden es noch mehr...

CAPTAINS EPILOG

Bis zum nächsten Mal ...
(© *1993 Paramount Pictures*)

Es würde mich freuen, dieses Buch mit einem »Und wenn sie nicht gestorben sind, so leben Darsteller, Produktionsteam und Drehbuchautoren von STAR TREK noch immer glücklich und in Frieden« beenden zu können. Allerdings leben wir alle in einer realen Welt, ohne Skripte und außerhalb der Geborgenheit gewährenden U.S.S. *Enterprise,* und deshalb entwickeln sich die Dinge nicht immer wie geplant. Niemand von uns ist perfekt. Bei persönlichen Beziehungen kann es manchmal recht turbulent zugehen, und es gibt keine Garantie für ein Happy-End. Das seit dem vorzeitigen Ende der ursprünglichen Fernsehserie vergangene Vierteljahrhundert enthält viele Beispiele dafür, und auch bei meinen Recherchen mußte ich mich einer solchen Erkenntnis stellen.

Am 10. Februar 1993 verbrachte ich den Morgen und einen großen Teil des Nachmittags damit, Nichelle Nichols zu interviewen. Sie präsentierte sich mir einmal mehr als intelligente, attraktive und sehr lustige Frau, mit der man leicht und mühelos reden kann. Mit anderen Worten: Sie ist die ideale Gesprächspartnerin. Wir setzten uns zusammen, tauschten Erinnerungen aus, lachten, flirteten und erzählten von unseren jüngsten Erlebnissen. Als am Nachmittag die Schatten länger wurden, dankte ich Nichelle für ihre Hilfe, schaltete den Kassettenrecorder aus und verstaute die Notizen in der Mappe. »Einen Augenblick«, sagte sie. »Ich bin noch nicht fertig. Ich muß Ihnen noch erklären, warum ich Sie verachte.« Meine erste Reaktion bestand darin, laut zu lachen, aber Nichelles Gesichtsausdruck machte deutlich, daß sie es ernst meinte. Ich verbannte das Lächeln von den Lippen, legte eine leere Kassette ein und drückte die Aufnahme-Taste.

»Na schön«, begann Nichelle, »jetzt geht's los. Manchmal bin ich ganz schön sauer auf Sie gewesen, und von jenen Gelegenheiten möchte ich jetzt berichten.« Ich hob die Brauen, schluckte und brachte mühsam hervor: »Ja, in Ordnung. Das klingt, äh, interessant.«

»In der Öffentlichkeit trug ich immer eine Maske und gab mir alle Mühe, den Anschein zu erwecken, als sei alles in bester Ordnung«, fuhr Nichelle fort. »Wenn es irgend jemand wagte, Kritik zu üben, so fühlte ich mich immer verpflichtet, meine Kollegen in Schutz zu nehmen. Das gilt natürlich auch für Sie. Aber um ganz ehrlich zu sein: Manchmal war es sehr schwer, mit Ihnen zusammenzuarbeiten. Weil Sie keine Rücksicht auf die anderen Schauspieler nahmen... Sie konnten völlig auf sich selbst fixiert sein, und dann wurden Sie sehr unfreundlich.« Diese Ausführungen verblüfften mich geradezu, und ich bat Nichelle, mir Einzelheiten zu nennen.

NICHELLE NICHOLS:
Vom ersten Tag an legten Sie bei den Dreharbeiten ein solches Verhalten an den Tag. Ich litt darunter weniger als die anderen, denn wenn Sie mir entsprechende Schmerzen zufügten, so ließ ich es Sie sofort wissen. Ich erinnere mich zum Beispiel daran, daß wir auf der Brücke probten, und Sie wandten sich mit folgenden Worten an den Regisseur: »So etwas braucht Uhura überhaupt nicht zu sagen! Es ist irrelevant.« Es war Ihnen natürlich nicht klar, aber mit solchen Bemerkungen verletzten Sie meinen Stolz. Sie gaben dadurch folgendes zu verstehen: »Nichelles Dialoge sind nicht wichtig.« Und Sie vergaßen dabei: Ohne jene Dialoge existierte eigentlich gar kein Grund, mich bei den einzelnen STAR TREK-Episoden auftreten zu lassen.

Wenn ich derartige Kommentare von Ihnen hörte, sagte ich: »Verdammt, Bill, warum reden Sie auf diese Weise über meine Rolle?« Dann drehten Sie sich überrascht um, kamen zu mir, umarmten mich und erwiderten: »Bitte verzeihen Sie. Es lag mir fern, Ihre Gefühle zu verletzen.«

Ich bin froh, daß ich vernünftig genug gewesen bin, mich zu entschuldigen. Und es freut mich, daß Nichelle den Mut hatte, mich auf mein Verhalten hinzuweisen. Nun, in den meisten Fällen waren die verbalen Beiträge Uhuras tatsächlich irrelevant; wir fügten sie dem Skript allein deshalb hinzu, um unseren hübschen Kommunikationsoffizier etwas mehr in den Vordergrund zu schieben. Allerdings muß hier auch folgendes festgestellt werden: Die entsprechenden Dialoge mögen für Plot und Dramaturgie der einzelnen Episoden unwichtig gewesen sein, aber sie hatten große Bedeutung für die *Serie*. Immerhin gehörte Uhura zur Brückencrew der *Enterprise*. Wenn ich Streichungen entsprechender Dialogpassagen verlangte, so fürchtete Nichelle, daß ihre Rolle auf dem Spiel stand. Während der Dreharbeiten habe ich die Dinge nicht aus dieser Perspektive gesehen, und deshalb muß ich gestehen: Die Kritik ist gerechtfertigt. Natürlich lag es mir fern, *absichtlich* jemandem zu schaden, aber vielleicht habe ich es manchmal versäumt, den Wünschen und Bedürfnissen meiner Kollegen angemessene Beachtung zu schenken. Von ihren Gefühlen ganz zu schweigen. Nichelle öffnete mir die Augen.

Als ich ihr zuhörte, mußte ich daran denken, daß andere Schauspieler ihren Blickwinkel teilen mochten. In diesem Zusammenhang fiel mir ein, daß einige Kollegen insbesondere bei Conventions mir gegenüber recht kühl gewesen waren. Nichelle bestätigte meinen Verdacht, als sie betonte: »Andere Leute sind nicht wie ich. Von ihnen bekamen Sie keine Hinweise in der Art von: ›Verdammt, Bill, warum reden Sie auf diese Weise über meine Rolle?‹«

Kurz nach dem Gespräch mit Nichelle Nichols fand ich heraus, daß sie, Walter Koenig, George Takei und

Jimmy Doohan sich verschworen hatten: Sie wollten die Interviews für ›Star Trek Erinnerungen‹ nutzen, um ganz offen von ihren negativen Gefühlen mir gegenüber zu sprechen. Der nächste Name auf meiner Liste lautete George Takei, und als ich mich zu ihm auf den Weg machte, rechnete ich mit dem Schlimmsten. Eine echte Überraschung erwartete mich: George war fröhlich, lustig und schien sich aufrichtig über die Begegnung mit mir zu freuen. Stundenlang sprachen wir miteinander, und ich war sicher, daß er früher oder später die Katze aus dem Sack ließ. Ich machte eine seltsame Erfahrung, hatte das Gefühl, diesen Mann erst jetzt richtig kennenzulernen, nach fünfundzwanzig Jahren. Takei erzählte mir, daß er während des Zweiten Weltkriegs als kleiner Junge zusammen mit seiner Familie in einem Internierungslager der U.S. Army untergebracht worden war, einfach nur deshalb, weil ihre Vorfahren aus Japan stammten. Er erzählte von seiner Lehrerin, die ihn immer als ›Japs-Jungen‹ bezeichnet und dadurch sehr verletzt hatte. Er erzählte, daß er seine Eltern liebte und politische Ambitionen hatte. Davon hörte ich nun zum erstenmal, und plötzlich bedauerte ich, nicht schon vor Jahren ein solches Gespräch mit dem Menschen namens George Takei geführt zu haben. Er ist ein faszinierender Mann, und heute erfüllt es mich mit Kummer, daß wir während des vergangenen Vierteljahrhunderts nicht bessere Freunde gewesen sind.

Wie dem auch sei: Ich wartete ständig auf Bemerkungen in der Art, wie ich sie zuvor von Nichelle gehört hatte. Sie blieben aus. Die ganze Zeit über war George die Freundlichkeit in Person. Später erfuhr ich, daß ›Sulu‹ dem Beispiel ›Uhuras‹ folgen und über seine unangenehmen Erlebnisse mit mir sprechen wollte. Doch angesichts der entspannten, heiteren Atmosphäre bei unserer Diskussion entschied er sich dagegen, um meine Gefühle zu schonen.

Nach Takei kam Walter Koenig an die Reihe. Zwar

brachte er Meinungen zum Ausdruck, wie ich sie bereits von Nichelle kannte, aber wir sprachen auch über STAR TREK im allgemeinen, über Gene Roddenberry, bestimmte Episoden und die Filme. Walter wies auf seine Enttäuschung darüber hin, daß ich nur wenige Kontakte zu der Gruppe unterhielt, die er ›Viererbande‹ nannte. Ich muß zugeben: Nach den Gesprächen mit meinen Kollegen ist es mir ein Rätsel, wieso gemeinsame Erfahrungen, die einen Zeitraum von fünfundzwanzig Jahren betreffen, nicht zu festeren Freundschaften führten.

Nichelle, George und Walter schienen von meiner Bereitschaft überrascht zu sein, ihnen zuzuhören und ihre Kritik zu akzeptieren. Anschließend bereitete ich mich innerlich darauf vor, meinem schärfsten Kritiker gegenüberzutreten: Jimmy Doohan. Ein Treffen wurde vereinbart – und von Jimmy abgesagt. Ich hinterließ mehrmals Mitteilungen, in denen ich um einen neuen Termin bat, bekam jedoch nie eine Antwort. Schließlich wandte ich mich an einen gemeinsamen Freund, in der Hoffnung, daß er zwischen uns vermittelte. Jimmy lehnte es nach wie vor ab, mit mir zu reden, und angeblich führte er folgende Erklärung für seine Weigerung an: »Bill interessiert sich gar nicht für das, was ich ihm zu sagen habe. Er möchte keine Kritik hören. Er wäre bestimmt nicht bereit, meine Bemerkungen in sein Buch aufzunehmen. Oder er würde mich so zitieren, daß es ihm zum Vorteil gereicht.« Ich versicherte meine guten Absichten, aber Jimmy glaubte mir nicht und verzichtete darauf, seine Stimme den ›Erinnerungen‹ hinzuzufügen. Ich ärgere mich natürlich darüber, aber seine Entscheidung erfüllt mich vor allem mit Trauer.

Nun, die Besuche bei George, Walter und Nichelle hatten einen großen Nutzen. Ich kannte sie immer als ausgezeichnete Schauspieler, aber nun lernte ich sie auch als sehr nette *Menschen* kennen. Ich hoffe, daß wir uns in Zukunft noch näher kommen können... Was Sie betrifft, Jimmy: Wenn Sie über alles sprechen wollen, bei dem einen oder anderen Gläschen, offiziell oder inoffiziell – Anruf genügt. Sie haben meine Nummer, und ich würde mich sehr freuen, Sie wiederzusehen. Ich hoffe wirklich, von Ihnen zu hören.

Dieses Buch wäre unvollständig, wenn ich nicht auch von meinen angespannten Beziehungen zu dem Mann berichten würde, mit dem alles begann: Gene Roddenberry. Gene und ich haben immer gut zusammengearbeitet, aber die persönlichen Kontakte waren eher schlecht: kühl und formell. Ich bekam nie die Chance, jene Hindernisse aus dem Weg zu räumen, die zwischen uns Distanz schufen. Außerdem starb er, bevor ich eine echte Gelegenheit bekam, ihn *wirklich* kennenzulernen. Ich habe mit seiner Witwe Majel gesprochen und sie ganz offen gefragt: »Warum kam ich nicht besser mit Gene zurecht?« Die Antwort überraschte mich.

MAJEL BARRETT:
Vielleicht hat Sie folgendes gestört: Wenn es um STAR TREK ging, fühlte sich Gene wie Gott. Möglicherweise fühlten Sie sich davon abgestoßen – es wäre eine natürliche Reaktion... Ich gewann den Eindruck, daß Sie und Leonard nach einer Weile Genes Rolle bei der Entstehung von Captain Kirk und Mr. Spock leugneten. Auch dadurch kamen Sie sich nicht näher.

Ein solches Verhalten ist typisch für Kinder. Und genau das sind die meisten Schauspieler: Kinder... Nur sehr selten und meistens erst im hohen Alter finden sie zu wahrer Reife. Als Kind haben Sie Ihren Schöpfer abgelehnt, jenen Mann, der Ihre Rolle schuf...

Seien wir ganz offen: Gene lieferte die Ideen. Ohne seine Kreativität hätte es Captain Kirk und Spock nie gegeben... Sie waren einer seiner Söhne, und irgendwann hassen alle Kinder ihre Eltern.

Ich kann die Sache nicht so sehen wie Majel. Natürlich käme es mir nie in den Sinn, Genes Kreativität oder den Umstand in Frage zu stellen, daß es ohne ihn keinen Captain Kirk gegeben hätte, aber eins steht fest: Im Gegensatz zu Leonard habe ich Roddenberry nie als eine Art Vaterfigur gesehen. Ich habe ihn nie abgelehnt oder gar *gehaßt*. Ganz im Gegenteil: Häufig entstand das Gefühl in mir, von Gene abgelehnt zu werden, und deshalb zog ich mich von ihm zurück. Darauf wies ich Majel hin, was sie zu verblüffen schien. Sie betonte: »Gene hatte nie etwas gegen Sie – da bin ich ganz sicher.«

Wenn ich mir diese Dinge vergegenwärtige, so spüre ich eine Mischung aus Verwirrung und Schuld. Darüber hinaus empfinde ich wie jemand, der eine wichtige Angelegenheit nicht zu Ende bringen konnte. Gene ist tot, und wahrscheinlich kann ich unsere Beziehung nie richtig verstehen. Es gab enge kreative Bande zwischen uns, aber trotzdem blieben wir voneinander getrennt. Dieser Gedanke schmerzt.

Noch trauriger ist der Umstand, daß die letzte Phase in Roddenberrys Leben von Chaos, persönlichen Problemen, Rechtsstreitereien und Auseinandersetzungen in Hinsicht auf STAR TREK geprägt war. Es ist kein Geheimnis, daß Gene bei jedem STAR TREK-Film einen regelrechten Krieg mit Paramount begann, wodurch er am Drehort zu einer Art Persona non grata wurde. Gleichzeitig zankte er sich mit den Marketingburschen des Studios und verlangte, daß sie bei den Produkten eine hohe Qualität gewährleisteten sowie ehrlich Auskunft gaben über Verkauf und Gewinn. Zwar behielt Roddenberry die Rechte an den von ihm geschaffenen STAR TREK-Figuren, aber in Hinsicht auf die Kinofilme konnte er keine Veränderungen mehr verlangen. Bei jedem neuen Filmprojekt engagierte man Gene als Berater und bat ihn um Kommentare, doch es kam immer wieder zu Meinungsverschiedenheiten mit Produzenten und Regisseuren. Außerdem war er gar nicht mehr am Planungsprozeß beteiligt und blieb ohne jeden

Einfluß auf die Gestaltung der Drehbücher. Dies alles führte dazu, daß man seine Vorschläge zwar zur Kenntnis nahm und höflich in Erwägung zog, aber letztendlich nicht berücksichtigte. Mit anderen Worten: Gene verlor die künstlerische Kontrolle über seine eigene Schöpfung. Das belastet ihn sehr. So glaubte er zum Beispiel, daß einige STAR TREK-Filme unnötig viel Gewalt brachten und viel zu militärisch waren.

Auch in seinem Privatleben kam es zu Schwierigkeiten. Seine Ex-Frau verklagte ihn und wollte die Hälfte der Gewinne, die mit STAR TREK erwirtschaftet wurden – damit meinte sie nicht nur die ursprüngliche Serie, sondern auch *The Next Generation* und die Filme. Hinzu kamen Spannungen in Genes Beziehungen mit Majel. Seine STAR TREK-Helden waren stark, verfügten über eine unerschütterliche Moral, gerieten nie in Versuchung. Solchen hohen Maßstäben konnte der viel schwächere Roddenberry nicht gerecht werden. Als Mensch wies er alle menschlichen Schwächen auf und neigte dazu, das Leben in vollen Zügen zu genießen. Wofür er einen Preis bezahlte: In der zweiten Hälfte der achtziger Jahre schlugen die negativen Folgen einer solchen Lebensweise immer mehr zu Buche und beeinträchtigten Genes Gesundheit.

Etwa zur gleichen Zeit hatte Gene sich auf eine kurze Affäre mit einer Sekretärin eingelassen, und als Majel dahinterkam, verschlechterte sich die heimische Atmosphäre. Nach einer Weile begriffen sie beide, wie wichtig sie füreinander waren, vertrugen sich und blieben zusammen. Im Lauf der Zeit gelang es ihnen, ihre privaten Probleme zu lösen, woraufhin die psychisch-emotionale Verbindung zwischen ihnen an Festigkeit gewann – ihre Ehe ging gestärkt aus dieser Prüfung hervor.

Während der vielen persönlichen und beruflichen Schwierigkeiten ließ der Körper Gene plötzlich im Stich: Er erkrankte. Zwar wußte niemand *genau*, woran er litt, aber die Folgen der ziemlich abrupten Krankheit waren unübersehbar und verlangten unverzügliche medizinische und therapeutische Aufmerksamkeit. Roddenberry verbrachte einige Zeit im Pritikin Center, und dort erholte er sich so gut, daß es ihm anschließend besser ging als vor der Erkrankung. Cholesterinspiegel und Blutdruck verbesserten sich sehr. Es dauerte nicht lange, bis er härter arbeitete als jemals zuvor. Mit erneuerter Kraft und wiedererwachtem Enthusiasmus beaufsichtigte er die Dreharbeiten von *STAR TREK: The Next Generation*. Leider fand die Periode der Vitalität ein rasches Ende: Im Juli 1991 wurde Gene erneut krank.

Die bereits erwähnte Sekretärin fuhr ihn nach Hause, und unterwegs kam es zu einem Streit, der rasch eskalierte. Offenbar bog sie falsch ab, und deshalb schnauzte Roddenberry sie an, was sich die Dame am Steuer nicht gefallen ließ. Sie schrien sich an – bis Gene von einem Augenblick zum anderen schwieg. Er blieb still, bis er schließlich zu Hause eintraf. Majel ahnte, daß etwas nicht stimmte, aber Roddenberry behauptete, es sei alles in Ordnung mit ihm. Trotzdem bestand seine Frau darauf, ihn ins Krankenhaus zu bringen, und schließlich gab er nach.

Man untersuchte ihn gründlich, und die Resultate waren besorgniserregend. Die Ärzte entdeckten ein großes Blutgerinnsel in Genes Gehirn und befürworteten eine sofortige Operation. Der chirurgische Eingriff fand am nächsten Morgen um Viertel vor acht statt, doch das Resultat ließ zu wünschen übrig.

Roddenberry überlebte, aber er fand nie wieder ganz zu sich selbst zurück. Er nahm ab und wurde schwächer. Manchmal war er ganz klar bei Verstand, doch bei anderen Gelegenheiten dämmerte er vor sich hin. Die Krankheit beschränkte sich nicht nur aufs Physische, beeinträchtigte auch die Psyche. Der einst so kräftig gebaute und geniale Gene verwandelte sich in einen Schatten seiner selbst.

Er war Majel näher als jemals zuvor. Sie ging ganz in der Rolle der liebenden Ehefrau/Krankenschwester/Trösterin auf. Zwar machte sie sich große Sorgen, aber sie hoffte auch – weil sich Gene schon des öfteren gut erholt hatte. Und weil sie ihn liebte.

Zwei Monate später verbesserte sich Roddenberrys Zustand. Es ging ihm gut genug, um bei einer Vorführung von STAR TREK VI zugegen zu sein, und er gewann sogar einen Teil der verlorenen Beweglichkeit zurück, als das Schicksal zuschlug. Zwei Tage nach der Vorführung, während er im Büro eines neurologischen Spezialisten saß, bekam er plötzlich Atemschwierigkeiten. Der Grund: eine Embolie. Er verlor das Bewußtsein, und es ging ihm immer schlechter. Er wurde praktisch sofort behandelt, und die Ärzte versuchten alles, ihn am Leben zu erhalten, aber sein Körper reagierte kaum mehr: Gene starb buchstäblich in Majels Armen.

Roddenberry ist tot, aber sein Name lebt weiter in einer von vielen Widersprüchen geprägten Welt, steht in direktem Zusammenhang mit einem imaginären Universum, das uns übersichtlicher, aufregender und wünschenswerter erscheinen mag. Vor mehr als dreißig Jahren gingen die Keime von STAR TREK auf, und heute ist die Idee stärker als jemals zuvor. *The Next Generation* hat einen enormen Fernseherfolg erzielt, und *Deep Space Nine* scheint ebenso beliebt zu werden. Außerdem kursieren immer wieder Gerüchte, die einen siebten Kinofilm in Aussicht stellen, der vielleicht die Darsteller sowohl der ursprünglichen Serie als auch die von *The Next Generation* präsentiert*.

Eins steht fest: Die wundervolle Mission von STAR TREK hat gerade erst begonnen.

---

* An den Gerüchten ist was dran: Es wird tatsächlich ein 7. Film gedreht, mit dem Titel ›Star Trek: Generations‹, und dabei treten Protagonisten aus der ursprünglichen Serie *und* aus The Next Generation auf. William Shatner, James Doohan und Walter Koenig spielen ihre alten Rollen, und es erscheint auch Whoopi Goldberg als Guinan. Der Etat des Films beläuft sich auf 25 Millionen Dollar. – *Anm. d. Übers.*

REGISTER

Anmerkung des Übersetzers: Die Angaben zur Episodennummer beziehen sich auf den **Sendetermin** in den Vereinigten Staaten, wobei ›The Cage‹ (erst am 24. 12. 1988 gesendet) als 1. Episode gilt. Woraus folgt: Als **2. Episode** wird hier angeführt ›The Man Trap‹ (Das Letzte seiner Art), gesendet am 8. 9. 1966 usw.

Addams Family, The 142
Alexander the Great 104
Alfred Hitchcock Presents 294
All Our Yesterdays (Portal in die Vergangenheit, Episode 79) 347, 352, 353, 357
Amok Time (Weltraumfieber, Episode 31) 179, 180, 182, 184, 185, 351
And the Children Shall Lead (Kurs auf Markus 12, Episode 60) 354

Balance of Terror (Spock unter Verdacht, Episode 15) 133, 170
Ben Casey 50, 315, 336
Bonanza 208, 259
Boots and Saddles 27
Bread and Circuses (Brot und Spiele, Episode 55) 313
By Any Other Name (Stein und Staub, Episode 52) 307, 311

Changeling, The (Ich heiße Nomad, Episode 33) 314, 317
Charlie X (Der Fall Charlie, Episode 3) 130, 131, 248, 252
City on the Edge of Forever, The (Griff in die Geschichte, Episode 29) 211, 212, 282, 288

Cloud Minders, The (Die Wolkenstadt, Episode 77) 347, 357
Combat 79, 104
Conscience of the King, The (Kodos, der Henker, Episode 14) 275
Corbomite Maneuver, The (Pokerspiele, Episode 11) 150, 203, 334

Dagger of the Mind (Der Zentral-Nervensystemmanipulator, Episode 10) 170, 275, 348
Day of the Dove, The (Das Gleichgewicht der Kräfte, Episode 63) 354
Deadly Years, The (Wie schnell die Zeit vergeht, Episode 42) 317, 318, 320
Defiance Country 30
Devil in the Dark, The (Horta rettet ihre Kinder, Episode 26) 215, 217, 262, 263, 282
Doomsday Machine, The (Planeten-Killer, Episode 36) 300
Dragnet 208
Dr. Kildare 27

Elaan of Troyius (Brautschiff *Enterprise,* Episode 69) 344
Enemy Below, The 131

398

Enemy Within, The (Kirk 2 = ?,
  Episode 6)   134, 181
Enterprise Incident, The
  (Die unsichtbare Falle,
  Episode 58)   353
Errand of Mercy (Kampf um
  Organia, Episode 27)   282

Fly Blackbird   106
For the People   103
Fugitive, The   315

Gamesters of Triskelion, The
  (Meister der Sklaven,
  Episode 46)   319
Green Hornet   108

Handful of Dust, A
  (später umbenannt in All
  Our Yesterdays)   357
Have Gun Will Travel   27
High Noon   69

I Love Lucy   43, 145, 173
I, Mudd (Der dressierte Herrscher,
  Episode 38)   300, 301
Is There in Truth No Beauty?
  (Die fremde Materie,
  Episode 61)   354, 369

Jane Wyman Theater   27
Journey to Babel (Reise nach
  Babel, Episode 40)   181
Judgment at Nuremberg   103

Kaiser Aluminum Hour, The   27
King of Kings   64

Lieutenant, The   31, 32, 33, 34,
  35, 67, 68, 89, 90, 147, 230,
  294
Long Hunt of April Savage, The
  114
Lost in Space   45, 315
Love American Style   377

Make Room For Daddy   43
Mannix   315
Man Trap, The (Das Letzte seiner
  Art, Episode 2)   123, 139,
  248, 398
Miri (Miri, ein Kleinling,
  Episode 9)   170, 171
Mirror, Mirror (Ein Parallel-Univer-
  sum, Episode 34)   299, 300
Montgomery, 333   28, 30, 146
Mr. Novak   294
Mudd's Women (Die Frauen des
  Mr. Mudd, Episode 7)   105,
  119, 248

Naked City   27
Naked Time, The (Implosion in
  der Spirale, Episode 5)   125,
  182, 192, 196, 248, 254
Next Generation, The (Die näch-
  ste Generation [Bücher] bzw.
  Das nächste Jahrhundert
  [Sat 1])   395, 396, 397

Omega Glory, The (Das Jahr des
  roten Vogels, Episode 53)   104
Our Miss Brooks   43
Outer Limits   85, 102, 131, 283

Paradise Syndrome, The (Der
  Obelisk, Episode 59)   354
Patterns of Force (kein deutscher
  Titel, Episode 52)   314, 316,
  318
Perry Mason   107
Peter Gunn   208
Piece of the Action, A (Epigonen,
  Episode 47)   211, 212
Plato's Stepchildren (Platons
  Stiefkinder, Episode 66)   331,
  347, 364, 367, 368, 383
Police Story   113, 114, 147
Pretty Maids All in a Row   335
Private Little War, A (Der erste
  Krieg, Episode 49)   215, 224

Rawhide 208
Return of the Archons, The (Landru und die Ewigkeit, Episode 22) 139

Savage Curtain, The (Seit es Menschen gibt, Episode 78) 215, 357
Sea Hunt 64
Shore Leave (Landeurlaub, Episode 16) 221, 222
Slattery's People 336
Space Seed (Der schlafende Tiger, Episode 23) 282, 283
Spectre of the Gun (Wildwest im Weltraum, Episode 62) 338, 339, 344, 345
Spock's Brain (Spocks Gehirn, Episode 57) 342, 344
Squire of Gothos, The (Tödliche Spiele auf Gothos, Episode 18) 220
Sweet Charity 218

This Side of Paradise (Falsche Paradiese, Episode 25) 251, 256, 282
Tholian Web, The (Das Spinnennetz, Episode 65) 354
Tomorrow Is Yesterday (Morgen ist gestern, Episode 20) 252, 253
Trouble with Tribbles, The (Kennen Sie Tribbles?, Episode 45) 300
Turnabout Intruder (Gefährlicher Tausch, Episode 80) 381, 383
Twilight Zone 102, 131

Wagon Train 37, 95, 208
Way of the Spores, The 253
Way to Eden, The (Die Reise nach Eden, Episode 76) 347, 357
What Are Little Girls Made Of? (Der alte Traum, Episode 8) 123, 139, 142, 173, 264
Where No Man Has Gone Before (Spitze des Eisbergs, Episode 4) 97, 105, 109, 112, 114, 115, 118, 146, 147, 246
Who Mourns for Adonais? (Der Tempel des Apoll, Episode 32) 141
Wild, Wild West, The 208, 336
Wolf in the Fold (Der Wolf im Schafspelz, Episode 44) 300